宁夏大学优秀学术著作出版基金资助

2013年宁夏高校科学研究项目
“‘强者得立’与十六国君位传承”（NGY2013037）资助

宁夏大学优秀学术著作丛书

十六国北朝权力嬗代新探

杨学跃／著

中国社会科学出版社

图书在版编目(CIP)数据

十六国北朝权力嬗代新探/杨学跃著. —北京：中国社会科学出版社，2016.2(2016.11 重印)

ISBN 978-7-5161-7521-7

Ⅰ.①十… Ⅱ.①杨… Ⅲ.①政治制度—研究—中国—十六国时期②政治制度—研究—中国—北朝时代 Ⅳ.①D691

中国版本图书馆 CIP 数据核字(2016)第 018025 号

出 版 人 赵剑英
责任编辑 郭晓鸿
特约编辑 席建海
责任校对 周 昊
责任印制 戴 宽

出 版 中国社会科学出版社
社 址 北京鼓楼西大街甲 158 号
邮 编 100720
网 址 http://www.csspw.cn
发 行 部 010-84083685
门 市 部 010-84029450
经 销 新华书店及其他书店

印 刷 北京君升印刷有限公司
装 订 廊坊市广阳区广增装订厂
版 次 2016 年 2 月第 1 版
印 次 2016 年 11 月第 2 次印刷

开 本 710×1000 1/16
印 张 16.75
插 页 2
字 数 283 千字
定 价 66.00 元

凡购买中国社会科学出版社图书，如有质量问题请与本社营销中心联系调换
电话：010-84083683

目　录

序

魏晋南北朝是中国历史上政权更迭最频繁之时期，也是民族关系发生最剧烈变化之时期。这一时期在中国历史上的地位，在中国多民族国家形成过程中的地位，重要性无须论证。长期以来，魏晋南北朝史不仅是学术界的研究重点，而且大家辈出，成果繁富，积累深厚，臻于极致。为此，杨学跃选择魏晋南北朝时期的民族问题进行研究，需要足够的学术勇气，面临很大的学术挑战。

首先是材料问题。材料是历史的载体，是历史研究的出发点，离开材料也就无所谓历史的存在。杨学跃的《十六国北朝权力嬗代新探》一书，面对的材料主要有三种。一是古籍文献；二是中外学者的研究成果；三是其他材料，内容繁杂，别择困难。龚自珍《尊史》言："不善入者，非实录。""何者善入？天下山川形势，人心风气，土所宜，姓所贵，皆知之；国之祖宗之令，下逮吏胥之所守，皆知之。其于言礼、言兵、言政、言狱、言掌故、言文体、言人贤否，如其言家事，可谓入矣。"这就是讲史家掌握材料的本领。所谓良史，必须"善入"，不"善入"者非良史。通览书稿，可以看出杨学跃不但在材料的收集上投入了大量的时间和精力，做到了"其于言礼、言兵、言政、言狱、言掌故、言文体、言人贤否，如优人在堂下，号咷舞歌，哀乐万千，堂上观者，肃然踞坐，眄睐而指点焉"，而且在材料的甄别、阐释上表现出很好的专业训练和娴熟的运用能力。

其次是理论问题。近代新史学以来，历史已不再是记诵之学而成为解释之学。史家研究历史，只有在历史事件的千变万化中，指点出变化的秘密和规律，才会有精当高情之论。正因为如此，理论修养的高低往往成为评价史家水平高下的重要标准。杨学跃书名定为“新探”，反映了作者对研究的问题试图在理论上做出自己的解释。这样做面临很多困难和巨大风险。困难主要来自对作者理论修养的要求，风险则来自作者的解释能否自圆其说。今天，回头检视一下为期六年的写作过程，作者表现出的探索理论问题的巨大勇气始终贯穿如一，这不但为书稿增添了强烈的理论色彩，而且正是通过这样的追求，使其构建的理论系统更加成熟和深刻。《十六国北朝权力嬗代新探》一书，大胆采用历史学、社会学、政治学、人类学、地理学、人口学等理论或方法，对 6 世纪以前北方“五胡”活动的轨迹进行了梳理和探索，紧紧抓住游牧民族急需性资源和权力的依赖关系的主线，论述了“五胡”在草原地带、内迁、在中原建立民族政权的演进历程，揭示了游牧社会从部落部族到部落联盟、游牧政权乃至在中原建立政权的微观与宏观的内生机理。论述了游牧民族社会的“卡里斯玛型”权力，是一种迥异于汉族王朝权力组织结构的形式。这种权力结构随着社会需求的变化而改变，是影响其社会兴衰的主要原因之一。作者将美国政治经济学家奥尔森的共容利益理论运用到历史研究中来。奥尔森认为，共容利益集团从推动经济增长中获得较大的收益份额，并从造成经济衰退中承受较大的损失份额，利益集团与社会之间存在着共容利益。作者受这一理论启发，认为“胡族”政权最终同农耕世界形成了共容利益，才使得“卡里斯玛型”权力从破坏性使用过渡到建设性使用，最终发挥了重大作用，是中国历史再次出现大一统局面的主要原因之一。这些理论探索值得称道，这些结论值得深思。

杨学跃是我的博士研究生，也是我的同事。学跃本质笃朴，志向高远，性情执着，追求完美，且治学重视理论，关照细节。这些禀赋对他的为学打上了深深的烙印。文如其人，通览《十六国北朝权力嬗代新探》一书，材料丰富，叙述翔实，理论色彩浓厚，观点新颖独到，引人入胜，值得推荐。

遵作者之请，特作短文，以为序。

王银春

2015 年 6 月 20 日

绪 论

一 论题的缘起

从整体中国历史发展脉络来看，秦汉大一统王朝的建立，开辟了中国历史的新时代，从此统一的格局成了历史发展的主流。隋、唐时期，是继秦汉王朝之后，中国历史上又一个较大地域的统一时期。介于秦汉与隋唐帝国之间的三国、两晋、南北朝时期，除了西晋时的短暂统一外，是中国历史上长期分裂混战时期。尤其是西晋内乱后，北方少数民族纷纷登上历史舞台，在中国北方建立了十六国北朝诸多民族政权。十六国北朝建立是秦汉帝国发展的终结，而隋代北周，一统中国南北又是下一个大帝国时代——隋唐帝国的起点。魏晋南北朝时期，许多古老的民族走完自己的历程，从历史上消失了，中国古代民族史的研究，魏晋南北朝应该是一个阶段性的下限。因此，史家从不同视角出发，对造成自西晋末年至隋统一中国近三百年，从分裂到统一、由乱到治局面之缘由进行了诠释。总体来看，魏晋南北朝既是一个乱世，也是各民族大规模迁徙和融合时期。民族融合，在魏晋南北朝时期表现形式和特点就是胡族的“汉化”和汉族的“胡化”。陈寅恪先生说：“一个胡族与汉族融合，须待这个胡族接受汉文化，并被视为汉人、杂汉之后。”[1] 因此，胡汉融合并不是一件容易的事情。黄烈先生认为，促进各少数民族走向迅速与汉族的融合是政权的建立，其民族共同体和政权是朝相反方向发展的，其政权越巩固，民族共同

[1] 陈寅恪：《魏晋南北朝史讲演录》，黄山书社 1987 年版，第 113 页。

体越分散与衰落，从而迅速地向汉族全面转化。[①] 罗贤佑认为，“汉化，即少数民族与汉族杂居、通婚并融于或同化为汉族的过程”[②]。陈寅恪认为，“北魏之制度有接受中国历代原有的制度者，有接受其敌对之南朝前期之制度者，也有承袭北亚游牧之制度者”。因此，少数民族的“汉化”，被认为是血缘上的、文化上的、民族政权制度上的全面汉化。陈寅恪先生认为，“在我国历史上，统一不能从血统着手而要看文化高低。文化低的服从文化高的，次等文化服从高等文化”[③]。因此，“胡族”的“汉化”被多数学者认为是隋唐大一统形成的重要原因。在现实生活中，当我们进入少数民族地区后，他们总会讲自己曾经特有的民族传统和文化，但最终会有一个不得已的感慨：“现在都汉化了!”同样，说一汉人“胡化”，就会有一种被歧视之嫌疑。那么“汉化”真的就能揭示十六国北朝民族融合与国家一统的全部真谛吗?

要厘清这一问题，我们应该从汉族形成来重新审视这一问题。各国早先文明的孕育，得益于大河流域和平原。这一切又源于人类对生存资源本能的需求。当人类在适合农耕的地域，掌握了农耕技术后，利用自然资源——可农耕的土地、可栽培的植物以及可驯化的动物而进行主动的物质生产，并建立起相应的生存资源分配方式后，农业社会便建立起来。因此，农耕民对生存资源的需求、控制与组织权力结构的结合，是其目标与实现手段的有机组合系统，依靠这样的系统，农业社会才得以延续乃至壮大。中国的文明中心是黄河流域和长江流域，尤其是在黄河流域，依靠农业文明，华夏族很早就建立起国家政权。吕思勉先生认为，“文化本是人类控制环境的工具，环境不同，文化自因之而异。及其兴起以后，因其能改造环境之故，愈使环境不同。人类遂在更不相同的环境中进化。其文化，自然更不相同了”[④]。所以，文化同生活环境有最为密切的关系。在这里，本书认为，文化是人类创造出来以适应环境的生产技术、资源、资源生产、资源分配方式（制度）、相应的组织及行为模式的总和。文化从软实力上说，

---

① 黄烈：《魏晋南北朝民族关系的几个理论问题》，《历史研究》1985年第3期。

② 罗贤佑：《中国民族史纲要》，中国社会科学出版社2009年版，第13页。

③ 陈寅恪：《魏晋南北朝史讲演录》，黄山书社1987年版，第230页。

④ 吕思勉：《中国通史》，华东师范大学出版社2004年版，第6页。

就是适应生产方式规则的“沉淀”。从某种程度上说，汉族（华夏族）创造了农业文明，而农耕又铸就了汉族（华夏族）。因此，汉族（华夏族）的形成，也就预示着汉文化的形成。从起源上来说，农业生产创造了农业文化。汉文化是农业文化最大的子类，但她并不是农业文化的全部。因为农业文化是建立在农业生产方式之上的，只要是自然环境相差不大，就会产生相类似的生存资源及建立在此资源生产和分配之上的制度（规范）和组织。因此，从事农耕生产的人类，都可以创造农业文化，并且会有创新，也就是吕思勉先生所说的进化。汉族文化之所以能够源远流长，就是因为汉族坚守农耕生产方式，创造、创新农业文化。因此，汉文化是农业文化的代表，但并不是农业文化的全部。如此来说，现实中，少数民族某些传统和文化的消失原因表面上是因为“汉化”，其实质上是农业文化和工业文化使然。如果按照这样的逻辑因果，不论是研究历史还是面对现实，既尊重了事实，又将包括汉族在内的所有民族从各自文化的“枷锁”中释放出来，找到共识，才会有理有据地展开各项工作。回到本研究原点，我们可以这样说，“胡族”的农业化是隋唐大一统帝国形成的主要原因。

“胡族”的农业化，意味着他们必须转化成一个农耕民族，这并不是一件容易的事情。如果从公元 304 年匈奴人刘渊建立刘汉政权算起，至隋统一中国，至少也有近三百年历史，几乎贯穿了魏晋南北朝（历时 369 年）时期。农业文化并不是一个文化因子的单一体，而是生存资源、生产技术、资源生产、资源分配方式、生产组织及文化记述等多因素的复合体。“胡族”从事畜牧业生产，其文化是游牧文化。推动游牧人群由游牧文化转化为农业文化的进程中，农业文化的诸因素都可能起作用。然而，在诸因素中，研究那些从开始起，长时段影响并贯穿“胡族”农业化过程始终的因素，也就是起决定作用的基本因素，就能抓住“胡族”农业化的内生动力，从而解释民族融合的本质。生产技术、资源生产、资源分配方式及生产组织等诸因素，要么是“胡族”农业化链条上的不同环节，是满足特定因素条件而产生的，要么是同一过程中的先后环节，并不能满足上面提到的决定因素特征。汉族文化记述，可能增进对农业社会了解和认识，如史书中描述“胡族”首领“习《毛诗》，好《春秋左氏传》、《孙吴兵法》”等，但从史书记载来看，也只是“胡族”贵族中个别人物的特例，并不具普遍性。农业化是一个包括认知和实践有机统一的复杂过程，单凭对农业社会的记述认识，是远远不够的。生存资源，也叫急需性资源，它具有中心性和匮乏两个特性。资源的中心性是指，直接与人类生存相关的资源，如粮食、生活必需品等，是人类生存须臾不能离开的客观物质；匮乏是指中心性资源的稀缺性，如空气是人类生存的中心性资源，但它并不具有稀缺性，同样，黄金是匮乏资源，但在人类生存活动中，又不居于中心性。因此，研究那些居于人类的中心性且又匮乏的资源，对人类来说，无疑是一件有意义的事情。这样，生存资源就成为我们要寻找的，从开始起，长时段影响并贯穿“胡族”农业化过程始终的因素，也就是起决定作用的基本因素。

起初，游牧人群的生存资源同农耕社会的生存资源并不相同。草原上的游牧人群掌握游牧技术后，通过畜养牲畜，将草原上的牧草转化为人类能够食用的畜产品，从而维持着畜牧社会的生存与发展。因此，草原上的牧草资源是游牧部族赖以生存的中心性资源。游牧部族是适应游牧技术而产生的社会组织，其绝大部分活动都围绕生存资源获取而展开。因此，对生存资源——牧草资源的依赖，是游牧组织中权力关系[①]产生的最基本的因素。因此，生存资源同游牧组织中的权力有着天然的契合关系。因此，游牧部族对生存资源的需求、控制与组织权力结构的结合，是其目标与实现手段的有机组合系统，依靠这样的系统，游牧部族社会得以延续乃至壮大。游牧部族由于受自然气候、单位面积草地提供资源量的限制，以及人口数量的不断增长，总体上处于生存资源匮乏的状态。寻求生存资源是贯穿游牧部族、超部族联盟或政权在草原地带、内迁乃至到中原地区活动的主线。正是“五胡”所依赖的生存资源变化，深刻地影响着他们的组织及权力结构不断地发生变化，不论这种变化是自觉还是不自觉。“五胡”生存资源的生产、结构改变，完全依赖于农耕社会运行规律的进程，就是农业化诸要素发生作用，并改变他们原来文化的过程。

本书是在以上所述的逻辑构建中展开讨论的，必然会挂一漏万，而忽

① 权力关系也可能建立在血缘等基础之上，但所有关系中，首先是以保证个体或者组织生存为前提，所以，没有生存资源，个体或者组织难以为继，也就失去继续讨论下去的必要了。

视了如宗教等其他因素。这种过分的简化，需要特别说明，其目的是追踪那些推动人类群体变化，且最为基本的因素运作机理与过程，试图将本研究引向深入，而不是贪图“全面”。

二 学术回顾

2002年，《历史研究》发表了曹文柱《20世纪魏晋南北朝史研究》[①]一文，对魏晋南北朝史研究做了深入的梳理和综评。曹文认为，在20世纪以前，历代学者对魏晋南北朝史的研究已经取得了不少成绩，但总体来看，皆囿于循环史观，基本的路数不过是著史、考史和评史而已。19世纪至20世纪，受西方各种进化观、发展史观为核心内容的新史学影响，中国史学开始通过分析史料去寻找隐藏在历史表象背后的动因、联系和带有某种规律性的认识，中国魏晋南北朝史的研究也因之翻开崭新的一页。曹文将20世纪中国南北朝史研究以1949年为界分为前后两个时期。在这两个时期中，又分为若干阶段。在研究内容、对象上，分为“关于社会性质和社会经济的讨论”、“政治史”、“民族史”、“文化史与社会史”、“大族个案研究和人物评价”几个部分。曹文的学术回顾与述评中肯。21世纪以来的十多年时间里，魏晋南北朝史研究在宏观和微观两方面不断推进，许多学者运用新的理论、方法取得了不菲的研究成果。十六国北朝研究是魏晋南北史研究中的一个有机组成部分，如果按照曹文柱的划分，应在“民族史”研究范围。但在实际研究中，十六国北朝研究在研究领域、方法、理论等方面，已经突破了传统民族史研究的范围，表现为同研究汉族中原王朝一样，在经济、社会、政治、文化等领域同时深入展开，并且成果丰硕。鉴于此，现仅就学界对十六国北朝研究有重要影响的学术成果进行梳理。

（一）综合探讨魏晋南北朝时期少数民族历史、分布、起源和迁徙的著述。吕思勉《两晋南北朝史》、王仲荦《魏晋南北朝史》、白寿彝《中国通史：中古时代·三国两晋南北朝时期》等著作中，对十六国、北朝演进史有详细论述，其中王著对“五胡”的发展轨迹又有较详细的研述。何兹

① 曹文柱：《20世纪魏晋南北朝史研究》，《历史研究》2002年第5期。

全《魏晋南北朝史略》长于对这一时期历史发展的轮廓、体系、线索的认识，提出了对这一时代历史问题、历史研究的看法。黄烈《中国古代民族史研究》认为，魏晋南北朝时期许多古老的民族走完自己的历程，从历史上消失了。因此，中国古代民族史的研究，魏晋南北朝应该是一个阶段性的下限。由此上溯，可以弄清中国古代一些重要少数民族的脉络。白翠琴《魏晋南北朝民族史》注重对史实进行全面系统的叙述。马长寿《北狄与匈奴》、《氐与羌》、《乌桓与鲜卑》对“五胡”源流、分布、迁徙考述详尽，对诸族关系、融合有较为深入的研究。林干《匈奴史》对匈奴有专考。论文有周伟洲《魏晋十六国时期鲜卑向西北地区的迁徙及其分布》（《民族研究》1983 年第 5 期）、史念海《十六国时期各割据霸主的迁徙人口》（《中国历史地理论丛》1992 年第 3、4 期）、陆庆夫《十六国时期五凉地区的人口迁徙》（《兰州大学学报》1992 年第 4 期）等。

（二）研究十六国历史、政治制度史的著述。分论十六国史的著作有周伟洲《汉赵国史》、《南凉与西秦》、《中国中世西北民族关系研究》，蒋福亚《前秦史》，齐陈俊《五凉史略》等。全面探讨十六国时期少数民族政权的建立、性质和历史作用的论文是唐长孺《晋代北境各族“变乱”的性质及五胡政权在中国的统治》（《魏晋南北朝史论丛》）。唐文认为，晋末各族变乱源于种族和阶级的双重矛盾。各族统治者所建立的政权，一方面有种族报复的特点，另一方面又要同汉族上层分子合作。黄烈《魏晋南北朝民族关系的几个理论问题》（《历史研究》1985 年第 3 期）认为，不应该仅仅根据各民族政权上层统治者的族属来确定该政权的民族性质，对这一时期的民族战争和民族融合也要做这样的辩证分析。促进各少数民族走向迅速与汉族的融合是政权的建立，其民族共同体和政权是朝相反方向发展的，其政权越巩固，民族共同体越分散与衰落，从而迅速地向汉族全面转化。研究十六国政治制度论文还有冯君实《十六国官制初探》（《东北师范大学学报》1984 年第 4 期）、邱久荣《十六国时期的胡汉分治》（《中央民族学院学报》1987 年第 3 期）、王延武《后赵政权胡汉分治政策再认识》（《中国史研究》1988 年第 2 期）、蒋福亚《前秦政权的民族性》（《北朝研究》1990 年第 1 期）、陆庆夫《略论五凉的民族分布及其融合途径》（《西北民族学院学报》1992 年第 1 期）、李培栋《北魏太和改制前胡汉形势论》

（《上海师范大学学报》1994 年第 2 期）、陈友冰《十六国北魏时期的“夷夏之辨”》（《史林》2000 年第 4 期）、李海叶《前燕中原时期胡汉分治制度考》（《内蒙古社会科学》2011 年第 2 期）等。

（三）北朝历史、政治制度史的著述。研究北朝历史的有杜士铎主编的《北魏史》、严耀中的《北魏前期政治制度》、张金龙的《北魏政治史研究》等。陈寅恪《魏晋南北朝史讲演录》认为，“五胡”在十六国、北朝的活跃之后，融合于汉族。但这种融合并不是简单的血缘融合，胡汉之分实则为一种文化分际，最终出现文化融合，才会有胡汉融合。陈寅恪《隋唐制度渊源论稿·唐代政治史述论稿》认为，北魏之制度有接受中国历代原有的制度者，有接受其敌对之南朝前期之制度者，也有承袭北亚游牧之制度者。还有周一良《魏晋南北朝札记》、《魏晋南北朝史论集》，田余庆《拓跋史探》等著作。周一良对北魏的政治制度变迁等有详考。田余庆认为，拓跋部族“野蛮”的制度设计，在某种程度上孕育着文明。研究北朝政权性质有唐长孺的《拓跋国家的建立及其封建化》（《魏晋隋唐史论集》），认为拓跋部落早在猗卢统治时期即开始形成国家，其发展道路乃是由家长奴役制向封建制转化，在这个过程中，奴隶制不占据主要地位。研究拓跋鲜卑社会性质和封建化的论文还有孙钺《拓跋鲜卑在接受汉族文化过程中新旧势力的斗争》（《中央民族学院学报》1983 年第 1 期）、曹永年《早期拓跋鲜卑的社会状况和国家的建立》（《内蒙古社会科学》1987 年第 4 期）、曹文柱《论北魏初年都址的选择》（《北京师范大学学报》1987 年第 1 期）、蒋福亚《论慕容鲜卑的封建化》（《历史论丛》1988 年第 3 期）、高敏《论北魏的社会性质》（《中国经济史研究》1989 年第 4 期）、李凭《北魏离散诸部问题考实》（《历史研究》1990 年第 2 期）、张小虎《论北魏专制皇权的形成》（《西北师范大学学报》2002 年第 3 期）、杨恩玉《北魏离散部落与社会转型——就离散的时间、内涵及目的与唐长孺、周一良、田余庆诸名家商榷》（《文史哲》2006 年第 6 期）等。

（四）研究十六国、北朝兵制的著述。对十六国、北朝兵制的研究有陈寅恪《隋唐制度渊源略论稿》、《南北朝讲演录》，岑仲勉《府兵制度研究》，谷霁光《府兵制度考释》，高敏《魏晋南北朝兵制研究》，陈玉屏《魏晋南北朝兵户制度研究》、《中国军事史》（第三卷）、《中国军事通史第八卷·两晋南北朝军事史》等书皆有详细的论列。研究论文有何兹全《十六国时期的兵制》(《燕国论学集》,北京大学出版社 1984 年版),旷天伟《十六国时期胡族军队的给养》(《江西大学学报》1990 年第 4 期)、《论十六国时期少数部族政权的兵役》(《历史研究》1991 年第 6 期)、《十六国时期士家兵户说考辨》(《青海社会科学》1991 年第 1 期),马欣《十六国军制初探》(《天津师范大学学报》1990 年第 1 期),张庆捷《北魏文成帝〈南巡碑〉所见拓跋职官初探》(《中国史研究》1999 年第 2 期),鲍桐《北魏北疆几个历史地理问题的探索》(《中国历史地理论丛》1999 年第 3 期),张敏《论北魏长城——军镇防御体系的建立》(《中国边疆史地研究》2003 年第 2 期),艾冲《北朝诸国长城再探索——兼与朱大渭先生商榷》(《烟台大学学报》2007 年第 4 期),陈琳国《十六国时期的“军封”、营户与依附关系》(《华侨大学学报》2008 年第 1 期),苏小华《西魏北周军队构成的变化及其对北朝军事的影响》(《云南民族大学学报》2008 年第 2 期),胡玉春《北魏六镇起义的原因和启示》(《内蒙古社会科学》2011 年第 3 期),等等。从以上史家研究来看,“胡人当兵,汉人种地”是十六国北朝兵制的主要特征,北朝后期建立了兵农合一的府兵制。

(五)研究十六国、北朝的经济史著述。李剑农《中国古代经济史稿·魏晋南北朝隋唐》、韩国磐《北朝经济试探》、刘静夫《中国魏晋南北朝经济史》、高敏《魏晋南北朝经济史》等书是这一时期经济史方面的重要著述,其中李剑农的著述,在占有丰富的史料基础上,提出诸多有启发的议论和结论。代表性论文有唐长孺《均田制度的产生及其破坏》(《历史研究》1956 年第 2 期)、王利华《中古时期北方地区畜牧业的变动》(《历史研究》2001 年第 4 期)、蒋福亚《魏晋南北朝时期内徙少数民族对社会经济的影响》(《首都师范大学学报》2004 年第 2 期)、杨际平《论北魏太和八年的班禄酬廉》,(《厦门大学学报》1994 年第 1 期)、魏明孔《北魏立三长、行均田孰先孰后》(《西北师范大学学报》1991 年第 2 期)等。

(六)中国台湾、欧美、日本学者的有关著述。中国台湾学者对十六国北朝的研究著述有郑钦仁《北魏官僚机构研究》(稻禾出版社 1975 年版)、刘昭民《中国历史上气候之变迁》(商务印书馆 1994 年版)、王明珂《游牧者的抉择:面对汉帝国的北亚游牧部族》(广西师范大学出版社 2008

年版)、许倬云《许倬云观世变》(广西师范大学出版社 2008 年版)、毛汉光《中国中古政治史论》(上海书店出版社 2002 年版)、刘学铫《五胡史论》等。郑仁钦认为,“异民族王朝的统治,除了任何政权所看到的支配关系之外,又带有征服与殖民性格;据笔者之观察,北魏早期有充分的这种性格”。刘昭民将气象学、物候学与历史学相结合,研究了中国历史上气候变迁以及这种变迁对人类历史的影响,并认为气候变迁是导致北方民族南下的主要因素。许倬云认为,气候变化是民族迁徙重要原因之一。王明珂是人类学、民族学、历史学研究理路的集大成者,也是开创历史研究同田野调查相结合、成功解读历史的著名学者。王氏提出游牧部族所有的历史特性都根源于他们赖以生存的资源——“都是长了四个腿”能够移动这一属性,其研究理路和成就再次将中国人研究北方游牧民族历史推向一个新的高潮,更接近于历史本相。毛汉光以关陇核心区域构建等研究北朝政治制度,其研究是在陈寅恪著述启发下的实证研究。刘学铫《五胡史论》是中国台湾学者又一部“五胡”专史,其研究主要从文化、胡汉双视角来研究胡汉融合等方面问题。

欧美、日本学者的著述有美国学者拉铁摩尔《中国的亚洲内陆边疆》(唐晓峰译,江苏人民出版社 2005 年版)、巴菲尔德《危险的边疆:游牧帝国与中国》(袁剑译,江苏人民出版社 2011 年版)、日本学者白鸟库吉《东胡民族考》(方状猷译,商务印书馆 1934 年版)、谷川道雄《隋唐帝国形成史论》(李济沧译,上海古籍出版社 2004 年版)等著作。拉铁摩尔强调经济生态与历史的关系,注意华夏之扩张与北方游牧世界相生相成的关系。巴菲尔德认为,在历史上当华夏帝国统一时,北方游牧部落也凝聚为游牧国家,以胁迫或掠夺中国来得到物资;当华夏帝国分崩离析,北方游牧国家则散为一个个的游牧部落。美国学者魏特夫《辽史社会史》中将北方游牧人群至中原建立王朝划分为两种类型:十六国北朝是“渗透王朝”[①],辽夏金元清则为“征服王朝”。谷川道雄“十分关注民众的动向;力图以民众与国家权力的相互对立关系为中心来把握历史的脉络。认为乡党共同体

---

① 魏特夫认为,十六国北朝是“五胡”通过不断地向南迁徙,越过农牧分界线,呈现一个逐渐渗透的态势,建立王朝则类型上应属渗透王朝;辽夏金蒙元则是直接对中原的征服,建立的王朝则类型上应属征服王朝。

具有与国家共同体相连续的性质，因此，贵族阶层的治者理念也从乡党到天下国家自然地呈现同心圆展开”。翻译成中文的论文有日本学者古贺昭岑《论北魏部族的解散》（刘世哲译，《民族译丛》1991年第5期）、韩国学者朴汉济《西魏北周的赐姓与乡兵的府兵化》（《历史研究》1993年第4期）等文。

从以上专家学者的著述来看，主要研究取向有：以陈寅恪为代表的中国大陆学者从文化的角度来诠释胡汉冲突和胡汉融合；一些中外学者将“五胡”对农耕社会控制视为一种“殖民”行为；国内外一些学者以阶级分析方法来认识十六国北朝诸“胡族”政权的性质；以文明的视角，将游牧部族视为野蛮人群，并将游牧生产方式贬为落后生产方式；从民族视角，将十六国北朝的历史归结为“汉化”或者“胡化”过程等。以上大部分史家的研究取向和研究结论，是从不同视角出发，对“五胡”历史演进的合理性阐释，对本著展开讨论有着引领和启迪作用。亚洲中部草原民族游牧生产方式同农耕生产方式相比，是人类适应不同自然环境而产生的不同生产模式。这至少可以断定，这一地区的游牧社会并不是从渔猎社会向农耕社会过渡的中间环节，有其特殊性。因此，从游牧民族内部出发，从生存资源的需求、控制同游牧组织权力结构结合、变迁的视角来系统探索“五胡”历史的演进，还是一个薄弱环节。

三　资源与权力——贯穿本书的研究理路

马克斯·韦伯将权力定义为：在社会关系内，行动者（个人或组织）具有可以排除各种抗拒以贯彻其意志的可能性（Chance），不论此可能性基础为何。美国社会学家格尔哈斯·伦斯基说：“如果我们按照韦伯的观点，将权力定义为个人或集团在即使遭到他者反对时都能贯彻其意志的可能性，那么就可以说，权力将决定几乎所有的由社会所拥有的剩余产品的分配。”① 英国社会学家罗德里克·马丁“权力关系与依赖”研究模型认为：技术和自然资源决定着急需性的情况；急需性和财产继承导致对资源

① ［美］格尔哈斯·伦斯基：《权力与特权：社会分层的理论》，关信平等译，浙江人民出版社1988年版，第58页。

的不同控制形式；不同控制形式导致因渴望获得资源而形成的依赖；不平衡的依赖和摆脱依赖的有限可能性导致服从。结合韦伯、伦斯基、马丁的研究理路，将权力定义中“可能性基础”视为“资源控制”，那么可以这样来描述游牧社会权力：在游牧社会关系内，游牧组织具有可排除各种抗拒以贯彻其意志的可能性，这一可能性的基础就是对生存资源的控制。

从人类掌握了一定的生产技术后，就成为食物的创造者，将命运很大程度上掌握在人类自己手中。6 世纪以前，从亚洲东部草原和黄河、长江流域不同人群所掌握的生产技术来看，一种是游牧技术，另一种是农耕技术。草原上的游牧人群掌握游牧技术后，通过畜养牲畜，将草原上的牧草转化为人类能够食用的畜产品，从而维持着畜牧社会的生存与发展。因此，草原上的牧草资源是游牧部族赖以生存的中心性资源。

游牧部族是适应游牧技术而产生的社会组织，其绝大部分活动围绕生存资源获取而展开。在获取资源的过程中，一个部族控制了资源，而另一个部族因渴望得到生存资源时，依赖关系便形成，并且在没有其他办法摆脱资源被控制的现状下，服从的权力关系随即产生。权力关系的产生，推动着游牧部族向超部族的联盟、国家发展。游牧人群控制、利用牧草资源的规模越大，所形成的不对称依赖也就越普遍、广泛，服从的权力关系网络也就更大，超部落的部落联盟、政权组织产生的可能性也就越大，组织规模的扩展，阶序化的权力支配关系也就更加显著，其对外获取资源的能力也就越强。游牧部族对生存资源的需求、控制与组织权力结构的结合，是其目标与实现手段的有机组合系统，依靠这样的系统，游牧部族社会得以延续乃至壮大。

由于受自然气候、单位面积草地提供资源量的限制，以及人口数量的不断增长，游牧社会的牧草资源总体上处于匮乏的状态。当在草原地带内不能解决资源的需求与匮乏矛盾时，南下向农耕社会掠夺生存资源也就成为必然之势。游牧部族越靠近农耕社会，其对农耕社会的资源依赖程度就会越深，也就更加依赖其组织的对外资源获取功能。起初，游牧社会因其强大的势力，汉王朝或采取和亲等政策，以和平方式将汉地资源输入牧业社会而阻挡游牧人群的继续南下；或采取武力驱赶等方式，以维持北方的资源界线。这时的游牧社会组织由单一的对内部资源的控制、分配功能转化为对内资源控制、分配和对外资源获取的双重功能。显然，游牧人群变得越来越要依赖超部落的组织维持生存。同时，中原王朝对内迁的游牧人群的资源赏赐、对其首领封官拜爵，维持着同游牧人群的臣属关系，也是“五胡”首领在部族中维持权威的重要外部因素。所以内迁“诸胡”由资源依赖农业社会程度的加深而出现游牧世界的自主能力呈下降趋势。西晋王朝因内乱而衰弱，不能维持同游牧部族的资源边界时，游牧部族开始直接控制、分配农耕社会的资源。农耕社会生存资源的生产、分配方式，是在汉（华夏）民族掌握农耕技术后，利用自然资源——可农耕的土地、可栽培的植物以及可驯化的动物而进行主动的物质生产活动的过程中逐渐形成的。因此，农耕民对生存资源的需求、控制与组织权力结构的结合，是其目标与实现手段的有机组合系统，依靠这样的系统，农业社会才得以延续乃至壮大。因此，南下“五胡”生存资源的获取，就必须有与农业社会相适应的组织权力结构，这就要求“五胡”变迁自己的组织权力结构来适应新的资源获取方式。受到游牧世界原有观念、权力原生结构惯性支配及生存资源类型的不同的影响，“胡族”政权将汉制同胡制（大单于制）同时统御于皇帝之下，从意识形态和形式上完成一元建构，在现实中又以“胡汉分治”的二元体制运作。其结果是维持“胡兵”集团的支配地位，并且从农耕民的生产中分利。受“胡族”原有权力结构体制影响，“胡族”政权总是处于更迭、兼并的不稳定状态，“胡族”政权同农耕社会形成的最低水平的共容利益时断时续，从公元 304 年刘汉政权建立至公元 439 年北魏统一北方，前后有一百三十多年的时间。“胡族”政权这种状况被新崛起的拓跋部族改变后，新的同农耕社会全面对接的体制诞生，新的权力结构同资源获取方式重新结合，“胡族”政权同农耕社会更大共容利益的形成，也就预示着新的时代的来临，但这同样又经历了一百四十多年。

农耕社会的资源是汉民族依赖的主要生存资源。同时，由于亚洲腹部在地域上的客观连通性，农耕资源也是“五胡”依赖的重要生存资源之一。胡汉民族在获取这些资源的进程中，从激烈的争夺到形成共容利益的艰难、持久、具体的过程，也是“胡族”政权的权力结构同农耕世界资源有机结合的过程，这一过程变迁，是西晋末年至隋统一中国近三百年从分裂到统一、由乱到治的决定因素之一。因此，胡、汉民族对黄河、长江流域的农业资源的共同依赖，是将中国南北再次联系成一个整体的主要内在动力。

本书中的“五胡”、“胡族”、“胡人”、“胡兵”指6世纪以前的匈奴、羯、氐、羌、鲜卑，有时是指这五个少数民族总体，有时则指称某一个或某几个民族。同时，“胡”是史家对北方少数民族的一个称谓，有现代史家认为这是一种蔑称。从民族平等的观点出发，研究6世纪以前北方少数民族的发展脉络，使用“五胡”、“胡族”等语，并不带有歧视意义，之所以仍然使用，是沿袭传统史籍约定俗成的记述习惯，是为了研究时方便表述，表达准确。同样，在本书中使用“匪帮模型”等术语，完全是学理、逻辑上研究的必要，并没有将少数民族比作“匪帮”的意图。在本书中，游牧生产同农耕生产，游牧文化同农耕文化，都是各自适应自然而产生的主、客观事实，并不存在农业生产比游牧生产先进，农耕文化比游牧文化高明的价值判断。游牧生产同农耕生产相比，都是利用自然资源而形成的不同生产方式，区别只在单位面积土地上生产效率的不同，而游牧文化和农耕文化是对这两种生产方式的不同适应规则的“沉淀”，并不分优劣。

第一章　十六国以前“五胡”权力关系之考察

第一节　“五胡”生存地域与权力关系的探讨

受人类学、社会学、地理学、气象学、人口学的影响，一些专家、学者从多学科角度出发，研究人类历史的变迁。如我国科学家竺可桢 1972 年在《考古学报》第 1 期发表的《中国近五千年来气候变迁的初步研究》一文，大量引用了古物候资料，采用物候学分析方法，研究气候对我国历史时期的植物、作物的影响；气候与人类生产活动、历史文化的关联性。台湾学者刘昭民在其著作《中国历史上气候之变迁》[①] 里，将气象学、物候学与历史学相结合，研究了中国历史上气候变迁以及这种变迁对人类历史的影响。王明珂在其著作《游牧者的抉择：面对汉帝国的北亚游牧部族》[②] 里，从北方游牧民族的生存环境、资源获取、生产、社会结构等方面入手，研究游牧社会生存发展的内在规律。许倬云《汉末至南北朝时期的气候与民族移动的初步考察》[③] 一文认为气候变化是民族迁徙重要原因之一。美国学者拉铁摩尔的名著《中国的亚洲内陆边疆》[④]，用机动力与财富的此消彼长解释草原帝国兴衰的历史变化。美国学者巴菲尔德在《危险的边疆：游牧帝国与中国》[⑤] 一书中认为：北方草原游牧部落帝国的凝聚极依

---

① 刘昭民：《中国历史上气候之变迁》，台湾商务印书馆 1994 年版。

② 王明珂：《游牧者的抉择：面对汉帝国的北亚游牧部族》，广西师范大学出版社 2008 年版。

③ 《许倬云观世变》，广西师范大学出版社 2008 年版，第 112—126 页。

④ ［美］拉铁摩尔：《中国的亚洲内陆边疆》，唐晓峰译，江苏人民出版社 2005 年版。

⑤ ［美］巴菲尔德：《危险的边疆：游牧帝国与中国》，袁剑译，江苏人民出版社 2011 年版。

赖与统一中原王朝政权间的互动，一方崩溃，另一方也随之解体，其缘由是草原游牧帝国的凝聚需要外来资源的补充。从以上学者的研究来看，人类历史的演进并不是一个单一因素影响的过程，而是受多种复杂条件共同或者某一种因素起决定作用的推动而不断向前发展。总体来说，人类社会历史发展的过程，同时会受到自然因素和社会因素的共同支配。当自然因素稳定向好时，那么社会人文因素就起显性作用，并且更容易被人们所认识，但同时又会掩盖自然因素的作用；当自然因素波动而趋于恶劣时，就会扰动社会，乃至打乱人类社会秩序，此时，自然因素处于显性作用。中国传统史家在归因对历史产生重要影响的因素中，很可能受某种社会历史现象的干扰，可能会得出不客观的结论。如在中国王朝的统治中，往往将人祸无限夸大，乃至将天灾解释为因人君无道而引起上天的惩罚。例如本书中关于权力的问题，它不仅仅涉及游牧世界的社会人文，而且是一个自然与社会相互影响而形成的复杂统一体。英国社会学家罗德里克·马丁认为：“资源相对匮乏的地方与资源丰富的地方相比，相互依赖、从而不平衡依赖的可能性就大一些……究竟哪些自然资源对权力关系有重大影响，这要取决于地理和气候这类非社会因素，取决于技术和人口居住分布状况这类半社会因素。”[①] 在罗德里克·马丁看来，地理、气候是非社会的自然因素，而技术和人口分布状况，并不是一个纯社会因素。这里马丁所说的技术是指人们在处理和使用原材料的过程中涉及的物质活动、被使用的劳动力的组织，以及将这两者相结合时所利用的知识，因而技术绝不仅指一组物质客体。[②] 人口分布按照现代概念，是指某一时点上人口在某地域范围内的聚集状况，并随着社会经济的发展而不断变化。反映人口分布状况的一个重要指标是人口密度，即总人口与土地面积之比，常以每平方公里的居民人数来表示。根据现代学者的研究，人口具有自然和社会的两重属性。如何将自然因素和社会因素有机统一于一个研究范式内，在众多采取这类研究取向的学者中，罗德里克·马丁的研究就是其中之一。他在论及“权力关系与依赖”的问题上，有这样

① ［英］罗德里克·马丁：《权力社会学》，丰子义等译，生活·读书·新知三联书店1992年版，第116页。

② 同上书，第113页。

的一个分析模型：[①]

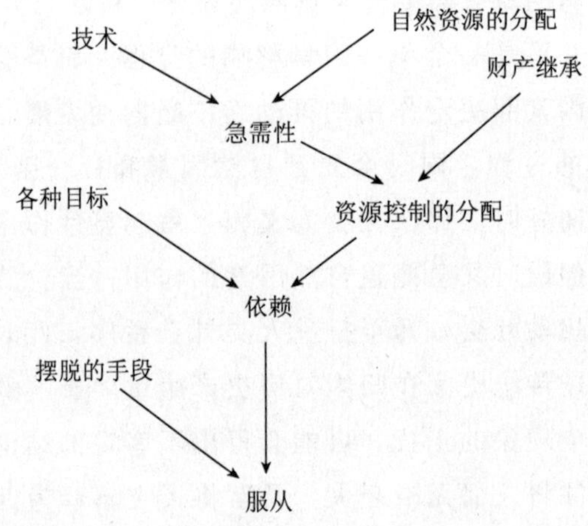

罗德里克·马丁对以上模型中各变量、因素阐述为：（1）“技术”一词是指在处理和使用原材料的过程中涉及的物质活动、被使用的劳动力组织，以及将这两者相结合时所利用的知识，因而技术绝不仅指一组物质客体。[②]（2）自然资源的范围和分布，既影响权力关系的一般模式，也影响该模式中特定的个人和团体的位置。资源相对匮乏的地方与资源丰富的地方相比，相互依赖、从而不平衡依赖的可能性要大一些。究竟哪些自然资源对权力关系有重大影响，这要取决地理和气候这类非社会因素，取决于技术和人口居住分布状况这类半社会因素。[③]（3）急需性包含两个成分：中心性和匮乏。有些资源至关重要，但并不短缺，如19世纪加拿大的土地资源就是如此；另有一些资源很稀少，但却不具有中心性，17世纪英国的宝石就属于这一类。这两类资源对于权力关系显然没有重大意义，在这方面，它们的作用与那种既重要又缺少的资源简直无法相比。[④]（4）社会中不对称依赖的总量主要受“急需性”和财产继承的影响。财产继承以两种方式影响依赖：一是资源控制的代际转移影响控制集中的程度；二是资源

① ［英］罗德里克·马丁：《权力社会学》，丰子义等译，生活·读书·新知三联书店1992年版，第113页。

② 同上。

③ 同上书，第116页。

④ 同上。

控制受遗产分割的影响。[1]（5）在目标共同的地方，人们的目标可以互补，从而形成集体行动的基础，但目标也可能是彼此冲突的，这就导致对抗。所有这些因素以及其他因素，都会影响权力的分配。但不可能考察一切可能的目标，作出简化的假说是完全必要的。虽然人类的所有目标和志向都与此有关，但我还是假定，最为重要的目标——尤其是奴隶制和封建制中——是获取物质资源、威望和权力。[2]（6）对渴望得到的资源的控制权分配直接导致依赖，但依赖并不会自然而然地导致服从。因为，服从只是在没有其他出路时才会存在。简言之，当找不到其他出路时，或者当他们的追求会带来比最初交换包含的不平衡更大的不平衡时，不对称依赖才会导致服从。[3]罗德里克·马丁运用这一模型分析了奴隶社会、封建社会及资本主义社会的权力关系。

假定罗德里克·马丁的分析模型正确且具有普遍性，我们以此模型来分析北方游牧民族的“权力关系与依赖”。（1）游牧者的“技术”就是如何将草地中牧草这一原材料处理成能被人类直接利用的食物的过程，并形成实施此过程的部落组织，以及将这两者相结合时所利用的游牧生产知识。（2）北方草原，特定地域内的资源分配并不平衡，有些地方水草丰美，有些地方则相对干旱，牧草资源匮乏。（3）从整体上看来，水和优质牧草是北方游牧民族中心性且相对匮乏的资源，因为这些资源是急需性的，离开了它们，牧民的生存就可能发生危机。（4）游牧民族的财产继承是按照血缘的亲疏进行代际转移的。（5）在资源的急需性和财产继承的共同影响下，谁能掌握资源的控制与分配，谁便成了核心问题。在游牧民族各种目标中，获取物质资料生存下去是最为重要也是最基本的目标。（6）游牧民族渴望得到资源的控制、分配权直接导致依赖，当在一定的时空中，没有其他更好的生存空间可供选择以及摆脱被控制的手段非常有限时，服从的权力关系随即产生。

下面我们将游牧世界的各种因素，联系成一个有机的整体系统。游

---

① ［英］罗德里克·马丁：《权力社会学》，丰子义等译，生活·读书·新知三联书店 1992 年版，第 117 页。

② 同上书，第 119 页。

③ 同上书，第 120—121 页。

牧技术是游牧民族对自然的能动适应：通过牧养牲畜，将草原上的植物转化为能被人类直接食用的畜产品。在畜牧生产过程中，由于受单位面积提供的牧草量、牧草被牲畜啃食后的恢复过程的影响，部民们赶着牲畜“逐水草迁徙”。北方草原受客观地理环境的影响，牧草资源的分布并不均匀。水分充足的坡地、河谷、绿洲，牧草丰富；而较多的平缓草原，受气候、雨水的影响，牧草并不如坡地、河谷、绿洲那样丰富；同是一个地域的草原，因局部土质的不同，生长牧草的种类、产量、质量也会不同。资源分布的不均匀，导致游牧生产的原材料——牧草这一处于中心位置的生存资源总体上处于匮乏状态。控制资源，占有资源的分配权，是游牧部族至关重要的问题。但资源控制与分配会受到另一个重要因素——财产继承的影响。游牧民族的财产实行代际转移，财产以血缘为纽带进行代代继承。拥有较为雄厚物质保障的部落组织在气候适宜的情况下，生产能力较强，有了较为丰富的物质基础，人口便大量繁衍起来。人丁兴旺，反过来也会拥有更强的资源控制能力，并且能够实现资源控制的代际转移。随着人口繁盛，导致资源相对紧张，部族对资源的控制与分配显得更加重要，乃至出现不同部落间的资源竞争。此时，掌控着资源的核心部族在此竞争中具有优势。核心部族外的其他分支，包括非血缘部族为生存下去，产生渴望获得部分资源的控制权或者分配到一定的牧地，不平衡的依赖关系便随之产生。但这种依赖产生并不一定导致服从。如王明珂所言，游牧民族具有“游牧与其移动模式”①，他们可以离开核心部族，寻找其他地域的资源，以摆脱困境。然而，受地理环境、气候等复杂条件的限制，会出现以下情况：其一，适宜放牧生存的地域有限；其二，随着人口的增加，自然存在的资源丰富的草地会越来越稀少；其三，占领或分享其他部族的草原资源并非易事，会受到抗击或排斥。当然，一个部族内的分支部族或依附部族抑或是外来部族，可以通过武力夺取资源的控制与分配权。当另寻资源和武力夺取控制权都不能奏效时，服从的权力关系便会产生。因此，游牧民族内部权力关系的产生取决于两个因素：不对

① 王明珂：《游牧者的抉择：面对汉帝国的北亚游牧部族》，广西师范大学出版社 2008 年版，第 20 页。

称的依赖和难以摆脱控制，而这两者恰恰都与游牧民族赖以生存的草原资源有着直接关系。司马迁在《史记》中说匈奴：“逐水草迁徙，毋城郭常处耕田之业，然亦各有分地。”[①]《后汉书》记载秦厉公时，“河湟间少五谷，多禽兽，以射猎为事，爰剑教之田畜，遂见敬信，庐落种人依之者日益众。羌人谓奴为无弋，以爰剑尝为奴隶，故因名之。其后世世为豪”[②]。《三国志》中载“氐人有王，所从来久矣。自汉开益州，置武都郡，排其种人，分窜山谷间，或在福禄，或在汧、陇左右。……俗能织布，善田种，畜养豕牛马驴骡”[③]。《后汉书》载：“鲜卑者，亦东胡之支也，别依鲜卑山，故因号焉。”[④]《魏书》叙说拓跋鲜卑起源时说：“昌意少子，受封北土，国有大鲜卑山，因以为号。其后世为君长，统幽都之北，广漠之野。畜牧迁徙，射猎为业，淳朴为俗。”[⑤]从史籍的记载来看，匈奴有“分地”，说明早期匈奴就已经有阶序化的权力关系形成。羌人自爰剑始“田畜”，便形成“世世为豪”的部落组织。鲜卑以所居住的鲜卑山为族名。据陈连开考证，鲜卑山就是今天的大兴安岭。后世的慕容鲜卑，即东部鲜卑，源于居住在大兴安岭南麓的游牧人群；后世的拓跋鲜卑，即西部鲜卑，源于居住在大兴安岭北麓的游牧人群。[⑥]大兴安岭自古就是一个草原资源丰富的地带。因此，“五胡”阶序化权力形成与其利用、控制牧草资源有着密切关系。

那么地理环境、温度、雨量及人口诸因素对“五胡”的具体影响又是怎样的呢？下面根据史料的记载，逐一展开。

秦汉时期的匈奴主要活动在今蒙古高原及邻近华北与新疆的草原地带。蒙古高原北方边缘是贝加尔湖地，西北是萨彦岭地区，这两地都是森林草原地带。蒙古高原的东部边缘是大兴安岭山脉、西辽河流域，主要为森林、草原地带。蒙古高原的南部边缘是黄土高原北缘的山脉与平原，沿燕山、阴山、大青山诸山脉以及冀北、晋北、河套及鄂尔多斯地区，自战

① （汉）司马迁：《史记》（卷一百十），中华书局1982年版，第2879页。

② （宋）范晔：《后汉书》（卷八十七），中华书局1965年版，第2875页。

③ （晋）陈寿：《三国志》（卷三十），中华书局1982年版，第858页。

④ （宋）范晔：《后汉书》（卷九十），中华书局1965年版，第2985页。

⑤ （北齐）魏收：《魏书》（卷一），中华书局1974年版，第1页。

⑥ 陈连开：《鲜卑山考》，《社会科学战线》1982年第3期。

国时期开始就是农牧交错地带。蒙古高原的西南边缘是今甘肃西部到新疆北部，这片区域是沙漠、绿洲及穿插其间的草原。蒙古高原的西部为东西走向的一系列大山脉，唐努山、杭爱山、阿尔泰山到天山山脉。以上地区所环绕及部分交叠的便是蒙古高原。蒙古高原由北而南可分为森林草原、草原、半沙漠草地及沙漠等自然生态带；其中草原面积最广，约占四分之三。这些草原，四周多高山，山间及附近多森林、河流及湖泊。从历史文献及考古发掘来看，山间的草原盆地、浅山及边坡草原、大河边的草原是匈奴主要的游牧区。[①]

西汉时期，羌人主要分布在河湟地区。河湟地区是指兰州以西的黄河上游与湟水流域，约在今甘肃省西南与青海省东部，也就是青藏高原的东北角，主要呈现高原河谷为特征的地貌。河谷地区平均海拔在 2200 米左右，高地超过 4200 米。气候大致来说是冷而干燥，最暖月均温为 11—13 摄氏度，有些低地可达 17—21 摄氏度，年降雨量为 300—400 毫米。从历史来看，这些地方的山地草原适合放牧，较低处是良好的冬季牧场，高处是夏季牧场。河谷地带可以进行粗放的农业种植。[②] 如汉代羌人部落争夺的大小榆谷，就是宜农宜牧之地，汉曾经控制大小榆谷进行过农业开发。

秦汉时期，乌桓、鲜卑活动在西辽河流域的森林草原地带。这一区域北起西辽河北岸的巴林左旗，南到汉长城外，西起大兴安岭南段、七老图山，东至辽源。在这一区域内，主要包括西辽河（西拉木伦河）及其支流老哈河流域、大小凌河流域、燕山山地等地理区。西辽河与老哈河一带多沙丘，南岸是著名的科尔沁沙地。西面靠大兴安岭南麓、东麓的地区多森林，南方的燕山地区由中低山丘陵与盆地构成。乌桓与鲜卑人的主要经济生态区是大兴安岭东麓、东南麓与大小凌河、燕山北麓的丘陵森林与草原地带。[③]

那么“五胡”生活的这些地带在近代的情况是什么样的呢？1935 年，

---

① 王明珂：《游牧者的抉择：面对汉帝国的北亚游牧部族》，广西师范大学出版社 2008 年版，第 107—108 页。

② 同上书，第 159—160 页。

③ 同上书，第 198—199 页。

我国著名地理学家胡焕庸说：

> 今试自黑龙江之瑷珲，向西南作一直线，至云南之腾冲为止，分全国为东南与西北两部，则此东南部之面积，计四百万方公里，约占全国总面积之百分之三十六，西北部之面积，计七百万方公里，约占全国总面积之百分之六十四；惟人口之分布，则东南部计四万四千万，约占总人口之百分之九十六，西北部之人口，仅一千八百万，约占全国总人口之百分之四，其多寡之悬殊，有如此者。[①]

如下图：

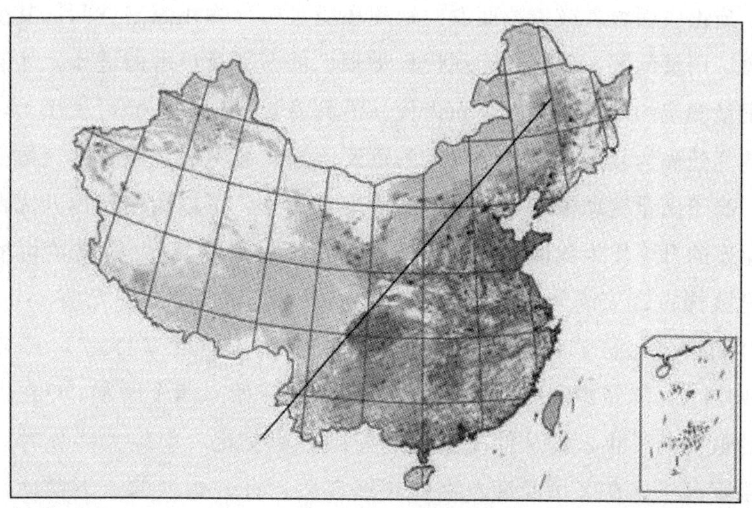

这是胡先生从地理与人口视角划分的一条东南与西北的分界线——有名的胡焕庸线。学者认为，在汉唐时期，西部的黄土高原及关中地区气候较为温暖湿润，因而能够承载更多的人口，从而成为历代中国政治、经济中心。唐中期曾频繁从长安迁都洛阳，除了政治、经济上的解释，长安地区不断发生的自然灾害也是重要原因之一。宋代以后，气候变化日益表现出“胡焕庸方向”的趋势，中国人口、文化、经济重心逐渐南迁长江流域。明清两代，政府虽然大力经营甘肃，但胡焕庸线以西，生态环境日益

① 胡焕庸：《中国人口之分布》，《地理学报》1935 年第 2 期。

恶化，粮食自给已成问题。近代发现的400毫米等降水量线，是我国半湿润区和半干旱区的分界线，该线与胡焕庸线基本重合，也揭示出气候与人口密度的高度相关性。年降水量不足400毫米，土地便向荒漠化发展，正如西北部的草原、沙漠、高原等景色和以畜牧业为主的经济，东南部降水充沛则地理、气候迥异，农耕经济发达。从古代长城的走向来看，大体上也是沿胡焕庸线方向修筑，在西北，如宁夏境内稍有偏离。从文献记载来看，是否可以推测，古代的400毫米的等降水线就是在长城和胡焕庸线的大致范围内摆动。

从现代研究来看，地理环境和降雨的双重作用，造成北方胡焕庸线以北的大部分地区适合从事牧业，而以南则更适宜农耕，此线南北附近则是农牧交错，或由农而牧，或由牧而农。地理环境是一个物化固定空间，其变化微乎其微。雨量问题，只有到近现代科学知识的丰富及技术的进步，才有了实现对雨量测定的理论与手段，而古代并不具备量化记载。竺可桢认为，气候因素的变迁极为复杂，雨量是气候的重要因素，但不适合做度量气候变迁的指标，缘于雨量变动极端，相反，温度变迁微小，可以精密量出，因此，以冬季温度的升降作为我国气候变动的唯一指标更为妥当。[①] 根据竺可桢的研究，把我国古代气候分为考古时期（约公元前3000年—公元前1100年）、物候时期（公元前1100年—公元1400年）、方志时期（公元1400年—公元1900年）、仪器观测时期（从公元1900年开始）四个时期。[②] 在近五千年中的最初两千年，即从仰韶文化到安阳殷墟文化，中国大部分时间的年平均温度高于现在2摄氏度左右；在那以后，有一系列的上下摆动，其最低温度在公元前1000年、公元400年、1200年和1700年，摆动范围为1—2摄氏度；在每一个400年至800年的期间里，可以分出50年至100年为周期的小循环，温度范围是0.5—1摄氏度；上述循环中，任何最冷的时期，似乎都是从东亚太平洋海岸开始，寒冷波动向西传布到欧洲和非洲的大西洋海岸。同时也有从北向南的趋势，如下图所示：[③]

---

① 《竺可桢文集》，科学出版社1979年版，第475页。

② 同上书，第476—490页。

③ 同上书，第495页。

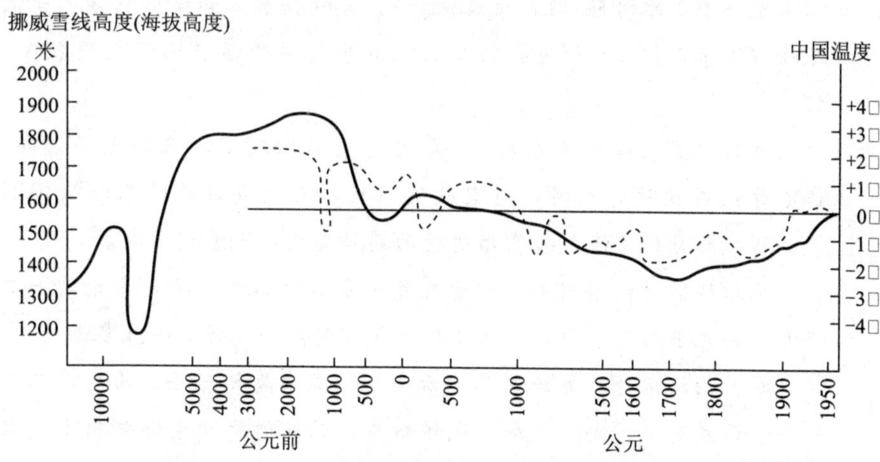

一万年来挪威雪线高度（实线）与五千年来中国温度（虚线）变迁图

注：雪线高度以米计，目前挪威雪线高度在 1600 米左右。

温度以摄氏计，以 0 线作为目前温度水平。

横线时间的缩尽是幂数，越至左边缩尺越小。

从两条几乎平行的曲线图可以看出：三国到六朝时期有过长期的低温，隋代开始转暖，唐代是高温期，五代开始又渐寒，南宋有过骤寒，中间虽短暂回暖，但仍比现今温度为冷。元明均偏于寒冷，清初又骤冷，直到民国时期，始渐暖。

根据竺可桢先生的研究结论，公元前 1000 年左右和公元 400 年左右，是中国温度的两个低点时期。刘昭民先生从考古学、物候、动物之分布、古地理、古籍等方面的证据表明：

> 周朝前期（周武王十三年—周穆王二年，西元前一一二二年—西元前一〇〇〇年）继续为温暖气候时期。①
>
> 周代中叶以后（周穆王二年以后，即西元前一〇〇〇年以后）有一个不大长的冷期侵入中国，此可由竹书纪年所记载当时长江和汉江曾经结冰的事实证明之……周代中叶以后的后半期（西元前一〇〇〇年—西元前七七〇年）正是中国有史以来第一个冷期，也是中国有史

① 刘昭民：《中国历史上气候之变迁》，台湾商务印书馆 1994 年版，第 46 页。

以来第一个小冰河期（Little ice-age）。又根据长江和汉江结冰的记录花粉（孢子）化石的研究，科学家推算当时年均温应比现在低0.5—1℃。①

此后（直到西周末期），中原之气候不但较寒，而且干旱连年，终于导致戎狄时时入侵，周室被迫东迁，乃造成纷乱的春秋战国时代。周代后期的干冷气候实乃改变西周历史之一个最大因素。②

春秋战国时代（周平王四十九年—秦始皇二十六年，西元前七二二年—西元前二二一年）—属于暖湿气候时期……暖和而且多雨。③

秦至西汉末叶（秦始皇二十六年—汉成帝建始三年，西元前二二一年—西元前三〇年）—秦代气候略寒，西汉时代则大部分属于暖湿气候时期。④

西汉末叶至东汉（西汉成帝建始四年—东汉献帝建安二十四年，西元前二九年—西元二一九年）气候较寒而干旱。⑤

三国时代（魏文帝黄初元年至陈留王咸熙元年，西元二二〇年—西元二六四年）旱霜连年。⑥

晋代（晋武帝泰始元年—晋恭帝元熙二年，西元二六五年—西元四二〇年）寒霜连年。⑦

南北朝及隋初（刘宋武帝永初元年—隋文帝开皇二十年，西元四二〇—六〇〇年）继续旱霜连年。⑧

隋初至宋初（隋炀帝开皇二十年至北宋太宗雍熙二年西元六〇〇年—西元九八五年）气候比较暖湿，为中国历史上第三个暖期。⑨

为了方便直观，将其制表如下：

① 刘昭民：《中国历史上气候之变迁》，台湾商务印书馆1994年版，第52—53页。
② 同上书，第53页。
③ 同上书，第55页。
④ 同上书，第73页。
⑤ 同上书，第83页。
⑥ 同上书，第86页。
⑦ 同上书，第88页。
⑧ 同上书，第91页。
⑨ 同上书，第99页。

时间（年）	朝　代	气候状况
前1122—前1000	西周（武、成、康、昭、穆王）	温暖期
前1000—前770	西周（穆、共、懿、孝、夷、厉、宣、幽王）	冷期
前772—前221（前306—前221，秦昭襄王、秦孝文王、秦庄襄王、秦王政）	东周（平、桓、庄、釐、惠、襄、顷、匡、定、简、灵、景、悼、敬、元、贞定、哀、思、考、威烈、安、烈、显、慎靓、赧王）	暖湿期
前221—前206	秦（始皇帝、二世皇帝）	略寒期
前206—前30	西汉（高、惠、高后、文、景、武、昭、宣、元、成帝）	大部分为暖湿期
前29—25	西汉［成、哀、平、孺子婴、王莽（新）、更始帝］	较寒、干旱期
25—219	东汉（光武、明、章、和、殇、安、顺、冲、质、桓、灵、献帝）	较寒、干旱期
220—264	三国（魏：文帝、明帝、齐王、高贵乡公、元帝）	旱霜连年
265—317	西晋（武、惠、怀、愍帝）	旱霜连年
317—420	东晋（元帝、明帝、成帝、康帝、穆帝、哀帝、海西公、简文帝、孝武帝、安帝、恭帝）	旱霜连年
420—600	南北朝、隋初	旱霜连年
600—985	隋初、唐、宋初	暖湿期

竺可桢与刘昭民的研究相互印证。刘昭民从考古学、物候、动物之分布、古地理、古籍等多重证据进行翔实印证，描绘了更加详细的环境气候波动的分期，为后继研究历史环境与人类活动提供了更加可靠的依据。那么环境、气候与人类到底有什么样的关系呢？刘昭民认为，“中原之气候不但较寒，而且干旱连年，终于导致戎狄时时入侵”，“西汉成帝建始四年（西元前二九年）以后，中原的气候逐渐变成寒冷干旱，进入中国历史上第二个小冰河期，在此历时600余年的小冰河期中，寒冷干旱的气候曾造成西汉和王莽的覆亡、东汉皇室之倾覆、五胡乱华和中华民族的向南大迁移等”①。中国台湾学者许倬云著文，通过大量的史料论证酷寒与北方游牧民族南迁的关联性。② 还有其他学者持类似的观点。从宏观上来讲，这些观点、结论是我们继续深入研究此类问题的理论基础。刘昭民、许倬云认为，游牧民族在气候变得寒冷时才会向南迁徙，甚至掠夺、入侵中原。根

① 刘昭民：《中国历史上气候之变迁》，台湾商务印书馆1994年版，第82页。

② 《许倬云观世变》，广西师范大学出版社2008年版，第114页。

据《史记·匈奴列传》的记载，在气候温暖时期，北方游牧民族活动相当频繁，而且屡屡南下掠夺中原。因此，要得到完整客观的结论，不但要研究北方游牧民族在气候寒冷时期的活动，还要研究其在气候温暖时期的活动，同时还要兼顾人口因素。地理、气候、人口等诸因素对游牧社会影响深远，拉长历史的视角，这种影响的脉络也就更明显。我们从文献、史籍记述的重大历史事件来追寻其中的蛛丝马迹。

公元前1122年至公元前1000年的122年时间里，是我国历史上西周的武、成、康、昭、穆时期，也是气候温暖时期。这一时期，据《史记》记载："武王伐纣而营雒邑，复居于酆鄗，放逐戎夷泾、洛之北，以时入贡，命曰'荒服'。""周道衰，而穆王伐犬戎，得四白狼、四白鹿以归。自是之后，荒服不至。"[①] 这一时期"戎夷"处于弱势地位，与西周的互动活动较少。到公元前1000年至公元前770年的230年时间里，是历史上西周穆、共、懿、孝、夷、厉、宣、幽时期，气候寒冷。西周末，出现了"申侯怒而与犬戎共攻杀周幽王于骊山之下，遂取周之焦获，而居于泾、渭之间，侵暴中国"[②] 的重大历史事件。"侵暴中国"，说明"犬戎"在北方的活动趋于活跃。从公元前1122年至公元前1000年的气候温暖期末，到公元前1000年至公元前770年的气候寒冷期，北方草原的牧草资源急剧减少，威胁到了北方草原游牧人群的生存，向南迁徙到气候温暖的地带是符合自然环境驱动人类活动这一法则的。那么申侯联合"犬戎"攻杀幽王又存在着怎样的逻辑关系呢？申侯相较于幽王，势力较为弱小，才会联合"犬戎"。联合"犬戎"攻杀幽王，说明"犬戎"势力较强，并且有相当的组织规模。有一定的人口规模是构成一个社会强大的基本数量因子，越是在古代，这种因素的作用越是显著。因此，"犬戎"势力较大，意味着他们有一定人口规模。那么我们能不能这样来推测：公元前1122年至公元前1000年的这一温暖时期，气候适宜，牧草资源丰富，游牧人群畜群兴旺，能够提供更多的食物需求，在一百多年的时间里，游牧民族人口快速增长，所以势力强大也是必然。在一定区域内，人口并不能无限制的增长。

① （汉）司马迁：《史记》（卷一百十），中华书局1982年版，第2881页。

② 同上。

我国地理学家胡焕庸研究认为：

> 第八级之人口，每方公里在一人以下，其分布之区域中，甚为辽阔，西藏高原连西康青海在内，蒙古高原以及新疆均属之。今试自黑龙江之瑷珲，向西南作一直线，至云南之腾冲为止，分全国为东南与西北两部，则此东南部之面积，计四百万方公里，约占全国总面积之百分之三十六，西北部之面积，计七百万方公里，约占全国总面积之百分之六十四；惟人口之分布，则东南部计四万四千万，约占总人口之百分之九十六，西北部之人口，仅一千八百万，约占全国总人口之百分之四，其多寡之悬殊，有如此者。[①]

以上的人口数据是民国时期的，这一时期中国气候转暖。此一时期，西北的人口密度（每平方公里人口数）约为 2.6 人，这还要算上一部分人口密集的农耕区。根据现代养羊学的研究，在自然放牧状态下，草甸草原放羊一只约需 8 市亩草地[②]，因此，造成这样悬殊的原因是每亩草地与每亩耕地的养育能力不同，从事牧业必须有更为广阔的地域面积生长植物。[③]虽然古今气候会有差异，地理环境也会有差异，但差异并不会很大。因此，即使是在公元前 1122 年至公元前 1000 年的气候温暖期，虽然牧草丰富，但随着人口的快速增长，人均占有牧草资源量却变少。因此，在气候转冷情况下，牧草的绝对资源量在缩小，而在气候较暖期积累了较多的人口数量，造成人均占有牧草资源的相对量也在减少，自然因素和半社会的人口因素的同时叠加，导致北方游牧民族所能获取的资源量急剧下降，大范围生存性的迁移便是唯一选择。由于资源的紧缺性，拥有和控制资源就成为游牧部族最为要紧的事情。在资源的控制与争夺中，游牧部落的部族组织变得相当重要。在一定区域内，强大的部族取得了资源的使用和支配权，而其他部族要想得到生存资源，又没有其他可以获取相似资源的地方

① 胡焕庸：《中国人口之分布》，《地理学报》1935 年第 2 期。

② 李志农：《中国养羊学》，农业出版社 1993 年版，第 373 页。

③ 胡铁球：《扩张与萎缩——我国古代北方游牧民族农业生产的特点》（下），《宁夏大学学报》2005 年第 4 期。

时，就必须依附或服从于这些强势部族，强大的超部落组织就会形成，强势部族中，部族首领就拥有更大的权力。资源的匮乏性与众多人口之间的矛盾越来越突出时，强大的超部落组织便成了缓解这一矛盾的利器。超部落组织具有比部落组织更强大的组织力和战斗力，向南迁徙并掠夺游牧世界以外的资源便成了游牧民族的唯一选择。

公元前772年至公元前221年，是东周时期和战国末期。自周平王东迁后，经桓、庄、釐、惠、襄、顷、匡、定、简、灵、景、悼、敬、元、贞定、哀、思、考、威烈、安、烈、显、慎靓、赧诸王。这一时期，是历史上的又一个气候暖湿期。根据《史记·匈奴列传》载，山戎“越燕伐齐”，“山戎伐燕”，“戎狄伐周襄王”，形成了“戎狄或居于陆浑，东至于卫，侵盗暴虐中国”[①] 的局面。秦穆公时：

> 西戎八国服于秦，故自陇以西有緜诸、绲戎、翟、獂之戎，岐梁山、泾、漆之北有义渠、大荔、乌氏、朐衍之戎。而晋北有林胡、楼烦之戎，燕北有东胡、山戎。各分散居谿谷，自有君长，往往而聚者百有余戎，然莫能相一。[②]

秦穆公在位三十九年，也就是公元前659年—公元前621年。这一时期离上个气候冷期（公元前1000年—公元前770年）近100多年。据《史记》记载会发现，这时期的游牧部族沿北方农牧交错带的分布范围更加广泛，种类更多，活动更加频繁，规模更大，进入中原更加深入，出现了“越燕伐齐”的长距离掠夺。北方游牧部族活动频繁的原因，传统史家认为是北方游牧部族强大的表现，这只是历史的表象。王天顺先生《河套史》中有这样一段话：“黄土高原上的黄河儿女们被饥饿驱赶着背井离乡……下游黄泛区的灾民们在洪水过去之后，又回来重新开始耕垦树艺，营建栖居之所。”[③] 王先生认为，黄河受自然影响，来回摆动，驱赶着人们，所以民谚有“三十年河东，三十年河西”之说。同样，草原上的游牧人群出现大规模的游动与迁

① （汉）司马迁：《史记》（卷一百十），中华书局1982年版，第2882页。

② 同上书，第2883页。

③ 王天顺：《河套史》，人民出版社2006年版，第3页。

徙，正是气候等自然因素变动驱赶的反映。黄河水量在一个单位年内就会因雨量突增或温度升高而猛增，很快形成水患，而气候变化是一个相对较为缓慢的过程，它的影响要在一个较长时段内才能显现。秦穆公时，上一个冷期（公元前 1000 年—公元前 770 年）迫使北方游牧人群不断向南迁徙，在北方农牧交错带不断集聚。虽然秦穆公在位三十九年（公元前 659 年—公元前 621 年）离上一个冷期（公元前 1000 年—公元前 770 年）末，已经有 100 多年的暖湿期，根据自然和游牧节奏，草地需要有一个恢复过程，游牧人群恢复畜群数量需要一个过程。在这一恢复过程中，还要供养此前积累起来的一定数量的人口，无疑减缓了游牧世界恢复到上一个温暖期（公元前 1122 年—公元前 1000 年）游牧生产的水平。因此，秦穆公在位三十九年（公元前 659 年—公元前 621 年），游牧部族仍然处于自然资源匮乏阶段。同时，人口在农牧交错带的集聚效应，使得一定地域内、一定时间内的资源需求出现叠加效应，生存资源变得更加匮乏。对资源的需求和控制，导致游牧人群间不平衡依赖进一步增强，形成强大的人群共同体规模就更大，而共同体内阶序化变得更加明显，向更加超大规模的部落组织发展成为可能。随着超大部落组织的形成，其首领的支配能力在增强，也就拥有更大的权力。《史记》说：“西有緜诸、绲戎、翟、獂之戎，岐、梁山、泾、漆之北有义渠、大荔、乌氏、朐衍之戎。而晋北有林胡、楼烦之戎，燕北有东胡、山戎。”说明这些游牧人群有了可辨识的名称，并可反证其部落组织具有一定的规模和影响力。部落组织规模增大，在获取生存资源的驱使下，掠夺农耕区的范围、纵深度也就更广，出现“越燕伐齐”也就不足为怪了。

游牧部族超部落的组织形成，说明游牧生产方式有着其内在的生命力。人类社会最初的生存方式是采摘、渔猎。美国历史学家斯塔夫里阿诺斯在《全球通史——1500 年以前的世界》中这样叙述：

> 人们靠采集野生植物和捕捉动物过着朝不保夕、勉强糊口的生活。在正常情况下，他们的生活资料只够维持自己和亲属的生活，没有任何剩余物品可作其他用途。这一点极其重要，因为它使食物采集者的文化发展受到难以突破的限制。
>
> 例如，要建立完备的政治机构，没有足够的人力和物力是决不可

能的。实际上，当时也确实没有出现过任何正式的配备专职领导人的政权机构。[①]

人类对大自然的依附性在人类社会的各个方面都留下了印记。但是，当人类做出划时代的新发现——不仅靠采集食物，而且通过栽培植物也可养活自己时，这一依附性大大减弱了。

他们的食物来源大半甚至全部是靠栽培植物和畜养动物，而不是靠狩猎或采集。[②]

斯塔夫里阿诺斯认为，人类成为食物生产者，同过去的食物采集者有着质的不同。具体地说，人类依靠采集、渔猎技术生活和依靠农业生产技术生活有着天翻地覆的变化。农业是人类认识自然规律、利用自然资源，可农耕的土地、可栽培的植物以及可驯化的动物而进行主动的物质生产活动，从而大大减轻对大自然的依附，物质资源的数量很大程度上掌握在人类自己手中，并且物质资源有了成倍的增长，能供养更多的人口。有了这些人力和物力，人类依靠采摘、渔猎不能建立完备的政权机构及正式专职领导人等，却成为可能。这能够很好地解释为什么超部落的国家组织首先在两河流域、尼罗河流域、印度河流域、黄河流域最先建立起来。那么游牧技术与采集、渔猎以及农业技术又有着怎样的不同呢？单纯从畜牧技术来看，是利用可驯养的动物，通过啃食自然界中的自然植物，并将其转化为可被人利用的肉食品、奶制品及其他畜牧产品的知识能力。与渔猎、采集技术相比较，畜牧业是主动的物质生产活动，从而大大减轻对大自然的依附，生产的物质资源较大程度上掌握在人类自己手中。物质资源生产有了相当的增长，也就能够养活较多人口。农业和畜牧业虽然都是人类主动利用自然资源、创造物质财富的活动，但从利用的具体资源方面又有些差异：农业必须建立在有充足水分的地带，如有河流可供灌溉的地方或者雨量充沛的地域，被利用的植物也经过选择和栽培；畜牧业建立在高原地带，对水量的要求是必须有，但不是很苛刻。如上面提到的400毫米等降

① ［美］斯塔夫里阿诺斯：《全球通史——1500年以前的世界》，吴象婴等译，上海社会科学出版社1999年版，第68—69页。

② 同上书，第82—83页。

水量线是农牧分界线，就说明有一定的降水就具备了畜牧生产的条件，被利用的植物是自然生成，并不需要选择和栽培。畜牧业虽然在利用植物上并不需要投入，但其变为人类可直接利用的资源要经过动物转化，部分能量因转化环节而被消耗掉了，如维持牲畜的生命力就要消耗很大的能量。农业收获的是植物的种子、果食，能被人类直接食用，在能量转化过程中的环节更少，能量损失更少，效率更高，更适合贮存。但无论如何，牧业技术与采摘、渔猎技术相比，都是一个巨大的进步。利用牧业技术生产，就必须有与之相适应的劳动力组织。游牧生产积累了大量物力，并能养活更多的人口，正式的政权机构和专职的首领出现成为可能。因此，人类越是能够主动、大规模利用自然资源，越能进行物质创造，那么更高的社会政治组织的出现就越成为可能，这对于研究工业社会以前的历史至少是合适的。《史记》中说秦穆公时，北方游牧民族“各分散居谿谷，自有君长，往往而聚者百有余戎”，说明游牧民族已经有了自己的专职首领，并有一定的人口数量，可能正是北方游牧人群较大规模利用自然资源的结果。但我们还不能夸大这一利用自然资源的结果，因为《史记》还说“然莫能相一”，离形成超部落组织的政权形式还相差甚远。

《史记》说，“自是之后百有余年，晋悼公使魏绛和戎翟，戎翟朝晋”。“自是之后百有余年”大约是公元前569年，是公元前772年气候暖期开始后的200年左右时间，北方游牧民族的活动如《史记》记载：

> 自是之后百有余年，晋悼公使魏绛和戎翟，戎翟朝晋。后百有余年，赵襄子踰句注而破并代以临胡貉。其后既与韩魏共灭智伯，分晋地而有之，则赵有代、句注之北，魏有河西、上郡，以与戎界边。其后义渠之戎筑城郭以自守，而秦稍蚕食，至于惠王，遂拔义渠二十五城。惠王击魏，魏尽入西河及上郡于秦。秦昭王时，义渠戎王与宣太后乱，有二子。宣太后诈而杀义渠戎王于甘泉，遂起兵伐残义渠。于是秦有陇西、北地、上郡，筑长城以拒胡。而赵武灵王亦变俗胡服，习骑射，北破林胡、楼烦。筑长城，自代并阴山下，至高阙为塞。而置云中、雁门、代郡。其后燕有贤将秦开，为质于胡，胡甚信之。归而袭破走东胡，东胡却千余里。与荆轲刺秦王秦舞阳者，开之孙也。

> 燕亦筑长城，自造阳至襄平。置上谷、渔阳、右北平、辽西、辽东郡以拒胡。当是之时，冠带战国七，而三国边于匈奴。其后赵将李牧时，匈奴不敢入赵边。后秦灭六国，而始皇帝使蒙恬将十万之众北击胡，悉收河南地。因河为塞，筑四十四县城临河，徙适戍以充之。而通直道，自九原至云阳，因边山险堑谿谷可缮者治之，起临洮至辽东万余里。又度河据阳山北假中。①

从上面的历史记述来看，时间跨度从公元前569年至公元前221年，大约350年的时间，这一时期仍然是历史上的气候暖湿期。主要的历史事件有“晋悼公和戎翟”、“赵襄子破代”、“秦拔义渠二十五城”、“赵武灵王北破林胡、楼烦”、“燕将秦开破走东胡”、“蒙恬北击胡”等。各国分别在陇西、北地、上郡、阴山、高阙、造阳、襄平等地纷纷筑长城以拒胡，并设有云中、雁门、代、上谷、渔阳、右北平、辽西、辽东诸郡进行管辖治理，秦则因河为塞，筑四十四城等。从总体上来看，这一时期，北方游牧部族呈北退之势，“三国边于匈奴”的燕、赵、秦国呈现向北扩张之势。上文说，自周幽王被攻杀至秦穆公（公元前659年—公元前621年在位）时，北方游牧民族呈现一个向南迁徙、“侵暴中国”的局面，深入陇西、晋北、燕北等地。在此后的公元前569年至公元前221年大约350年时间里，北方游牧民族又出现一个北退趋势，这又是为什么呢？秦穆公（公元前659年—公元前621年在位）时，离上一个气候寒暖交替期已经过了100多年，但游牧民族仍向南活动频繁，我们把它归因于恢复游牧节奏需要一定的时间。“晋悼公和戎翟”时（公元前569年），离上一个气候寒冷期（公元前1000年—公元前770年）已经又过去了200年左右。如果仅从游牧民族一方来讲，经过200多年的气候暖湿期，游牧者的自然生态、游牧者的生产应该恢复到了较好的状态，游牧节奏已经完全恢复，游牧人群利用自然资源又走上一个快速发展期，北方游牧民族应该更加强盛，可是为什么会出现北退之势呢？难道仅仅是因为七国强盛而向北扩张吗？我认为其原因并不是那么简单。

我们再援引罗德里克·马丁的分析模型。如上所述，经过200多年的

① （汉）司马迁：《史记》，中华书局1982年版，第2885—2886页。

暖湿气候，400毫米等雨线向北推移，整个蒙古草原的生态已经恢复，更多的牧场可供游牧民族利用，牧草资源总量增长，广阔的蒙古草原能承载更多的畜群数量，游牧民族的中心性资源的匮乏状态得到缓解，同时资源量的扩大，先前的人地矛盾、人与资源的矛盾变得不再尖锐。这一时期，赵、燕、秦等国向北扩张，构筑长城、设置行政单位进行管理。从《史记》记载来看，各国向北扩张都很顺利。《史记》说“当是之时，冠带战国七，而三国边于匈奴”，是说匈奴已经分布很广。我们从以后的汉匈、汉羌战争来看，少数民族并不是轻易就可战胜的，他们的移动性和分散性很强，仅凭构筑长城并不能起到多大作用。这一时期，北方游牧民族虽还不如以后的头曼、冒顿时期强大，但魏、赵、秦比起统一六国的秦、汉势力要小很多。所以可以推测：由于这一时期牧草资源丰富，有更多的草地可供游牧民族利用，在南方各国的压力下，游牧活动向北推移，游牧民族在资源获取受到外力挤压的情势下，北方广阔的草原成为他们摆脱困境的有效途径。因此，这一时期北方游牧民族向北回归，很可能是在整体气候向好的条件下，加之外力推动，是各国顺利向北扩张的主要因素。当然，也可能在各国向北扩张之前，游牧部族中相当一部分游牧者已经主动北迁。

公元前221年至公元前206年的秦代，气候略寒。此时，北方游牧人群的情况如史载：

> 当是之时，东胡强而月氏盛。匈奴单于曰头曼，头曼不胜秦，北徙。十余年而蒙恬死，诸侯畔秦，中国扰乱，诸秦所徙适戍边者皆复去，于是匈奴得宽，复稍度河南与中国界于故塞。①

此时，北方已经形成匈奴、东胡、月氏三个势力较大的民族集团——匈奴大部分居于蒙古高原中部，蒙古高原东部是东胡，西南部是月氏，其中匈奴最为强盛。由于文献记述简单，我们无法找到直接的证据来证明形成这三个较大民族集团的具体过程。根据《史记》对北方民族称谓、所处

① （汉）司马迁：《史记》，中华书局1982年版，第2887—2888页。

大致地理方位，列表如下：

时间	朝代	称谓	分布地	方位	气候
约前1046年	商、周之际	戎夷	泾、洛之北	北部	温暖期
前771年	西周末	犬戎	泾渭之间	北方	冷暖交替期
约前772年—前659年	东周	緜诸、绲戎、翟、獂之戎	陇以西	西方	暖湿期
		义渠、大荔、乌氏、朐衍之戎	岐、梁山、泾、漆之北	北方	
		林胡、楼烦之戎	晋北	北方	
		东胡、山戎	燕北	东北方	
约前569年—前221年	东周（前569年—前256年）	戎翟	晋北	北方	暖湿期
		胡貉	代北	北方	
		戎	河西、上郡	北方	
		义渠之戎	陇西、北地、上郡	西方	
		林胡、楼烦	代、阴山、高阙	北方	
		东胡	上谷、渔阳、右北平、辽西、辽东郡	东北方	
		匈奴	燕、赵、秦（三国边于匈奴）	燕、赵、秦之北	
约前221年—前206年	秦	东胡		东北	略寒期
		月氏		西北	
		匈奴		北方	

据上表，商周之际的北方游牧人群统称为“戎夷”，到西周、东周时期，北方游牧人群称谓呈现一个增多趋势。在分布地域上则由商周之际的“泾、洛之北”而发展到东周时期的整个沿长城南北区域；在方位分布上则由北方局部向整个北方扩展。到了秦代，又出现三个大的民族集团：东胡、月氏、匈奴分别居于中国东北、西北和北方。由此，我们能否构想曾经出现过这样的发展过程：在商周之际，沿汉族的农耕区北缘游牧人群人数并不多，只分布于“泾、洛之北”，农耕民族意识到这些游牧人群同自己不同，所以谓之“戎夷”。统称“戎夷”，并不说明农耕民族对他们的认识模糊，而是说这些北方游牧人群规模并不大，生存、生活方式几乎完全相同。到了周代，尤其是东周，北方游牧人群则呈现“爆发”式发展，人口数量增多，分布范围广泛。尤其是称谓增多，则说明游牧人群聚集成一个个的共同体增多。到了秦代，众多的称谓变为主要的三个，且有了地域

分布上的明显不同。显然，北方游牧人群出现了一个聚合的过程。那么这样一个聚合过程是怎样的呢？

公元前 569 年至公元前 221 年，大约 350 年的时间，出现了一个诸国北扩，游牧人群向北迁徙的过程。诸国向北挤压，导致原来生活在陇西、北地、上郡、阴山、高阙、造阳、襄平等地，云中、雁门、代、上谷、渔阳、右北平、辽西、辽东等诸郡游牧人群向北迁徙。公元前 569 年至公元前 221 年，是中国气候的又一个暖湿期，良好的自然条件，丰富的草地资源使处于这一区域的游牧民族，无论是主动或被动，都有另外的生存地域可供选择。但是，人群规模较大的流动，势必会造成资源重新分配的格局。诸国向北扩展，当地游牧民族生存地域被占领，迫使占领地游牧部族向北迁徙，重新寻找能供他们进行畜牧生产的地方。这些游牧民族的向北移动，就会挤压更北方的游牧人群的生存空间。公元前 772 年至公元前 221 年，中国都处于一个暖湿时期，适合游牧的蒙古草原的地域必然非常广大，丰富的牧草资源势必滋养更多的畜群和更多的人口。整个适合游牧的草原以及草原上的牧草资源都被或疏或密的人群利用和控制。而这次由诸国向北扩张的"冲击波"，从蒙古高原的南缘发起，一直向高原北方纵深波及，并形成一浪一浪的争夺资源潮。在资源的争夺过程中，胜出的部族控制了更大规模的地域及地域上的资源，而失利的游牧人群要么向更远的地方迁徙，要么服从胜利者的支配，获得部分资源的控制、使用权。这样，在一波波的资源争夺过程中，形成更大超部落组织联盟乃至政权组织成为可能。在资源争夺与控制中，先天体质健壮，勇敢善战的核心部族成员作用凸显，从部落组织的支配者跃变为部落联盟的首领，处于权力支配的顶层。随着游牧人群资源重新分配的结束，大规模组织的形成，草原便逐渐趋于平静。良好的自然环境和较为平静的社会政局会滋生更多的畜群和人口。这时，资源与人口的矛盾再次凸显。大规模组织的出现，解决资源控制与利用的情况与以前有了非常大的不同。较大规模的社会政权组织，出于对自身生存的考虑，担负起维持游牧社会内部边界、秩序的责任，改变了以往部落、部族间资源争夺和掠夺的随意性。秦代略寒的气候扰动，加剧了游牧人群中心性的牧草资源的匮乏，向游牧世界以外的地方去寻找更多的生存资源，成了游牧政权组织的唯一选择。所以，秦代同时出现“东胡强”、“月氏盛”、匈奴与秦交恶的局面并非偶然。

东胡、月氏、匈奴三个民族共同体的形成，并未结束相互间资源争夺。《史记》记载：

> 冒顿既立，是时东胡强盛，闻冒顿杀父自立，乃使使谓冒顿，欲得头曼时有千里马。冒顿问群臣，群臣皆曰：“千里马，匈奴宝马也，勿与。”冒顿曰：“奈何与人邻国而爱一马乎?”遂与之千里马。居顷之，东胡以为冒顿畏之，乃使使谓冒顿，欲得单于一阏氏。冒顿复问左右，左右皆怒曰：“东胡无道，乃求阏氏！请击之。”冒顿曰：“奈何与人邻国爱一女子乎?”遂取所爱阏氏予东胡。东胡王愈益骄，西侵。与匈奴间，中有弃地，莫居，千余里，各居其边为瓯脱。东胡使使谓冒顿曰：“匈奴所与我界瓯脱外弃地，匈奴非能至也，吾欲有之。”冒顿问群臣，群臣或曰：“此弃地，予之亦可，勿与亦可。”于是冒顿大怒曰：“地者，国之本也，奈何予之！”诸言予之者，皆斩之。冒顿上马，令国中有后者斩，遂东袭击东胡。东胡初轻冒顿，不为备。及冒顿以兵至，击，大破灭东胡王，而虏其民人及畜产。既归，西击走月氏，南并楼烦、白羊河南王。（侵燕代）悉复收秦所使蒙恬所夺匈奴地者，与汉关故河南塞，至朝那、肤施，遂侵燕、代。是时汉兵与项羽相距，中国罢于兵革，以故冒顿得自强，控弦之士三十余万。①

匈奴与东胡的“二予一争”，充分说明土地是各民族乃至政权生存的中心性资源——“地者，国之本也”，不惜刀兵相见。匈奴东败东胡，西击月氏，“悉复收秦所使蒙恬所夺匈奴地”，形成了一个控制地域辽阔的游牧政权。其实，这是北方游牧民族大规模利用牧草资源、争夺牧草资源、控制牧草资源的结果。在这一过程中，超大规模的资源控制，必然会形成超部落联盟的游牧帝国，“莫能相一”的部落聚合成了一个更加阶序化的游牧政权：

① （汉）司马迁：《史记》，中华书局1982年版，第2889—2890页。

置左右贤王，左右谷蠡王，左右大将，左右大都尉，左右大当户，左右骨都侯。匈奴谓贤曰“屠耆”，故常以太子为左屠耆王。自如左右贤王以下至当户，大者万骑，小者数千，凡二十四长，立号曰“万骑”。诸大臣皆世官。呼衍氏，兰氏，其后有须卜氏，此三姓其贵种也。诸左方王将居东方，直上谷以往者，东接秽貉、朝鲜。右方王将居西方，直上郡以西，接月氏、氐、羌。而单于之庭直代、云中：各有分地，逐水草移徙。而左右贤王、左右谷蠡王最为大国，左右骨都侯辅政。诸二十四长亦各自置千长、百长、什长、裨小王、相封、都、尉当户、且渠之属。[①]

匈奴政权形成后，接着又“北服浑庾、屈射、丁零、鬲昆、薪犁之国。于是匈奴贵人大臣皆服，以冒顿单于为贤”[②]。因此，游牧民族渴望得到资源的控制与利用，是统一的匈奴游牧帝国形成的原生力和推动力。

羌族是一个古老的民族，很早就活动于蒙古高原之西南部。从文献记载来看，殷王武丁“征西戎、鬼方，三年乃克……‘自彼氐羌，莫敢不来王’”[③]。《后汉书·西羌传》载：“所居无常，依随水草。地少五谷，以产牧为业。”[④] 许慎《说文解字》说“羌”字：“西戎牧羊人也，从羊从人，羊亦声。”[⑤] 羌人因从事养羊而得名。《后汉书》载，秦厉公时“羌无弋爰剑者，秦厉公时为秦所拘执，以为奴隶。不知爰剑何戎之别也”[⑥]。后来羌人爰剑逃脱了秦人的控制而被诸羌“推以为豪”。史载：

河湟间少五谷，多禽兽，以射猎为事（湟水出金城郡临羌县），爰剑教之田畜，遂见敬信，庐落种人依之者日益众。羌人谓奴为无弋，以爰剑尝为奴隶，故因名之。其后世世为豪。[⑦]

---

① （汉）司马迁：《史记》，中华书局 1982 年版，第 2890—2891 页。

② 同上书，第 2893 页。

③ （宋）范晔：《后汉书》（卷八十七），中华书局 1965 年版，第 2870 页。

④ 同上书，第 2869 页。

⑤ （汉）许慎：《说文解字》，中华书局 1963 年版，第 78 页。

⑥ （宋）范晔：《后汉书》（卷八十七），中华书局 1965 年版，第 2875 页。

⑦ 同上。

从上面的记述来看，羌人因养羊而得名，是殷时中原人对西戎部分人群的他称。秦厉公时羌人“多禽兽，以射猎为事，爰剑教之田畜”，说明在爰剑之前，羌人仍然处于狩猎社会中，与牧羊并无关系。从梳理文献来看，显然前后矛盾。王明珂认为，羌人是殷商时期商人对西方养羊很多的戎人的他称。西周以后华夏族认同形成，边界不断西移，诸多的西戎融人华夏，至秦汉时期，不同于华夏族的河湟地区人群被指称为羌。[①] 这些河湟地区从事“田畜”的羌人对东汉及以后的历史产生了深远的影响。

秦厉公于公元前476年—公元前443年在位。这一时期正值气候的暖湿期，河湟地区的高山草原必定是水草丰美，这为爰剑“教之田畜”提供了非常好的自然条件。那么爰剑是否是羌人呢？这已无可考，认为他是离秦较近的戎人或者是原始羌人的后裔，皆有可能。显然，爰剑是一位经验丰富的游牧者，这对河湟地区“以射猎为事”的人群来说，至关重要。正是爰剑传授的畜牧技术，使羌人从食物的采集狩猎者，转变为食物的生产者。当河湟的羌人逐渐较大规模地利用牧草资源时，“遂见敬信，庐落种人依之者日益众”的社会组织便随之产生，带有阶序化明显特征的超部落组织的首领也就出现了，从爰剑开始及其后人，“世世为豪”。到秦献公（公元前384年—公元前362年在位）时，羌人数量大增：

> 至爰剑曾孙忍时……其后子孙分别，各自为种，任随所之。或为牦牛种，越巂羌是也；或为白马种，广汉羌是也；或为参狼种，武都羌是也。忍及弟舞独留湟中，并多娶妻妇，忍生九子为九种，舞生十七子为十七种，羌之兴盛从此起矣。[②]

自秦厉公至秦献公时70年左右的时间里，仍是气候的暖湿期，羌人的分布范围、数量、种数发展到了一个新的阶段，这个景象和秦穆公（公元前659年—公元前621年在位）时的北方之戎有些类似。此时期的羌人种落繁多，如上所述，舞生十七子为十七种，羌人群落犹如戎人的“莫能相

① 王明珂：《游牧者的抉择：面对汉帝国的北亚游牧部族》，广西师范大学出版社2008年版，第158页。

② （宋）范晔：《后汉书》（卷八十七），中华书局1965年版，第2875—2876页。

一”之状。秦灭六国时期，羌“种人得以繁息”[1]，秦灭六国后，“筑长城以界之，众羌不复南渡”[2]。“众羌不复南渡”说明在秦统一六国前，“羌人南渡”时有发生，这和“种人繁息”有着高度的相关性。河湟地区自然地域比起蒙古高原来说，毕竟地域狭小。如前所述，辽阔的蒙古草原都会因人口的繁衍生息而出现资源相对匮乏的局面，相比之下，地域面积小得多的河湟地区出现资源相对紧张也是自然的事情了。为了控制和寻找更多的生存资源，众羌南渡时有发生便不足为怪。西汉景帝时期，“研种留何率种人求守陇西塞，于是徙留何等于狄道、安故，至临洮、氐道、羌道”[3]，是羌人在汉朝的知许下的一次向东扩展。武帝时期，“西逐诸羌”，引发战争，其后“羌乃去湟中，依西海、盐池左右”[4]，羌人与汉的边界向西推移。宣帝时，先零种羌豪“愿得渡湟水，逐人所不田处以为畜牧”，未得到汉允许，羌人“遂渡湟水，郡县不能禁。至元康三年，先零乃与诸羌大共盟誓，将欲寇边”[5]。后来，汉将赵充国率六万之众击败了羌人。汉元帝时：

> 彡姐等七种羌寇陇西，遣右将军冯奉世击破降之。从爰剑种五世至研，研最豪健，自后以研为种号。十三世至烧当，复豪健，其子孙更以烧当为种号。自彡姐羌降之后数十年，四夷宾服，边塞无事。至王莽辅政，欲耀威德，以怀远为名，乃令译讽旨诸羌，使共献西海之地，初开以为郡，筑五县，边海亭燧相望焉。[6]

从爰剑至烧当，爰剑种落的羌人已经传至十三代，至王莽辅政时，共近500年的历史。在这500年中，秦、汉与羌有史载的战端主要有秦时蒙恬西逐诸戎、武帝西逐诸羌、宣帝时赵充国破羌、元帝时右将军冯奉世击破降彡姐等七种羌，屈指可数的四次，战争规模都不很大，波及的范围并不很广。至公元初王莽辅政时，汉与羌“边海亭燧相望”的局势替

---

① （宋）范晔：《后汉书》（卷八十七），中华书局1965年版，第2876页。
② 同上。
③ 同上。
④ 同上书，第2877页。
⑤ 同上。
⑥ 同上书，第2877—2878页。

代了“边塞无事”。史家把西汉末年的羌患归因于王莽“欲耀威德，以怀远为名，乃令译讽旨诸羌，使共献西海之地”的政策。这是从王朝内部来看羌患，王莽覆灭后，对羌政策也烟消云散，东汉羌患是不是就不存在了呢？

据《后汉书·西羌传》记载，东汉与羌之间有记录的战乱大小有近70次之多。东汉（公元25年—公元220年）共历时195年，平均约2.8年就有一次大的战争，汉羌战争的频率之高是历史上少有的。当然，这是从纯计算的角度来考量汉羌战争，实际上，汉羌战争在整个东汉享祚195年内并不平均分布，有时一年几战。汉羌战争主要发生在章帝、和帝、安帝、顺帝时期，呈现一个逐渐上升的趋势。安帝时期的羌患最盛，公元107年至公元122年间，共发生有记录的战乱达19次之多，顺帝时期也有约13次。[①] 汉羌战争，古今史家都有研究，其成因、利害可谓视角不同，观点亦有差异。下面根据本书研究模式试图探究一二。

爰剑给河湟羌人“教之田畜”之技术约在公元前476年（秦厉公时），到公元前30年，中国气候大部分是暖湿期，河湟地区的高山草原必定会水草丰美，畜牧业定会快速发展。畜牧业快速发展，积累了较多的物质财富，滋生大量的人口也就在所难免。葛剑雄认为：“到西汉末，估计羌人的数量也有数十万，但其中一部分已纳入汉朝的户籍统计，在户口数之内的羌人不会超过二三十万。”[②] 东汉时期，“到曹操统一北方时，羌人在关中和西北的人口中已占很大比例，成为仅次于汉族的第二大民族，人数至少已有数十万，可能接近百万”[③]。黄烈则认为，至东汉时期“进入塞内留居的羌人，即所谓东羌，总数在七十万以上的估算可能比较接近事实”[④]。“五胡”等北方游牧民族无书文传世，人口数量也是研究的一大难题。史家根据不同的文献记载，估算人口数量，出现较大的差异也属正常。一般来讲，文献对战争的记述较多，对参战的人数有较多记载。根据史书记

---

① 以上数据根据《后汉书·西羌传》统计。

② 葛剑雄：《中国人口史·第一卷　导论、先秦至南北朝时期》，复旦大学出版社2002年版，第399页。

③ 同上书，第431页。

④ 黄烈：《中国古代民族史研究》，人民出版社1987年版，第94页。

载，现将自西汉武帝时起，不同时期，羌人用兵数量超过万人、涉及羌人户数超过万户的事件罗列如下：

(1)（汉武帝）时先零羌与封养牢姐种解仇结盟，与匈奴通，合兵十余万，共攻令居、安故，遂围枹罕。①

(2)（光武帝建武十三年，公元37年）武都参狼羌与塞外诸种为寇，杀长吏。援将四千余人击之，至氐道县，羌在山上，援军据便地，夺其水草，不与战，羌遂穷困，豪帅数十万户亡出塞，诸种万余人悉降，于是陇右清静。②

(3)（章帝公元76年）建初二年……迷吾又与封养种豪布桥等五万余人共寇陇西、汉阳，于是遣行车骑将军马防，长水校尉耿恭副，讨破之。③

(4)（和帝永元九年，公元97年）其秋，迷唐率八千人寇陇西，杀数百人，乘胜深入，胁塞内诸种羌共为寇盗，众羌复悉与相应，合步骑三万人，击破陇西兵，杀大夏长。④

(5)（顺帝阳嘉四年，公元135年）良封亲属并诣贤降。贤复进击钟羌且昌，且昌等率诸种十余万诣凉州刺史降。⑤

(6)（顺帝汉安三年夏，公元144年）赵冲与汉阳太守张贡掩击之，斩首千五百级，得牛羊驴十八万头。冬，冲击诸种，斩首四千余级。诏冲一子为郎。冲复追击于阿阳，斩首八百级。于是诸种前后三万余户诣凉州刺史降。⑥

(7)（冲帝永嘉元年，公元145年）封冲子恺义阳亭侯。以汉阳太守张贡代为校尉。左冯翊梁并稍以恩信招诱之，于是离湳、狐奴等五万余户诣并降，陇右复平。⑦

① （宋）范晔：《后汉书》（卷八十七），中华书局1965年版，第2876页。
② （宋）范晔：《后汉书》（卷二十四），中华书局1965年版，第836页。
③ （宋）范晔：《后汉书》（卷八十七），中华书局1965年版，第2881页。
④ 同上书，第2883页。
⑤ 同上书，第2894页。
⑥ 同上书，第2896页。
⑦ 同上书，第2897页。

材料（1）说“合兵十余万”是有歧义，如果理解为先零羌与封养牢姐种合兵，那么“两种”羌有兵十余万；如果理解为“两种”羌与匈奴合兵，是说三方共出兵十余万。若是前一种解释，平均每户（落）出一兵，每户以五人计，则“两种”羌人也应有50万之众；若是后一种解释，三方出兵10余万，按每方出兵三分之一，则“两种”羌出兵也在6万人左右，如按“两种”羌与匈奴各出一半兵，“两种”羌出兵人数也在5万左右，那么“两种”羌人口数也应在20万以上。秦厉公时，从爰剑开始，羌人兴起种姓家支制度，种数繁多。仅“两种”羌人数已过20万，那么到汉武帝时期，羌人数量不在少数。

从材料（2）中可知，东汉光武帝时，武都参狼羌等诸种“十万户亡出塞”，“万余人悉降”，可推算出当时出塞羌人至少有50余万人之众，这还不算塞外诸种。

综合材料（1）、（2），汉武帝时期羌人至少在50万以上，至东汉光武帝建武十三年，有100多年时间，羌人数量至少也在70万以上。

从材料（3）、（4）看，羌人出兵都在3万至5万人，有步兵和骑兵，可见羌人之盛。

材料（5）中，钟羌降人可达10余万，材料（6）降羌有“三万余户”，估计人数不会少于15万，顺帝时降于凉州刺史的羌人就达25万人之多。材料（7）“离湳、狐奴等五万余户”降，人数应不下25万人，此时为顺帝末年，冲帝元年。从（5）、（6）、（7）材料综合来看，诸降羌种名都不相同，都在顺帝时期，因此，仅顺帝时期的降羌可达50万人之多，且这并不包括未降或者种落较小的羌人。《后汉书·西羌传》说“其八十九种，唯钟最强，胜兵十余万。其余大者万余人，小者数千人，更相抄盗，盛衰无常，无虑顺帝时胜兵合可二十万人”[①]，从胜兵数可推算出顺帝时有羌人100万人以上；平均以每种1万人计，则八十九种也达90万之众。

考察了羌族的人口数量后，下面我们再看羌人活跃时期的气候状况。

从竺可桢的《中国近五千年来气候变迁的初步研究》中的气候变化图来看，公元初至公元400年，中国气温有一个持续的下降过程，直到公元

① （宋）范晔：《后汉书》（卷八十七），中华书局1965年版，第2898页。

400年达到第二个历史最冷点。刘昭民有详细研究：

自西汉末叶到东汉末叶的二百五十年中，中国气候寒冷干燥，史书上只有大寒大雪及大旱之记录，而无“冬无雪”、“夏大燠”，或“冬暖无冰”等之记载，可见当时气候寒旱之甚。

（一）当时的气候记录和花粉化石的研究

西汉末叶以后冬天大寒大雪及夏雪夏寒的气候记录计有下列所述：

汉成帝建始四年（西元前二九年）夏四月雨雪，秋桃李实。

汉成帝阳朔四年（西元前二一年）夏四月雪，燕雀死。

东汉章帝建初年间（西元七六年—八三年）夏寒。

东汉顺帝阳嘉二年（西元一三三年）春寒。

东汉桓帝延熹七年（西元一六四年）冬，大寒，杀鸟兽，害鱼鳖。

东汉灵帝光和六年（西元一八三年）冬大寒，北海东莱，琅琊井中冰厚尺余。

东汉献帝初平四年（西元一九三年）夏六月，寒风如冬时。

（以上见图书集成庶征典）。

可见自西汉末叶以后，气候转寒，殆无疑问。由上述的气候纪录和花粉（孢子）化石的研究，科学家曾推算当时的年平均气温应比现在低0.5—1℃。

当时大旱的记录亦甚多，例如：汉书有曰“汉成帝永始三年（西元一八年）夏大旱”。

由于西汉末叶时，长年旱灾，故汉平帝时天下纷争，人民乃开始南徙，使王莽得以篡汉自立，然而王莽时天下亦旱霜连年，故新朝不久即告倾覆。见下列文献之记载即可知之。

东观汉记（注六七）载：“汉光武帝建武四年（公元二八年）记：自王莽末以来，天下旱霜连年，百谷不成。”

汉书有曰：“连年久旱，百姓饥穷，故为盗贼。”

汉书有曰：“王莽时，流民入关者数十万人，饥死者十之八九。”

汉书又曰：“王莽末，南方大旱，荆州民多饥饿，入野泽凫（即捉野鸭子），掘茨（即蒺藜）而食之，更相侵夺。”

东汉以后干旱情形更加严重，民生益蹙，招致天下各州郡流民相继蜂起，自安帝永初三年（公元一〇九年）以后百年间，叛乱未已，东汉末叶，黄巾贼又大起，终致东汉社稷因而倾覆。

后汉书（注六八）顺帝纪：“阳嘉三年（西元一三四年）二月诏以久旱，就师诸狱无轻重，皆且勿考（锛）。”

后汉书桓帝纪：“元嘉元年（西元一五一年）夏四月京师旱，任城、梁国饥，民相食。”

后汉书灵帝纪：“熹平五年（西元一七六年），夏旱。”“熹平六年（西元一七七年），夏旱。”

“光和五年（西元一八二年）夏旱。”

后汉书献帝纪：“兴平元年（西元一九四年）七月，三辅（陕西省中部）大旱。是岁谷一斛五十万，豆麦一斛二十万，人相食啖，白骨委积。”

后汉书袁术传：“天旱岁荒，士民冻馁，江淮间相食殆尽。”

由上所述，可见东汉时代之旱灾相当严重。

（二）当时的物候状况

图书集成庶征典有载：“汉成帝建始四年（西元前二十九年）夏四月，雪；秋，桃李实。”

按现世中原和黄河流域桃李实的季节是在农历五六月时，而西汉末叶时竟迟至秋季，可见当时气候较寒于今日。又唐代李文饶公文集卷二十瑞橘赋也有“魏武（曹操）植朱橘于铜雀，华实莫就”之句，证明汉末气候较寒。①

自公元前476年，河湟羌人开始“田畜”，到西汉武帝时期，羌人口数达到50万人以上，至东汉初年，羌人口数已经达到70万，公元120年左右，羌人数量已近100万。西汉末年开始直至东汉末，都处于一个气候寒冷、灾荒连年的时期。对于西部的高原地区，寒冷气候对诸羌的打击就更大。气候的寒冷造成植物生长期短，而旱霜连年加重了牧草总量的大幅下

① 刘昭民：《中国历史上气候之变迁》，台湾商务印书馆1994年版，第83—86页。

降。羌人在气候适宜时期，牧草资源丰富，畜牧产业兴盛，必然会出现人口大量繁衍；受恶劣气候的影响，高山草原的牧草资源在大量萎缩，而此时的人口已经增长到了较高的数量，两者叠加，导致羌人赖以生存的牧草资源出现严重匮乏，羌人陷入生存困境。羌人为解决资源问题，首先会与本地域的人群争夺资源。《后汉书·西羌传》记载了诸多羌人间的争夺，尤其是类似于大、小榆谷这样资源丰富的地区，成为羌人争夺的焦点。气候的持续恶劣，大、小榆谷这样的地方仍不能满足他们的资源需求，于是向外界寻求资源就成为唯一的选择。随着时间的推移，在自然因素的驱赶下，自西至东，一波波的人群拥向汉王朝的西部地界，且这种趋势有增无减。汉王朝为了维护自身的资源边界，必然会向西扩张。在自然因素、人口因素的共同影响下，汉羌之间因资源的问题展开殊死战争也就不足为怪。有史家认为，汉西扩挤压了羌人的生存地界，但东汉王朝曾经放弃陇右而守三辅之地，此后的结果是，羌人持续东进，最终不得已恢复了西部郡县。因此，批评汉王朝对羌政策或者将所有责任都推向羌人，都有违历史公允。

用罗德里克·马丁的分析模式分析匈奴政权的形成时，我们说，对牧草资源的大规模使用和控制最终会形成大规模的超部落组织甚至是国家政权，但在羌人的发展过程中，并未出现这种情况。那么羌人到底有什么特殊而例外呢？王明珂认为，羌人没有形成大规模超部落的组织甚至是统一政权，是因为羌人对这并不感兴趣。原因是高山草原地形地貌，使得羌人可以利用浅山草原放牧，又可以利用河谷之地从事农业，从而补充了羌人资源的不足，因此，他们对争夺类似于大、小榆谷这样的地区更为重视。羌人的生存资源基本可以自足，依靠规模较大的社会组织获取外界资源的需要和渴望并不强烈，形成大规模的社会组织也就不可能了。但仔细推敲，王氏这个论断在气候温暖湿润时期且人口较少时，是非常贴切的。我们看匈奴的发展：“自淳维以至头曼千有余岁”，到头曼、冒顿时期，形成了统一的游牧政权。如果从地域来看，河湟羌人生活的地域并不能和辽阔的蒙古高原相比较，很快会达到一个人与资源矛盾平衡点。从公元前476年算起的话，到公元初的东汉，羌人也不过发展了500年左右。因此，如果假以时日，暖湿气候持续的话，羌人大规模社会组织也会形成。如果按照罗德里克·马丁的分析模式来说，在资源匮乏的东汉时期，是羌人形成政权的最好时机。但从西汉武帝时，汉就在农牧交错的西部地区有了军事存在。汉为了维护自己的资源边界，在这一地区的军事存在成为支配这一地区的重要力量。虽然羌人因资源争夺而进行过种落间的战争，但汉朝外在力量的干扰，使得羌人难以完成种落间的统一战争。

但这并不说明羌人阶序化的组织及组织首领就不重要了。羌人从爰剑开始就兴起种姓家支制度。黄烈先生认为随着种姓家支制度而出现了父子联名制，以烧当种为例：

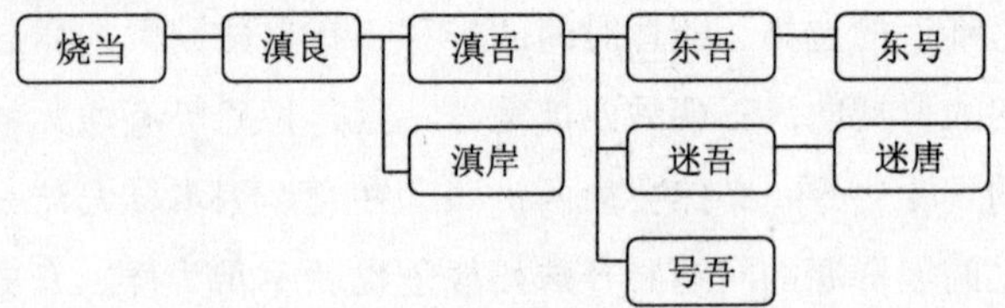

父子联名制只在强大的种姓中出现，可见其本身就是种姓家支统治的产物，反过来它又稳定了种姓家支统治。种姓是就其首领的家族关系讲的，每一种姓可能为一个部落，也可能为一群部落，其部落民，有相对的稳定性。《后汉书·西羌传》说“其俗氏族无定，或以父名母姓为种号”[①]，就是以父亲的名和母亲原来种姓命名酋豪的名或部落的种号。如下图：[②]

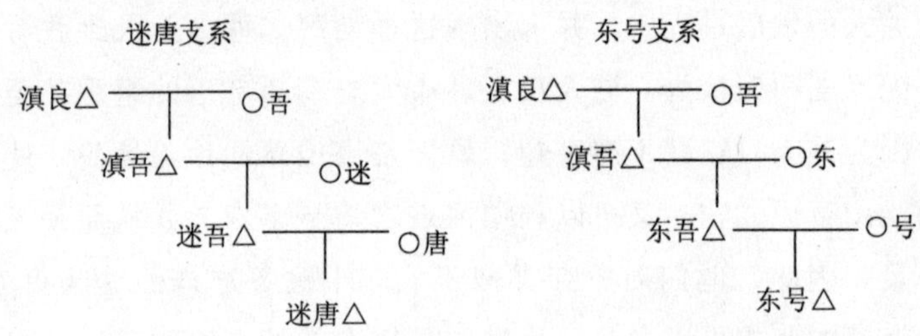

（△代表男性；○代表女性；——┬—— 代表婚姻生子）

王明珂认为，这是以母系血缘记忆来强调垂直的“母子”族系传承，同时以父系血缘记忆来强调平行的“弟兄”部落联盟的一种命名制度。如滇岸与滇吾，应是同父异母的半弟兄。“母姓”不仅是儿子们“名字”的一部分，它还延续到第三代人的名字中。如迷唐支系的“吾”、“迷”，

① （宋）范晔：《后汉书》（卷八十七），中华书局1965年版，第2869页。

② 此图引自王明珂《游牧者的抉择：面对汉帝国的北亚游牧部族》，广西师范大学出版社2008年版，第208—220页。

东号支系的“吾”、“东”等家族符记，都出现在孙辈的姓名中。这意味着强调共同的“母亲”或“祖母”，可让许多二三代的共祖（母系）部落（以父系而言是弟兄叔侄部落）凝聚在一起。王先生通过列表①来证明自己的论点：

符记	人名或部落名
滇	滇良、滇吾、滇岸、当阗、滇零、滇那
良	良愿、滇良、号良、忍良、良儿、良封、吾良、良多
吾	滇吾、号吾、东吾、迷吾、吾良、零吾、乌吾
号	号吾、东号、号良、号多、号封
零	先零、滇零、零昌、零吾、若零
封	号封、良封、封僚、封养
姐	三姐、累姐、勒姐、牢姐
且	且冻、且昌、且种
当	靡当儿、烧当、当阗、当煎
唐	迷唐、巩唐
迷	迷唐、迷吾、靡忘、靡当儿

羌人组织系统既是天然血缘关系的聚合体，也是一种维持阶序化的社会组织系统。如果我们把文化的产生理解为维护财富在部落部族社会中的有序分配规则的沉淀，那么就能很好地解释那些约束人类的长幼尊卑有序的规则的功能了。羌人的种姓家支制度的形成，为他们利用自然的牧草资源以及控制资源起到了良好的社会组织保证。因此，羌人种姓间的争斗也从来没有停止过，史载，羌人反复争夺大、小榆谷这样资源丰富的地区就是明证。同匈奴一样，羌人首领——羌豪是羌人权力、权威的核心，在种姓中起着支配作用。如烧当种豪迷唐多次率种人与汉兵作战，在和帝永元九年秋“迷唐率八千人寇陇西”②，此后又经数战，至安帝永初中，“迷唐失众，病死。有一子来降，户不满数十”③。可见一位羌豪能支配种姓部落十几年，并将部族带入绝境才失众、病死，足见其在种姓中的权力和威望至高无上。

① 此表引自王明珂《游牧者的抉择：面对汉帝国的北亚游牧部族》，广西师范大学出版社2008年版，第183页。

② （宋）范晔：《后汉书》（卷八十七），中华书局1965年版，第2883页。

③ 同上书，第2885页。

有关鲜卑的研究，史学界成果颇丰。如陈寅恪的《五胡种族问题》、唐长孺的《魏晋南北朝史论丛·拓跋国家的建立及其封建化》、马长寿的《乌桓与鲜卑》、白鸟库吉的《东胡民族考·拓跋氏考》、黄烈的《中国古代民族史研究·拓跋鲜卑早期国家的形成》、陈连开的《鲜卑山考》、田余庆的《拓跋史探》等著述。在诸多研究成果中，有些已经形成了共识，有些则仍存在分歧。无论是研究共识还是分歧，都对本书研究有启发、引导作用。

根据《魏书·乌洛侯传》所载，在乌洛侯国西北有石室，拓跋焘曾派中书郎李敞告祭祖先，并于石壁刻写祝文。经考古学家的考古研究，在内蒙古呼伦贝尔盟鄂伦春自治旗阿里河镇西北十公里，大兴安岭北段顶巅嘎仙洞发现了拓跋焘时所刻祝文，祝文的文辞在《魏书·礼志》中有记载。至此，文献与考古相互印证，存在多年的鲜卑发源地、鲜卑种族来源（有学者认为鲜卑是匈奴的一部）等分歧至此消解。《后汉书·乌桓鲜卑列传》载："鲜卑者，亦东胡之支也，别依鲜卑山，故因号焉。"[①]《魏书》叙说拓跋鲜卑起源时说："昌意少子，受封北土，国有大鲜卑山，因以为号。其后，世为君长，统幽都之北，广漠之野。畜牧迁徙，射猎为业，淳朴为俗。"[②] 两史书所记述的鲜卑山，就是今天的大兴安岭。陈连开考证，后世的慕容鲜卑，也就是东部鲜卑，源于居住在大兴安岭南麓的游牧人群；后世的拓跋鲜卑，也就是西部鲜卑，源于居住在大兴安岭北麓的游牧人群。[③]弄清楚拓跋鲜卑的发源地、鲜卑族来源，对早期鲜卑的历史就能有一个很好的推断了。《魏书·序纪》对拓跋鲜卑的记录是从拓跋毛开始，至拓跋毛，拓跋鲜卑已经传"六十七世"。拓跋鲜卑酋长位经拓跋贷、观、楼、越、推寅、利、俟、肆、机、盖、侩、邻十二代，其中继承关系及继承细节史书并没有详细的叙述。从拓跋邻开始，继承关系才有明文记载，拓跋邻将酋长位传于子诘汾，诘汾将酋长位传于子力微。《魏书》记述拓跋鲜卑远祖时说"昌意少子，受封北土"，吕思勉认为未必可信[④]，可能是汉族

① （宋）范晔：《后汉书》（卷九十），中华书局1965年版，第2985页。

② （北齐）魏收：《魏书》（卷一），中华书局1974年版，第1页。

③ 陈连开：《鲜卑山考》，《社会科学战线》1982年第3期。

④ 吕思勉：《中国民族史》，东方出版社1996年版，第104页。

史官为北魏的正统地位刻意而为。拓跋鲜卑记载中，能够确定拓跋鲜卑历史确切纪年是从拓跋力微开始，力微被其后世追尊为始祖神元皇帝，史载始祖神元皇帝“元年，岁在庚子”[①]，所以，黄烈根据《魏书》记载，综合王鸣盛《十七史商榷》、钱大昕《二十二史考异》等有关考证，断定力微于公元220年至公元277年在酋长位，为研究拓跋鲜卑早期历史提供了一个可靠的年代标准。[②] 白鸟库吉的《东胡民族考·拓跋氏考》认为推寅就是檀石槐时期的西部大人日律推演。拓跋鲜卑为了将自己的历史叙写得更加久远，“以推寅为中心，前列五世至远祖毛，后列七帝至可汗邻。此种五七之数，亦中国以阳数设世数之素癖耳”[③]。这种说法并不符合各民族对祖先的敬畏。如果说拓跋鲜卑初世以“昌意少子，受封北土”为荣，可能存在虚构，这既符合拓跋鲜卑正统地位的需要，也不贬低拓跋先世，但无端造出自己的祖先之名，恐怕从心理和现实需要来说，恐无必要。拓跋先世在大兴安岭的石室被发现，更加说明拓跋鲜卑并不是匈奴的一部，有着远古的历史，至拓跋力微传至十三世并非不可能。《资治通鉴》认为推寅为檀石槐时期的西部大人日律推演。黄烈等认为拓跋鲜卑的推寅因存在时间上的差异，并不是檀石槐时期的推演。[④] 檀石槐生活在公元136年—公元181年，是东汉灵帝时期，接酋长位大概在公元151年。力微于公元220年至公元277年在位，享祚58年，享年104岁。那么可知，力微接酋长位时已经46岁，可以推断力微生于公元174年。力微的父亲是诘汾，诘汾之父为拓跋邻，被追尊为献皇帝。那么在力微继位的公元220年，诘汾去世。公元174年至公元220年，诘汾在世。如果综合考虑诘汾是否为拓跋邻的第一子等因素，按照史家三十年一代算法，诘汾30岁生力微，那么诘汾应出生于公元144年左右，如按诘汾20岁生力微，则诘汾应出生于公元154年左右；如果仍按30岁生子，则此时的拓跋邻应该30岁左右，拓跋邻应出生于公元124年左右，如按20岁生子，拓跋邻应生于公元134年。如果以上推算不误的话，拓跋诘汾出生在公元144年—公元154年；

---

① （北齐）魏收：《魏书》（卷一），中华书局1974年版，第3页。

② 黄烈：《中国古代民族史研究》，人民出版社1987年版，第277页。

③ ［日］白鸟库吉：《东胡民族考》，方状猷译，商务印书馆民国23年版，第123页。

④ 黄烈：《中国古代民族史研究》，人民出版社1987年版，第278页。

拓跋邻出生于公元124年—公元134年。按《后汉书》记载，汉桓帝延熹九年，公元166年，封檀石槐为王、和亲，被拒绝，檀石槐自分其地为东、中、西三部。《三国志·鲜卑传》引王沈《魏书》说："从上谷以西至敦煌，西接乌孙为西部，二十余邑，其大人曰置鞬落罗、日律推演、宴荔游等，皆为大帅，而制属檀石槐。"① 这样，至公元166年，拓跋邻如果在世的话，其年龄应在32—42岁，拓跋诘汾应在12—22岁。拓跋诘汾接酋长位是因拓跋邻"时年衰老，乃以位授子"②，而不是按《魏书》记载的酋长位继立是因前酋长驾崩。"时年衰老"是因病还是自然年龄所致都有可能，那么拓跋邻活到公元166年也是有可能的。拓跋诘汾时，拓跋鲜卑有一次南迁，《魏书》载"其迁徙策略，多出宣、献二帝，故人并号曰'推寅'，盖俗云'钻研'之义"，所以，拓跋邻也被称为推寅。因此，在公元166年，王沈《魏书》所记的日律推演就是一些史家所说的拓跋鲜卑的第二推寅拓跋邻是有可能的。从拓跋邻开始，史书明确记述了拓跋鲜卑酋长位是父子相承。此前，从拓跋毛至拓跋邻时，酋长位是父死子继、兄终弟及还是叔侄相承，并无详载。黄烈认为："如果在力微以前反而建立了完全的父子相继承，那就不可思议了"③，这种说法很有道理。因此，从拓跋邻至拓跋毛就不能按照一般父子相承的三十年一代的算法。如果算上父子相继、兄终弟及、叔侄相继等其他酋长位继承实际，按照十五年一代，拓跋毛至拓跋邻十二代酋长在位，应历时180年左右，如上述，拓跋邻生于公元124年—公元134年，那么拓跋毛应约在公元前60年—公元前50年处于酋长位置。

《魏书》说拓跋鲜卑的远祖"畜牧迁徙，射猎为业"，黄烈认为："在嘎仙洞时期，拓跋生活于山林海之间，其活动空间和生产受到很大限制，只能经营狩猎经济。"④ 从事游牧生产是到了拓跋鲜卑迁徙到呼伦池才开始。⑤ 到底拓跋鲜卑从何时开始畜牧生产呢？我们来看拓跋鲜卑的迁徙

① （晋）陈寿：《三国志》，中华书局1982年版，第838页。

② （北齐）魏收：《魏书》（卷一），中华书局1974年版，第2页。

③ 黄烈：《中国古代民族史研究》，人民出版社1987年版，第278页。

④ 同上书，第279页。

⑤ 同上书，第280页。

情况：

(1) 积六十七世，至成皇帝讳毛立，聪明武略，远近所推，统国三十六，大姓九十九，威振北方，莫不率服。①

(2) 宣皇帝讳推寅立。南迁大泽，方千余里，厥土昏冥沮洳。谋更南徙，未行而崩。②

(3) 献皇帝讳邻立。时有神人言于国曰：“此土荒遐，未足以建都邑，宜复徙居。”帝时年衰老，乃以位授子。③

(4) 圣武皇帝讳诘汾。献帝命南移，山谷高深，九难八阻，于是欲止。有神兽，其形似马，其声类牛，先行导引，历年乃出。始居匈奴之故地。其迁徙策略，多出宣、献二帝，故人并号曰“推寅”，盖俗云“钻研”之义。④

材料 (1) 说明在拓跋毛时期，鲜卑仍在发源地大兴安岭北麓生活。至拓跋毛时，已经过了六十七世。如前推测，拓跋毛在公元前60年—公元前50年处于酋长位，那么六七十世就应推到公元前600年—公元前700年了。从人类利用大自然的资源发展历史来看，公元前600年—公元前700年，拓跋人数并不会很多，因此，依赖大自然的天然资源，从事采摘、狩猎生活，完全可以满足拓跋先祖的生存需求。这意味着，拓跋先祖从事采摘、狩猎生活是其生存的最初方式。那么什么时候开始畜牧生活呢？如黄烈所言，拓跋先世是在南迁到呼伦池时才从事畜牧，这就会有很大的问题。大规模的远程迁徙并不是一件容易的事情。从事农耕的北方农人，为躲避战乱迁徙到南方，也并不是一件容易的事情。在兵荒马乱、食物缺少的时期里，盲目大规模迁徙，可能没有走到目的地，就会因食物匮乏半途而亡。因此，能够支撑迁徙所耗的粮食以及迁徙工具、人力，并到目的地有足够的财力组织生产之人，一定是具有较多粮食和财力雄厚的世家大

① （北齐）魏收：《魏书》（卷一），中华书局1974年版，第1页。

② 同上书，第2页。

③ 同上。

④ 同上。

族。那么，如果拓跋鲜卑只从事狩猎活动，当离开大兴安岭森林时，他们如何能得到食物的补充，到了呼伦池又是如何突然就会畜牧技术的呢？因此，利用大兴安岭北麓的森林草原丰富的自然资源，在拓跋毛之前，拓跋鲜卑就开始游牧活动是比较可信的。因此，史书载拓跋鲜卑的远祖在大兴安岭北麓就已经开始“畜牧迁徙，射猎为业”是可信的。如同其他游牧民族一样，从事畜牧业，就意味着拓跋部族从食物的采集者发展到了食物的生产者。主动从事食物的生产，才会创造更多的物质财富，滋养更多的人口。随着大规模草原资源的利用、人口规模的扩大，森林草原牧场的控制与分配就会随即展开，阶序化的社会组织就会形成。具体的阶序化组织首先会在以血缘为纽带的较小的部族中形成。其微观过程是，具有先天优势的部族成员控制了资源的优先使用和支配权。这种先天的优势可能表现为特定部族中首先出生的成员，民间有“早生早大”的说法，其实就是指在一个家族中，较早出生的成员在认知、能力等诸方面先得到锻炼而具有优势，也就是社会学中所说的年龄优势；也可能表现为天生聪明、体魄强健；也可能表现为某种天时因素，如一个首领并不一定有前两者的优势，但风调雨顺，牧草资源丰富，仍然能使首领地位巩固不衰；当然也可能是其他的特定因素。在特定部族中，这些优势的发挥，可能是其中之一占主导，也可能是几种因素的综合而起作用。从一个部族的长时段发展来看，天资聪明、体魄强健的核心部族成员，在较为简单的社会中，竞争成功的概率会更大，并会给部族带来更大的生存和发展机会。部族中其他部族成员为了生存，会渴望得到一定的资源使用权和支配权，对资源控制者的依赖就会产生，如武力争夺、另寻资源等途径变得渺茫时，服从便会产生，阶序化的部族结构也就应时而生。阶序化的社会组织形成，又必然导致在部族中，资源控制者的后代具有了先天的社会优势——具有财产的继承权。这样，在同一血缘为纽带的部落中，出现核心部族。这样的过程周而复始。整个大兴安岭草原中的不同部族，只要从事游牧生产，这样的过程就会在不同的时间、空间、不同的人群中有条不紊地进行。随着游牧规模的扩大，人口的增长，游牧人群能够控制的资源地域就会相对紧缺。加上自然资源分配的不同，两个或者更多的部族因资源的控制、分配产生竞争是迟早的事情。在资源使用、控制分配的竞争中，胜出的部落具有资源控制的分配权，而其他部落要想生存下去，就必须得到一定的资源的使用和控制权，便会对控制资源的部落产生依赖。当然，资源竞争中败落的部落在没有其他资源路径可寻时，这种依赖关系必然导致对控制资源者的服从，从而换取一定资源的使用和控制权，超部落的、阶序化的更大组织便会产生。因此，如材料（1）所述，拓跋鲜卑"至成皇帝讳毛立，聪明武略，远近所推，统国三十六，大姓九十九，威振北方，莫不率服"就是以上分析的写照。

材料（2）、（3）、（4）是说拓跋鲜卑有两次大规模的迁徙，一次是发生在拓跋推寅时，另一次发生在拓跋诘汾时。如上所述，拓跋推寅是拓跋毛以后的拓跋贷、楼、越后的第五位酋长。这一时期大概在公元前10年到公元20年。拓跋推寅"南迁大泽"，据专家考证，就是今天的呼伦湖（池）。拓跋诘汾如上所述，是拓跋力微之父，可能在公元160年后南迁至"匈奴故地"，据专家考证，应该是今天的阴山一带。推寅南迁至呼伦湖，这一区域今天是水草丰美、牧草资源丰富的地区。为什么推寅要"谋更南徙"呢？推寅南徙"未行而崩"，又经过利、俟、肆、机、盖、侩六代酋长后，到拓跋邻立时"有神人言于国曰：'此土荒遐，未足以建都邑，宜复徙居。'"从公元前29年开始，也就是西汉末年至东汉时期，整个中国的气候长期处于寒冷、旱霜连年期。《后汉纪》载"自王莽末以来，天下旱霜连年，百谷不成"[①]。拓跋鲜卑在拓跋毛时期，正好是上一个气候暖湿期（公元前206年至公元前30年）的末期，大兴安岭山脉地域必定是植物繁盛，可供猎取、采摘的森林动、植物资源较为丰富，并且拓跋鲜卑已经掌握了游牧技术，最大限度丰富了人们的生存食物，必然会造成人丁繁盛。史载"大姓九十九"，虽然不能说明人口数量，但可以想见这一地区游牧人群的兴旺。[②] 拓跋毛以后至拓跋推寅时期，正好是暖寒气候的交替期，如同羌人生活的环境一样，气候的寒冷造成植物生长期短，而旱霜连年加重了牧草总量的大幅下降。人口的增多必然会造成牧草资源的相对短缺，而自然条件的向坏，引发了更大规模的游牧人群赖以生存的牧草资源的匮乏。在自然因素的推动下，在人口这种半自然、半社会因素的影响下，拓

① （东汉）刘珍：《东观汉记校注》（卷一），吴树平校注，中华书局2008年版，第9页。

② 袁祖亮认为此时拓跋鲜卑人数最多可达18万。参见袁祖亮《中国古代边疆民族人口研究》，中州古籍出版社1999年版，第99页。

跋鲜卑只能向南迁徙。这种迁徙并不是一种盲目迁徙，是一种追随资源的迁徙。就整个北亚来说，南方比北方温暖一些，这一规律即使是在气候寒冷期也不例外。拓跋推寅带领拓跋鲜卑南迁至呼伦池，暂时缓解了游牧人群游牧资源的短缺。史书说大泽方千余里，“厥土昏冥沮洳”，可能说土质不好，多沼泽。今天的呼伦贝尔大草原水草丰美，资源丰富，为什么在当时拓跋推寅要“谋更南徙”呢？继续南徙未果，拓跋鲜卑酋长利、俟、肆、机、盖、侩、邻七代首领率领部族部落在此生活到了约公元150年，最迟也到公元160年左右。推寅“谋更南徙”的原因可能是从高山草原迁徙而来的拓跋部族，对蒙古高原的呼伦贝尔草原较为湿洼的地势和水草起初并不是很适应的反应。拓跋邻命诘汾继续南徙，是因为“有神人言于国曰：‘此土荒遐，未足以建都邑，宜复徙居。’”这里所说的神人抑或有智谋远略的人，抑或拓跋邻准备迁徙时刻意制造的神人之言，从而能使部族部落顺应天命，减少阻力，顺利迁徙。但“此土荒遐”可能是当时的真实写照。寻找“此土荒遐”的原因，一是人口，二是自然条件。此时拓跋鲜卑部族部落会有多少人口呢？史书没有详细记载，我们只能推论。《魏书》载：“圣武帝尝率数万骑田于山泽。”① 这是诘汾迁至匈奴故地时的一次山泽狩猎活动。如果将“数万骑”理解为五万骑的话，那么加上妇女、老小，按每落五人一兵的计算，则至少有25万人之多。至诘汾子力微合并没鹿回部时，“控弦上马二十余万”②，如果按照拓跋部有“控弦上马”三分之一计，则拓跋鲜卑则应有口30万之众。因此，可以推算，拓跋鲜卑在南徙匈奴故地前，也就是在迁离呼伦池之前口众不会低于20万人。人口繁衍，必然招致过度利用牧草资源，招致草场退化。如上所述，拓跋第二次南迁至匈奴故地应在公元160年后，这一时期气候继续恶劣，如前所引“东汉桓帝延熹七年（西元一六四年），冬，大寒，杀鸟兽，害鱼鳖”，大泽（呼伦池）方圆之内，“此土荒遐”的景象与此一时期内气候变迁有着很大关系。拓跋鲜卑在生存资源匮乏的情况下，托神人之言，由拓跋诘汾带领翻山越岭，经“九难八阻”后，来到了匈奴故地，据专家考证，

① （北齐）魏收：《魏书》（卷一），中华书局1974年版，第2页。

② 同上书，第3页。

就是今天的阴山一带。

《三国志》载王沈《魏书》说：“鲜卑自冒顿所破，远窜辽东塞外，不与余国争衡，未有名通于汉，而（由）自与乌丸相接。”[①]《后汉书》载：“汉初，亦为冒顿所破，远窜辽东塞外，与乌桓相接，未尝通中国焉。”[②]从《三国志·魏书·鲜卑》、《后汉书·乌桓鲜卑列传》来看，所载为东部鲜卑。据史家研究认为，东部鲜卑是居于大兴安岭南麓的游牧人群，渔猎大概是其辅助性生业。从史书所载及地理位置来看，被冒顿所败的应是东部鲜卑前世。有史家认为东部鲜卑也有可能是被冒顿所败后，“别保鲜卑山，因号焉”[③]。其实《太平御览》所载《十六国春秋·前燕录》说，“秦汉之际为匈奴所败，分保鲜卑山，因复以为号”[④]，恢复以前的称号。因此，无论东部鲜卑还是西部鲜卑，因山为号，很早以前就已经存在，而不是到了秦汉间才有鲜卑之名。西戎、西羌，在很大程度上是中原人对西方游牧人群的他称。北部的匈奴被称为胡，东部的游牧人群被称为东胡，可能是汉人对东部游牧人群的总称。鲜卑很可能是因山得名的自称。居于大兴安岭南麓的鲜卑人可能在秦汉之际向南、向东扩展，被匈奴所败而退回原来的发源地——鲜卑山。史书并未对西汉时期生活于大兴安岭南麓的鲜卑人有记述，而到了东汉初才有了记述。这很可能是因为，西汉末年气候变得寒冷，牧草资源受到影响，同时，在气候变冷前的暖湿期，人丁兴旺，从而造成牧草资源相对匮乏，这些生活于大兴安岭南麓的鲜卑人开始南迁，活动频繁，所以王沈《魏书》说：“至光武时，南北单于更相攻伐，匈奴损耗，而鲜卑遂盛。”[⑤]鲜卑南迁，至檀石槐时期达到最盛，形成东、中、西三部。胡三省注《资治通鉴》时说，拓跋鲜卑的推寅就是檀石槐时期的西部大帅推演，如前所述，在时间上是很有可能的，只不过，一些史家将胡三省所说的推寅认定为第一推寅，本书认为胡三省所说推寅为“并号推寅”的拓跋邻。自然因素、人口因素对生存于大兴安岭地区的游牧人

① （晋）陈寿：《三国志》（卷三十），中华书局1982年版，第836页。

② （宋）范晔：《后汉书》（卷九十），中华书局1965年版，第2985页。

③ 袁祖亮认为按照史家的说法，鲜卑之名有两种说法，一种是秦汉之际才产生，另一种是很早就产生。参见袁祖亮《中国古代边疆民族人口研究》，中州古籍出版社1999年版，第84页。

④ （宋）李昉：《太平御览》，河北教育出版社1994年版，第402页。

⑤ （晋）陈寿：《三国志》（卷三十），中华书局1982年版，第836页。

群的影响是同时开始，并没有什么不同。不同之处是南麓的鲜卑人会因地理之便而迁至辽东至渔阳等地，北麓的鲜卑因地理原因，先迁至呼伦池，而后迁到阴山一带。如果第二推寅——拓跋邻就是檀石槐时期的西部大帅日律推演，那么《魏书·序纪》为什么没有记述呢？我们看崔浩“国史之案”。《资治通鉴》载：“魏主以浩鉴秘书事，使与高允等共撰《国记》，曰‘务从实录’……浩书魏之先世，事皆翔实，列于衢路，往来见者咸以为言。北人无不愤恚，相与谮浩于帝，以为暴扬国恶。帝大怒，使有司按浩及秘书郎吏等罪状。”[①] 崔浩的死因，陈寅恪、吕思勉、周一良等史学大家都有论述，何为主因，各有其说，但“暴扬国恶”是其被诛的导火索，也是其被诛的原因之一应为不争之事实。因此，如周一良先生在《魏晋南北朝史札记》（中华书局 1985 年版）中所述，时人崔鸿因顾虑重重而不敢将《十六国春秋》公开于世，可能与害怕“暴扬国恶”遭牵连有很大关系。如果史家对记述“五胡”历史有着种种忌讳，那么在书写拓跋鲜卑的历史时，史家就会有所选择。如上所述，拓跋鲜卑与檀石槐先世虽生活于鲜卑山，但因地理等因素，他们“与汉通”的时间有些差异。当拓跋鲜卑迁于匈奴故地时，檀石槐的先世已经先行南迁。拓跋鲜卑南迁后，正是檀石槐与其他部族争夺资源的时期。史载：“檀石槐乃立庭于弹汗山歠仇水上，去高柳北三百余里，兵马甚盛，东西部大人皆归焉。因南抄缘边，北拒丁零，东却夫余，西击乌孙，尽据匈奴故地，东西万四千余里，南北七千余里，网罗山川水泽盐池。”[②] 檀石槐“尽据匈奴故地”，应包括拓跋鲜卑的牧地。檀石槐统东、中、西三部，学者认为是一个部落联盟，结构相对松散，并未达到当年冒顿时期的游牧国家组织规模。檀石槐死后，联盟随之瓦解。因此，拓跋在追述其历史时，可能并不想将这一时期，被檀石槐征服这一“国恶”写入自己的历史，加上拓跋鲜卑与檀石槐所统的东部鲜卑历史的各自独立性，不被记述也极有可能。史载：“桓帝时，鲜卑檀石槐者，其父投鹿侯，初从匈奴军三年，其妻在家生子。投鹿侯归，怪欲杀之。”[③] 檀石槐非鲜卑人投鹿侯己出，“怪欲杀之”，具有正统史观的汉族史

① （宋）司马光：《资治通鉴》（卷一百二十五），中华书局 1956 年版，第 3941—3942 页。

② （宋）范晔：《后汉书》（卷九十），中华书局 1965 年版，第 2989 页。

③ 同上。

家书写拓跋鲜卑历史时，不将此段历史记述也是可能的。

综上所述，草原上的游牧人群掌握游牧技术后，成为食物的创造者，通过畜养牲畜，将草原上的牧草转化为人类能够食用的畜产品，从而维持着畜牧社会的生存与发展。因此，草原上的牧草资源是游牧部族赖以生存的中心性资源，而对这一资源的控制与支配是游牧部族生存的关键因素。因此，游牧部族的所有活动都围绕资源获取而展开。在获取资源的过程中，形成不对称的依赖导致服从的权力关系产生，同时也推动着游牧部族向超部族的联盟、国家发展。游牧人群控制、利用牧草资源的规模越大，所形成的不对称依赖也就越普遍、广泛，服从的权力关系网络也就更大，超部落的部落联盟、政权组织产生的可能性也就越大。组织规模的扩展，阶序化的权力支配关系也就更加显著。同时，受地理环境、气候等自然因素、人口等半社会因素的支配，游牧部族生存资源总是处于一个不稳定状态，这使得游牧部族在北方草原有时南北游走，有时东西互动，总是处于忽兴忽衰的状态。游牧社会为延续自己的生存，向外界获取资源的“天性”也就在所难免，南下接近、进入定居民的生存地界是他们唯一的选择。史家研究“五胡”迁徙，多认为气候寒冷恶劣是其主因。以上通过纵向梳理“五胡”发展的历史脉络，不但考察了气候寒冷同“五胡”活动的关系，更为重要的是考察了气候温暖向好时对“五胡”活动的影响。气候“全景”式研究视角，有助于较全面、客观地揭示“五胡”游牧社会变迁的原因。

第二节　内迁“五胡”权力关系变迁

上文我们讨论了“五胡”生存地域与权力关系。“五胡”发展运动趋势呈现出：生活在蒙古高原上的北部游牧人群向南迁徙；生活在河湟等地的西部游牧人群向东迁徙；生活在东北的游牧人群向南、向西迁徙。这一迁徙过程，如果从公元前 771 年周幽王被申侯与犬戎共同攻杀开始算起，至公元 304 年匈奴人刘渊在左国城（今山西离石）自立时，先后共经历了 1000 多年。从具体的地理位置来看，北部、东部的民族迁徙不断向长城沿线推进，最后越过长城等地；西部的民族迁徙逐渐越过金城、陇西、临洮、武都一线，也就是历史上的农牧交错线，向黄河流域逼近。当游牧人群接近、越过农牧交错带时，他们的生产、生活及与之密切相关的权力关系又会是怎样的呢？

一　匈奴

匈奴政权的建立，是亚洲东部古代游牧人群利用草原资源，成为食物创造者并取得辉煌成绩的第一个成功范例。匈奴帝国成为汉帝国北方最强有力的竞争对手，因此，司马迁说匈奴南与中国为“敌国”。西汉初期的六七十年时间，处于鼎盛时期的匈奴，曾经一度困汉高祖刘邦于白登。白登之围后，面对强大的匈奴，汉采取和亲政策，史载：

> 是时匈奴以汉将众往降，故冒顿常往来侵盗代地。于是汉患之，高帝乃使刘敬奉宗室女公主为单于阏氏，岁奉匈奴絮缯酒米食物各有数，约为昆弟以和亲，冒顿乃少止。①

和亲政策经汉高祖刘邦、惠帝、吕后、文帝、景帝直到武帝初年，一直没有改变。史载：

> 至孝文即位，复修和亲。其三年夏，匈奴右贤王入居河南地为寇，于是文帝下诏曰：“汉与匈奴约为昆弟，无侵害边境，所以输遗匈奴甚厚……”②
>
> 孝文前六年，遗匈奴书曰：“皇帝敬问匈奴大单于无恙。使系虚浅遗朕书，云‘愿寝兵休（事）士，除前事，复故约，以安边民，世世平乐’，朕甚嘉之。此古圣王之志也。汉与匈奴约为兄弟，所以遗单于甚厚。背约离兄弟之亲者，常在匈奴。然右贤王事已在赦前，勿深诛。单于若称书意，明告诸吏，使无负约，有信，敬如单于书。使者言单于自将并国有功，甚苦兵事。服绣袷绮衣、长襦、锦袍各一，

① （汉）司马迁：《史记》（卷一百十），中华书局1982年版，第2895页。

② （汉）班固：《汉书》（卷九十四上），中华书局1962年版，第3756页。

比疏一，黄金饬具带一，黄金犀毗一，绣十匹，锦二十匹，赤绨、绿缯各四十匹，使中大夫意、谒者令肩遗单于。"①

孝景帝复与匈奴和亲，通关市，给遗匈奴，遣翁主，如故约。终孝景世，时时小入盗边，无大寇。②

武帝即位，明和亲约束，厚遇关市，饶给之。匈奴自单于以下皆亲汉，往来长城下。③

汉以马邑财物诱单于，伏击无果后：

匈奴绝和亲，攻当路塞，往往入盗于汉边，不可胜数。然匈奴贪，尚乐关市，嗜汉财物，汉亦通关市不绝以中之。④

从汉高祖刘邦始，至汉武帝初期，汉与匈奴的关系以和亲为主线，但其间总会有小规模的战争，多为匈奴对汉边的掠夺。从匈奴一方来看，汉匈和亲关系大的方面可归为三个层面：一是汉匈结为事实上的姻亲关系；二是在姻亲关系上"约为昆弟"，从而达到汉匈政权间的对等关系；三是建立"岁奉匈奴絮缯酒米食物各有数"的物质关系。姻亲关系能够维持多少年，那么"约为昆弟"关系也就能维持多少年。所以，汉女多次出嫁匈奴，目的是维持并强化这种关系的强度。但汉匈间建立的物质关系又是怎样的呢？文帝三年和六年在诏书中分别提到"输遗匈奴甚厚"、"遗单于甚厚"，景帝时"给遗匈奴，遣翁主，如故约"，武帝时"明和亲约束，厚遇关市，饶给之"，所以本书认为，从汉高祖刘邦开始"岁奉匈奴絮缯酒米食物各有数"就是"故约"的主要内容，每年都要向匈奴"输遗"大量的财物成为常态。匈奴每次的掠边都以财物、农人为主要对象。白登之围，汉高祖之所以脱身，主因是冒顿对汉政权、土地并不感兴趣，和亲却能够兵不血刃达到匈奴的终极目的——获取汉朝大量的物质资源以补充生存资

① （汉）班固：《汉书》（卷九十四上），中华书局1962年版，第3758页。

② 同上书，第3764—3765页。

③ 同上书，第3765页。

④ 同上。

源的不足。

汉在马邑伏击匈奴不成后，匈奴“绝和亲”，又开始大规模多次掠边。汉武帝自元朔二年（公元前127年）开始，对匈奴发动了一系列的武力攻势。武帝时期的汉匈战争，汉付出“户口减半”的沉重代价，匈奴也受重创。《汉书》记载，武帝崩时，“前此者，汉兵深入穷追二十余年，匈奴孕重惰殰，罢极苦之。自单于以下常有欲和亲计”①。征和三年（公元前90年），汉贰师将军李广利击匈奴失败后，匈奴单于遣使遗汉书云：“南有大汉，北有强胡。胡者，天之骄子也，不为小礼以自烦。今欲与汉闿大关，取汉女为妻，岁给遗我糵酒万石，稷米五千斛，杂缯万匹，它如故约，则边不相盗矣。”② 此次和亲并未达成，汉并未满足匈奴的物质要求，此后，匈奴又数次掠边。至汉宣帝本始三年（公元前71年），汉援乌孙击匈奴之战结束，汉朝取得了对匈作战的最后胜利。宣帝甘露元年（公元前53年），呼韩邪单于归附汉朝，引众南徙阴山附近。甘露二年（公元前54年），匈奴单于朝汉宣帝于甘泉宫，汉大加赏赐：

> 赐以冠带衣裳、黄金玺盭绶，玉具剑，佩刀，弓一张，矢四发，棨戟十，安车一乘，鞍勒一县、马十五匹，黄金二十斤，钱二十万，衣被七十七袭，锦绣绮縠杂帛八千匹，絮六千斤。礼毕，使使者道单于先行，宿长平。上自甘泉宿池阳宫。上登长平，诏单于毋谒，其左右当户之群臣皆得列观，及诸蛮夷君长王侯数万，咸迎于渭桥下，夹道陈。上登渭桥，咸称万岁。单于就邸，留月余，遣归国。单于自请愿留居光禄塞下，有急保汉受降城。汉遣长乐卫尉高昌侯董忠、车骑都尉韩昌将骑万六千，又发边郡士马以千数，送单于出朔方鸡鹿塞。诏忠等留卫单于，助诛不服，又转边谷米糒，前后三万四千斛，给赡其食。是岁，郅支单于亦遣使奉献，汉遇之甚厚。明年，两单于俱遣使朝献，汉待呼韩邪使有加。明年，呼韩邪单于复入朝，礼赐如初，加衣百一十袭，锦帛九千匹，絮八千斤。以有屯兵，故不

① （汉）班固：《汉书》（卷九十四上），中华书局1962年版，第3781页。

② 同上书，第3780页。

复发骑为送。[①]

元帝即位：

元帝初即位，呼韩邪单于复上书，言民众困乏。汉诏云中、五原郡转谷二万斛以给焉。[②]

汉元帝竟宁元年（公元前33年），呼韩邪单于入朝觐见汉帝：

单于复入朝，礼赐如初，加衣服锦帛絮，皆倍于黄龙时。单于自言愿婿汉氏以自亲。[③]

元帝以宫人王昭君嫁给呼韩邪而恢复了和亲。成帝河平四年（公元前25年）：

加赐锦绣缯帛二万匹，絮二万斤，它如竟宁时。[④]

哀帝建平四年（公元前3年），匈奴单于来朝：

建平四年，单于上书愿朝五年。时哀帝被疾，或言匈奴从上游来厌人，自黄龙、竟宁时，单于朝中国辄有大故。上由是难之，以问公卿，亦以为虚费府帑，可且勿许。单于使辞去，未发。[⑤]

黄门郎杨雄上书谏哀帝，最终许单于来朝：

① （汉）班固：《汉书》（卷九十四下），中华书局1962年版，第3798—3799页。
② 同上书，第3800页。
③ 同上书，第3803页。
④ 同上书，第3808页。
⑤ 同上书，第3812页。

赐雄帛五十匹，黄金十斤。单于未发，会病，复遣使愿朝明年。故事，单于朝，从名王以下及从者二百余人。单于又上书言“蒙天子神灵，人民盛壮，愿从五百人入朝，以明天子盛德”，上皆许之。

元寿二年，单于来朝，上以太岁厌胜所在，舍之上林苑蒲陶宫。告之以加敬于单于，单于知之。加赐衣三百七十袭，锦绣缯帛三万匹，絮三万斤，它如河平时。既罢，遣中郎将韩况送单于。单于出塞，到休屯井，北渡车田卢水，道里回远。况等乏食，单于乃给其粮，失期不还五十余日。①

汉平帝时：

是时，汉平帝幼，太皇太后称制，新都侯王莽秉政，欲说太后以威德至盛异于前，乃风单于令遣王昭君女须卜居次云入侍太后，所以赏赐之甚厚。②

时，莽奏令中国不得有二名，因使使者以风单于，宜上书慕化，为一名，汉必加厚赏。单于从之，上书言：“幸得备藩臣，窃乐太平圣制，臣故名囊知牙斯，今谨更名曰知。”莽大说，白太后，遣使者答谕，厚赏赐焉。③

终西汉一朝，匈奴与汉的关系，基本上是围绕如何获取汉朝资源展开，这说明匈奴对汉朝资源的严重依赖。有史家认为，汉匈间，具有农牧经济的互补性。从以上大量的匈奴以和亲方式从汉获取的财物来看，当时农牧互补是极端不对称的。假使以通关市的商业交换方式来获取以上农业社会资源，以匈奴的牧业资源，除去维持生存的必需物资外，显然是没有大规模的剩余产品来用作交换的。当然，史书说汉与匈奴通关市，这可能存在民间的商品交换，也可能存在汉朝战略物资——马匹的交换。总体来说，从史书记述来看，很难找到游牧经济输往汉地的大规模财物以及游牧

① （汉）班固：《汉书》（卷九十四下），中华书局1962年版，第3817页。

② 同上书，第3818页。

③ 同上书，第3819页。

生产对汉地的显著作用。因此，如果给持有农牧经济互补性理论一个大致适用时期的话，可能在近代工业生产技术发明之后比较合适。

匈奴在西汉时期通过三种方式从汉获取资源：其一是最直接的方式，规模不等的对汉边进行掠夺；其二是通过和亲，以双方体面的方式得到汉的大量物资；其三是通关市，也就是物资交换。从上面的资料不难看出，通关市很可能主要存在于官方之间，并且是汉对匈奴的"厚遇关市，饶给之"。那么匈奴的掠夺与和亲又是怎样一种状况呢？我们看董仲舒与史臣的观点：

> 仲舒亲见四世之事，犹复欲守旧文，颇增其约。以为"义动君子，利动贪人。如匈奴者，非可以仁义说也，独可说以厚利，结之于天耳。故与之厚利以没其意，与盟于天以坚其约，质其爱子以累其心，匈奴虽欲展转，奈失重利何，奈欺上天何，奈杀爱子何。夫赋敛行赂不足以当三军之费，城郭之固无以异于贞士之约，而使边城守境之民父兄缓带，稚子咽哺，胡马不窥于长城，而羽檄不行于中国，不亦便于天下乎！"察仲舒之论，考诸行事，乃知其未合于当时，而有阙于后世也。①
>
> （史臣曰）至单于咸弃其爱子，昧利不顾，侵掠所获，岁巨万计，而和亲赂遗，不过千金，安在其不弃质而失重利也。仲舒之言，漏于是矣。②

《汉书》成书于东汉时期，是记载西汉王朝的断代史，史臣之论是针对整个西汉对匈政策的整体评说。但董仲舒虽为景帝、武帝时期大儒，已经看到了通过和亲等缔约方式"厚利"匈奴要比同匈奴战争所消耗财物少得多，因此，采取和亲而"厚利"匈奴以安边是上策。而对于匈奴来说，"侵掠所获"要比和亲受"赂遗"多得多。但"侵掠所获"是要付出代价：其一，会受到汉百姓的武力反抗，同时会受到汉朝的军事抵抗和军事惩

① （汉）班固：《汉书》（卷九十四下），中华书局1962年版，第3831页。

② 同上书，第3833页。

罚。其二，匈奴对汉边抢掠，必然会造成沿边农业生产遭到破坏而难以为继，造成下一次抢掠量的减少。其三，农牧交错带的农业资源的枯竭，造成匈奴要想抢掠成功，必然会更加深入农耕区而冒更大的风险。相比抢掠来说，和亲所获较抢掠为少，但是一种付出代价不大，在一定时间内可持续的获利方式。通关市则要受到双方的物资需求意愿、地域交通因素的影响。更为重要的是，交换必须建立在满足基本生活需求情况后，双方都持有剩余产品，一方不具备此条件，交换就无法进行下去。因此，从当时畜牧生产水平、农业生产水平来看，通过交换而满足资源需求的量并不是很大。虽然这些经济规律是在此后的几百年至近千年才被研究形成理论系统，但这些经济规律已经被当时的贤哲粗浅地认识到了。社会经济规律并不会因没被人们所普遍认识而不起作用，相反，这些规律从人类社会诞生时，就开始起支配作用。从长时段来看，匈奴从汉地攫取资源的行为，无一例外地要受到社会经济规律的支配。从整个西汉时期来看，匈奴从汉获取资源有多种方式：掠夺、和亲、交换等。这几种方式，一年中，有时以单独形式出现，有时是其中二者的组合出现，有时则可能是三者的结合。武帝初年以前，匈奴势力强盛，汉匈关系主要表现为：以和亲为主的和平形式为主，以小规模的掠边、少量的交换形式为辅的形式，从汉地获得资源补充；汉武帝初期至汉宣帝本始年间，汉对匈奴采取武力攻伐之势，匈奴获取汉地资源方式变为大规模的掠边；匈奴因与汉战争失败，宣帝甘露年间，匈奴呼韩邪单于降汉后至西汉末年，匈奴势力大为削弱，主要以称臣朝汉的形式获取汉地的资源。匈奴朝汉人员最多一次达 500 人。至汉哀帝时期，单于使使上书朝汉，汉因“虚费府帑”，曾拒绝，后因杨雄力谏而准允单于来朝。名为“虚费府帑”，实为汉国库空虚。汉对匈奴来朝大加赐赏，元寿二年，遣中郎将韩况送单于出塞，出现了“况等乏食，单于乃给其粮，失期不还五十余日”的景象。难怪哀帝一度拒绝匈奴单于来朝。

东汉初年，匈奴渐强，又重新犯塞。东汉通使修好、武力抗击皆不能安边。建武二十二年（公元46年）前后，北方草原连年旱蝗，匈奴人、畜损失惨重，史书记载：

二十四年春，八部大人共议立比为呼韩邪单于，以其大父尝依汉得安，故欲袭其号。于是款五原塞，愿永为藩蔽，扞御北虏。帝用五官中郎将耿国议，乃许之。其冬，比自立为呼韩邪单于。[①]

比立为单于，得到了汉的认可。建武二十六年（公元 51 年）秋，“南单于遣子入侍，奉奏诣阙”，汉大加封赏：

诏赐单于冠带、衣裳、黄金玺、盭緺绶，安车羽盖，华藻驾驷，宝剑弓箭，黑节三，驸马二，黄金、锦绣、缯布万匹，絮万斤，乐器鼓车，棨戟甲兵，饮食什器。又转河东米粮二万五千斛，牛羊三万六千头，以赡给之。令中郎将置安集掾［吏］将弛刑五十人，持兵弩随单于所处，参辞讼，察动静。单于岁尽辄遣奉奏，送侍子入朝，中郎将从事一人将领诣阙。汉遣谒者送前侍子还单于庭，交会道路。元正朝贺，拜祠陵庙毕，汉乃遣单于使，令谒者将送，赐彩缯千匹，锦四端，金十斤，太官御食醤及橙、橘、龙眼、荔枝；赐单于母及诸阏氏、单于子及左右贤王、左右谷蠡王、骨都侯有功善者，缯彩合万匹。岁以为常。[②]

建武二十八年（公元 53 年），北单于使使与汉和亲，光武帝纳班彪之议，厚赐北单于。为安抚南单于，建武二十九年（公元 54 年）“赐南单于羊数万头”[③]。建武中元元年（公元 56 年），南单于比死，其弟莫立为单于，汉“吊祭慰赐”：

单于比立九年薨，中郎将段郴将兵赴吊，祭以酒米，分兵卫护之。比弟左贤王莫立，帝遣使者赍玺书镇慰，拜授玺绶，遗冠帻，绛单衣三袭，童子佩刀、绲带各一，又赐缯彩四千匹，令赏赐诸王、骨

① （宋）范晔：《后汉书》（卷八十九），中华书局 1965 年版，第 2942 页。
② 同上书，第 2943—2944 页。
③ 同上书，第 2948 页。

都侯以下。其后单于薨，吊祭慰赐，以此为常。①

东汉明帝时期，南、北匈奴与汉展开交好竞争：

胡邪尸逐侯鞮单于长，永平六年立。时北匈奴犹盛，数寇边，朝廷以为忧。会北单于欲合市，遣使求和亲，显宗冀其交通，不复为寇，乃许之。②

其年（建初元年），南部苦蝗，大饥，肃宗禀给其贫人三万余口。七年，耿秉迁执金吾，以张掖太守邓鸿行度辽将军。八年，北匈奴三木楼訾大人稽留斯等率三万八千人、马二万匹、牛羊十余万，款五原塞降。③

元和元年，武威太守孟云上言北单于复愿与吏人合市，诏书听云遣驿使迎呼慰纳之。北单于乃遣大且渠伊莫訾王等，驱牛马万余头来与汉贾客交易。诸王大人或前至，所在郡县为设官邸，赏赐待遇之。南单于闻，乃遣轻骑出上郡，遮略生口，钞掠牛马，驱还入塞。④

（元和二年）冬，孟云上言："北虏以前既和亲，而南部复往抄掠，北单于谓汉欺之，谋欲犯塞，谓宜还南所掠生口，以慰安其意。"肃宗从太仆袁安议，许之。乃下诏曰："……今与匈奴君臣分定，辞顺约明，贡献累至，岂宜违信，自受其曲。其敕度辽及领中郎将庞奋倍雇南部所得生口，以还北虏。其南部斩首获生，计功受赏如常科。"于是南单于复令薁鞬日逐王师子将轻骑数千出塞掩击北虏，复斩获千人。北虏众以南部为汉所厚，又闻取降者岁数千人。⑤

章帝时期：

① （宋）范晔：《后汉书》（卷八十九），中华书局1965年版，第2948页。
② 同上书，第2949页。
③ 同上书，第2950页。
④ 同上。
⑤ 同上书，第2950—2951页。

> （章和二年）时北虏大乱，加以饥蝗，降者前后而至。南单于将并北庭……上言：“臣累世蒙恩，不可胜数。……臣等生长汉地，开口仰食，岁时赏赐，动辄亿万……”①
>
> 大将军窦宪上书，立於除鞬为北单于，朝廷从之。四年，遣耿夔即授玺绶，赐玉剑四具，羽盖一驷，使中郎将任尚持节卫护屯伊吾，如南单于故事。②

顺帝时期：

> 汉安元年秋，吾斯与薁鞬台耆、且渠伯德等复掠并部。
>
> 呼兰若尸逐就单于兜楼储先在京师，汉安二年立之。天子临轩，大鸿胪持节拜授玺绶，引上殿。赐青盖驾驷、鼓车、安车、驸马骑，玉具刀剑、什物，给彩布二千匹。赐单于阏氏以下金锦错杂具，軿车马二乘。遣行中郎将持节护送单于归南庭。③

南匈奴附汉，得到了汉地大量的农业社会资源的支援，逐渐恢复了元气，作为回报，南匈奴成为东汉“扞御北虏”的“藩蔽”。南匈奴得到汉的资助，成为北匈奴的强劲竞争对手，同时也割断了北匈奴从农业社会获取资源的各种途径。在这种情势之下，建武二十七年（公元 52 年），北匈奴单于“遂遣使诣武威求和亲”④，以太子“恐南单于将有二心，北虏降者且不复来矣”之忧，光武帝命“武威太守勿受其使”⑤ 而拒绝了北匈奴的和亲要求。此后，北匈奴再次遣使“贡马及裘，更乞和亲，并请音乐，又求率西域诸国胡客与俱献见”⑥。光武帝纳司徒掾班彪建议，同北匈奴恢复关系，厚赐北单于。东汉此时采取同南北匈奴同时交好的策略，如班彪所言，基于历史上匈奴的“多变诈”。南匈奴得汉的资助，成为吞并北

① （宋）范晔：《后汉书》（卷八十九），中华书局 1965 年版，第 2952 页。
② 同上书，第 2954 页。
③ 同上书，第 2962—2963 页。
④ 同上书，第 2945 页。
⑤ 同上书，第 2946 页。
⑥ 同上。

匈奴的重要威胁。在汉北方再次出现一个强大而又统一的匈奴政权，就会再次上演和亲得丰厚的赏赐刚过，北方扰边掠夺又起的恶性循环，严重威胁汉的北方边境。东汉采取同时资助南、北单于，从而实现“以夷制夷”的“均势”，又防止南北匈奴再次统一的策略是较为成功的。当然，汉付出的代价是输出更多的资源来满足匈奴的需求。但从总体上来说，东汉通过输入匈奴资源的和平方式，避免了大规模战争带来的严重的社会、生产破坏和更为巨大的资源消耗，无疑是值得借鉴的。总之，东汉时期，匈奴主要沿袭西汉宣帝以后的对汉称臣，从而获得了大量的汉朝资源补充。

纵观两汉时期，匈奴从汉不断地攫取了大量的资源，那么这个游牧帝国为什么会如此贪婪呢？如前所述，匈奴是利用高原草原资源而逐渐建立的大帝国。在强大的匈奴帝国庇护下，人丁繁盛。至冒顿单于时，就有“控弦之士三十余万”。史家多以贾谊“五口而出一介卒一人”来推算，马长寿认为匈奴有150万之众，林榦认为有200万之众，葛剑雄认为不会超过50万之众。袁祖亮考证，冒顿时期匈奴人数在130万至140万。《史记》载：“冒顿纵精兵四十万骑围高帝于白登。”[①]《汉书》载：“冒顿纵精兵三十余万骑围高帝于白登”[②]，因此，匈奴口数在百万以上应没有大的问题。如上所述，公元前772年至公元前30年，也就是西汉末年，除秦代略寒外，大部分时间都是暖湿气候。暖湿气候条件下，蒙古草原的牧草相对丰富，也就会生产出大量的畜牧产品。较为丰富的畜产品必然会供养、滋生更多的人口。所以，至冒顿时期，人口过百万确有可能。人口的增长，必然会带来资源的相对匮乏。冒顿时期，游牧帝国的建立，意味着草原内部资源控制与支配已经基本固化，无限制地通过游牧活动获取牧草资源已经成为历史。游牧、农业都是人类自觉进行食物创造的生产活动。但与农业相比，相同面积的土地上，畜牧业在养育、承载人口上相形见绌，如《汉书》载中行说之言：“匈奴人众不能当汉之一郡。”[③] 正是这种情况的真实反映。匈奴帝国资源相对匮乏，只能到与其毗邻的农业区获取资源。如上

---

① （汉）司马迁：《史记》，中华书局1982年版，第2894页。

② （汉）班固：《汉书》，中华书局1962年版，第3753页。

③ 同上书，第3759页。

所述，匈奴在西汉武帝至宣帝时期，因连年战争，人员减耗，游牧节奏被严重干扰，畜牧业损失惨重。匈奴的衰弱，造成与汉和亲、"约为昆弟"的方式来获取汉地资源的局面都不能维持，只能以称臣的方式来获取汉的资助。至整个东汉时期，气候都处于一个较寒、干旱期，匈奴地旱蝗连年。气候的变化使得匈奴牧草资源量大幅减少，急需性资源更加匮乏，导致匈奴内部分裂，南匈奴降汉。从西汉哀帝开始，从国库拿出更多的财物"厚利"匈奴就已经很吃力，东汉王朝北有匈奴，西有羌患，更是举步维艰。南匈奴附汉，汉将其安置于五原。南匈奴内迁汉地，不但得到汉地财物支持，而且得到汉地土地资源从事游牧，从而缓解其资源匮乏的困窘。

游牧民族所居的北方草原地带，由于受自然气候、草地承载量、人口等因素的制约，经常处于资源匮乏的状态。在游牧社会中，自我调节、分配不能化解矛盾时，在自然因素、社会组织能动因素的共同作用下，向游牧社会以外的定居民族索取资源就成了唯一的选择。如王明珂认为：

> 他们与外在世界接触与互动多且复杂，此时较高层次的"部落联盟"或"国家"便非常重要，相关的领袖威权也因此而得以扩张。这也能解释，为何历史上辅助性资源得自中原王朝或西域各城邦国的游牧人群（如匈奴、柔然、突厥、蒙古）较有能力组成中央化、阶序化的政治体，其领袖的政治威权也远非高原山谷游牧人群（如西羌、党项）部落首领所能比。[①]

美国学者巴菲尔德认为：

> 游牧帝国联盟只是在当有可能将其自身与中原经济相互联系时方能存在。游牧民族采用一种敲诈战略以从中原获取贸易权与奉金。他们对边疆地区大肆掳掠并最后与中原朝廷签订和约。中原本土王朝宁

---

① 王明珂：《游牧者的抉择：面对汉帝国的北亚游牧部族》，广西师范大学出版社 2008 年版，第 59—60 页。

> 愿给游牧民族金钱以让他们走，因为这较与来去无踪的民族交战更合算。在这些时期，整个北方边疆处在两大力量的夹缝之间。[①]

从以上两位学者的论述中不难看出，匈奴游牧帝国的强大与汉王朝的存在有着直接的关联。甚至巴菲尔德认为匈奴游牧国家因应秦汉帝国之统一而形成。匈奴阶序化的政治体形成，导致组织化的政权必然会改变游牧社会自由、灵活的游牧活动而形成的权力分散的天然状态。在游牧帝国功能凸显的情况下，游牧帝国阶序化的首领们更有权威。在与农耕社会互动交往的过程中，匈奴游牧帝国的建立，增强了与汉的议价能力，同时，匈奴首领的权力得到了进一步的巩固和加强。与游牧社会以外的世界交往，是游牧社会发展的必然结果。如上所述，游牧帝国的建立，是在游牧人群自觉利用自然资源的游牧技术的基础上发展而来。游牧技术是指在处理和使用草原牧草的过程中涉及物质活动、被使用的劳动力的组织，以及将这两者相结合时所利用的知识，技术绝不仅指一组物质客体。因此，游牧技术生产必将产生相应的社会组织是游牧社会的必然结果。游牧社会的延续、发展依赖于不断的食物创造。这必然引起更大规模的资源利用。食物生产出来后的分配以及对承载资源地域的竞争、控制是游牧社会内部走向一体化的内生动力。在游牧社会中形成的部落、超部落组织的联盟、游牧帝国，既是游牧社会内部生存资源竞争、争夺的结果，也是将资源（资源因自然分布的不均衡）在游牧社会中调节、分配的组织结构。当游牧社会资源紧张时，向外部获取资源是游牧社会组织或者游牧帝国本身功能的自然延伸。外部力量的存在，只是将这种游牧社会组织的作用变得更加突出。因此，游牧帝国向汉地的索取与掠夺，维持了游牧帝国的延续，而获取更多的生存资源来补充游牧社会的资源匮乏，必将导致游牧人群对游牧帝国产生严重依赖，游牧首领的权力进一步得到了强化。值得一提的是，这种由对内控制、分配游牧资源的社会组织功能，在对外资源的依赖不断增强后，其能否获得更多游牧社会以外的资源，成为考验社会组织能力的

---

① ［美］巴菲尔德：《危险的边疆：游牧帝国与中国》，袁剑译，江苏人民出版社 2011 年版，第 11—12 页。

重要标志。能否从农耕社会获取资源，也成为考量游牧帝国首领的重要尺度。东汉末年至魏、西晋时期，随着东汉帝国的没落，帝国三分，中原王朝能提供的资源日渐衰竭。匈奴对资源的需求并未因此而停歇，中原王朝只有将北方大片土地让渡给匈奴从事牧业，以缓解匈奴对牧草资源的需求。

二　羯

内迁“五胡”中的羯人在人口数量、组织规模上都不能和匈奴相比。历史文献中记载，羯族为匈奴之别部[①]，唐长孺先生对羯胡有详细的考证[②]，认为羯是晋人对杂胡的泛称，并且是居住在一定范围内的胡人。《晋书》记载，石勒“上党武乡羯人也”[③]。《魏书》说石勒“其先匈奴别部，分散居于上党武乡羯室，因号羯胡”[④]。《文选》注曰，“前后徙河北诸郡县，居山间，谓之羯胡”[⑤]。也就是说，到西晋时期，羯胡“应限于河北区域内亦即山西、河北间”[⑥]。羯族内迁的人口数，史书并没有明确记载。《晋书》有冉闵诛杀“胡羯”的记载：

> 于是赵人百里内悉入城，胡羯去者填门。闵知胡之不为己用也，班令内外赵人，斩一胡首送凤阳门者，文官进位三等，武职悉拜牙门。一日之中，斩首数万。闵躬率赵人诛诸胡羯，无贵贱男女少长皆斩之，死者二十余万，尸诸城外，悉为野犬豺狼所食。屯据四方者，所在承闵书诛之，于时高鼻多须至有滥死者半。[⑦]

抛开血腥的杀戮暂且不论，从这些记述的情况来看，“高鼻多须”是羯胡的面部特征。因此，在此次政变中，仅邺一城死伤的羯人就在十万以

---

① （唐）房玄龄：《晋书》（卷一百四），中华书局1974年版，第2707页。
② 唐长孺：《魏晋南北朝史论丛》，商务印书馆2010年版，第410—424页。
③ （唐）房玄龄：《晋书》（卷一百四），中华书局1974年版，第2707页。
④ （北齐）魏收：《魏书》（卷九十五），中华书局1974年版，第2047页。
⑤ （梁）萧统：《文选》，上海古籍出版社1986年版，第2555页。
⑥ 唐长孺：《魏晋南北朝史论丛》，商务印书馆2010年版，第411页。
⑦ （唐）房玄龄：《晋书》（卷一百七），中华书局1974年版，第2791—2792页。

上。如果按照史书记载，羯胡分布于“河北诸郡县”应不下于二十万人。保守估计，西晋末内迁羯胡应不少于数万人。

羯族曾在今山西、河北从事畜牧业。西晋时期，内迁的羯胡生存状况堪忧。史载后赵君主石勒世为部落小帅。石勒曾“随邑人行贩洛阳”，如此看来，从事畜牧业生产并不能保证羯人的生计。史载石勒受西晋地方豪吏善待：

父老及相者皆曰：“此胡状貌奇异，志度非常，其终不可量也。”劝邑人厚遇之。时多嗤笑，唯邬人郭敬、阳曲甯驱以为信然，并加资赡。①

太安中，并州饥乱，勒与诸小胡亡散，乃自雁门还依甯驱。北泽都尉刘监欲缚卖之，驱匿之，获免。勒于是潜诣纳降都尉李川，路逢郭敬，泣拜言饥寒。敬对之流涕，以带货鬻食之，并给以衣服。……会建威将军阎粹说并州刺史、东瀛公腾执诸胡于山东卖充军实，腾使将军郭阳、张隆虏群胡将诣冀州，两胡一枷。勒时年二十余，亦在其中，数为隆所驱辱。敬先以勒属郭阳及兄子时，阳，敬族兄也，是以阳、时每为解请，道路饥病，赖阳、时而济。……有一老父谓勒曰：“君鱼龙发际上四道已成，当贵为人主。甲戌之岁，王彭祖可图。”勒曰：“若如公言，弗敢忘德。”忽然不见。每耕作于野，常闻鼓角之声。勒以告诸奴，诸奴亦闻之，因曰：“吾幼来在家恒闻如是。”诸奴归以告欢，欢亦奇其状貌而免之。

欢家邻于马牧，与牧率魏郡汲桑往来，勒以能相马自托于桑。尝佣于武安临水，为游军所囚。会有群鹿旁过，军人竞逐之，勒乃获免。俄而又见一父老，谓勒曰：“向群鹿者我也，君应为中州主，故相救尔。”勒拜而受命。遂招集王阳、夔安、支雄、冀保、吴豫、刘膺、桃豹、逯明八骑为群盗。后郭敖、刘征、刘宝、张噎仆、呼延莫、郭黑略、张越、孔豚、赵鹿、支屈六等又赴之，号为十八骑。②

① （唐）房玄龄：《晋书》（卷一百四），中华书局1974年版，第2707页。

② 同上书，第2708页。

石勒只是一个个案。如果从身份“世为部落小帅”来看，属于羯人部族中上流社会。石勒生存要依赖于汉族社会中豪富的救济，可以推测，羯人存在严重的生存资源短缺的状况。

三　氐

最早记录氐族情况的是司马迁的《史记·西南夷列传》。司马迁说：“自冉駹以东北，君长以什数，白马最大，皆氐类也。此皆巴蜀西南外蛮夷也。”[①]《后汉书》说得更清楚：“白马氐者，武帝元鼎六年开，分广汉西部，合以为武都。”[②]《汉书·地理志》记载，汉高祖置广汉郡，属益州，辖十三县，其中有“甸氐道、刚氐道”[③]；秦置陇西郡，辖十一县，其中有“氐道”[④]；秦置蜀郡，辖十五县，其中有“湔氐道”[⑤]。颜师古说，“其地有狄种，故云狄道”，并说“氐之所居故曰氐道”[⑥]。如此来说，秦汉时期氐人就分布于武都郡、广汉郡、陇西郡、蜀郡。根据黄烈的说法：氐道，在上邽东南，下辨东北，今甘肃清水县境；“甸氐道”相当于今天甘肃文县一带；“刚氐道”相当于今天川北平武一带；“湔氐道”相当于今天川西北的松潘一带；略阳亦为氐人的重要聚居区。[⑦] 所以秦汉时期氐人分布、活动于今天甘肃东南部、四川北部一带。对于此一时期氐的人口数，史书并没有明确记载。但是，史书对广汉郡、陇西郡、蜀郡的户、口有明确记载，广汉郡：“户十六万七千四百九十九，口六十六万二千二百四十九。”[⑧]蜀郡：“户二十六万八千二百七十九，口百二十四万五千九百二十九。”[⑨]陇西郡：“户五万三千九百六十四，口二十三万六千八百二十四。”[⑩] 各县人口分布情况已经无法考证。假设按照每县（道）平均来算，广汉郡各县

① （汉）司马迁：《史记》，中华书局 1982 年版，第 2991 页。
② （宋）范晔：《后汉书》（卷八十六），中华书局 1965 年版，第 2859 页。
③ （汉）班固：《汉书》（卷二十八上），中华书局 1962 年版，第 1597 页。
④ （汉）班固：《汉书》（卷二十八下），中华书局 1962 年版，第 1610 页。
⑤ （汉）班固：《汉书》（卷二十八上），中华书局 1962 年版，第 1598 页。
⑥ （汉）班固：《汉书》（卷二十八下），中华书局 1962 年版，第 1610 页。
⑦ 黄烈：《中国古代民族史研究》，人民出版社 1987 年版，第 117 页。
⑧ （汉）班固：《汉书》（卷二十八上），中华书局 1962 年版，第 1597 页。
⑨ 同上书，第 1598 页。
⑩ （汉）班固：《汉书》（卷二十八下），中华书局 1962 年版，第 1610 页。

平均为5万人左右，蜀郡各县平均8万人，陇西郡各县平均2万人。总体来算，各氐道人数可达20万人。如果考虑到羌、汉与氐杂居情况及各县人口分布不平衡，按其中一半来折算，秦汉时期氐人也在10万左右，这些地方又是史载的氐人聚居区，应有一定的可信度。氐人有三次大的迁移。第一次是汉武帝元封三年（公元前108年），“氐人反叛，遣兵破之，分徙酒泉郡”①，具体分徙了多少人，史书并未记载。第二次迁徙是东汉末年（建安二十四年，公元219年），刘备取汉中，曹操“恐刘备北取武都氐以逼关中”②，“乃自到汉中引出诸军，令既之武都，徙氐五万余落出居扶风、天水界”③。按照陇西郡、蜀郡、广汉郡的户与口的关系，大致可知，在秦汉之际，每户（氐人大多有固定的农业，这里将落与户大抵相当看待）人口大约3—4人计，最少迁出的人口在15万左右。第三次迁徙是在“正始元年，蜀将姜维出陇西。淮遂进军，追至强中，维退，遂讨羌迷当等，按抚柔氐三千余落，拔徙以实关中”④。这次迁徙人口最少也在1万人以上。至晋末，略阳等地都有氐人分布。⑤ 根据黄烈研究，西晋关中氐人主要分布于扶风、始平、京兆诸郡，不会少于30万人。⑥ 葛剑雄先生认为关中及武都等地氐人可达“数十万”⑦。

氐人与汉、魏、西晋的关系基本上保持了“内属郡县，豪帅接受汉魏政府封号”⑧。史载“白马氐者，武帝元鼎六年开，分广汉西部，合以为武都”⑨，氐人内属。氐人以种姓为部落，汉多称其豪为王。《后汉书》记载：

> 元封三年，氐人反叛，遣兵破之，分徙酒泉郡。昭帝元凤元年，氐人复叛，遣执金吾马适建、龙额侯韩增、大鸿胪田广明，将三辅太

① （宋）范晔：《后汉书》（卷八十六），中华书局1965年版，第2859页。

② （晋）陈寿：《三国志》（卷十五），中华书局1982年版，第472页。

③ 同上书，第472—473页。

④ （晋）陈寿：《三国志》（卷二十六），中华书局1982年版，第735页。

⑤ （唐）房玄龄：《晋书》（卷一百十二），中华书局1974年版，第2867页。

⑥ 黄烈：《中国古代民族史研究》，人民出版社1987年版，第139页。

⑦ 葛剑雄：《中国人口史·第一卷　导论、先秦至南北朝时期》，复旦大学出版社2002年版，第432页。

⑧ 黄烈：《中国古代民族史研究》，人民出版社1987年版，第137页。

⑨ （宋）范晔：《后汉书》（卷八十六），中华书局1965年版，第2859页。

常徒讨破之。

及王莽篡乱，氐人亦叛。建武初，氐人悉附陇蜀。及隗嚣灭，其酋豪乃背公孙述降汉，陇西太守马援上复其王侯君长，赐以印绶。后嚣族人隗茂反，杀武都太守。氐人大豪齐钟留为种类所敬信，威服诸豪，与郡丞孔奋击茂，破斩之。后亦时为寇盗，郡县讨破之。[①]

氐人反叛，汉屡次平破之，并分徙汉地。东汉初年，氐人先是附于隗嚣和公孙述割据势力，后降汉，陇西太守马援“复其王侯君长，赐以印绶”。氐人大豪齐钟留助汉消灭了隗嚣残余势力。东汉时期，氐人没有出现大规模的反抗活动，“时为寇盗，郡县讨破之”，并未动用东汉大规模的军力。东汉末年至三国时期，魏、蜀争夺汉中，氐人豪帅摇摆于两大势力之间。《三国志》载曰：

十四年，武都氐王苻健请降，遣将军张尉往迎，过期不到，大将军蒋琬深以为念。嶷平之曰：“苻健求附款至，必无他变，素闻健弟狡黠，又夷狄不能同功，将有乖离，是以稽留耳。”数日，问至，健弟果将四百户就魏，独健来从。[②]

晋室南渡后，氐酋长苻洪接受东晋封授。内迁氐人主要从事农业或者农牧兼营。氐人没有形成如匈奴、鲜卑那样大的超部落的组织，甚至没有如羌人那样与汉反复较量。氐人获取资源的方式已接近汉族，所以《后汉书》说：“其凶勇狡算，薄于羌狄。”[③] 因此，容易成为中原王朝的编民。

四　羌

羌人内迁有两种情况，一种是汉将平息羌乱后的羌人内迁，另一种是羌人向东的迁徙。西汉时期，西羌“求附”或被“徙置”的地方主要在陇

① （宋）范晔：《后汉书》（卷八十六），中华书局1965年版，第2859—2860页。
② （晋）陈寿：《三国志》（卷四十三），中华书局1982年版，第1051页。
③ （宋）范晔：《后汉书》（卷八十六），中华书局1965年版，第2860页。

西、金城等郡。内迁人数史无详载。羌人内迁主要在东汉时期。黄烈认为："入塞内留居的羌人在七十万人以上的估算比较接近事实。"[①] 两汉政府对归附的羌族豪帅，有的授予职官爵位，承认他们对羌民的统帅地位，利用羌豪控制羌人。羌人以种姓为部落，其特点是规模小，但种姓繁多，又多各自为政，为抢夺或巩固生存地界，时常相互攻伐。因此，两汉时期，尤其是东汉，汉军不得不用全部力量来对付多股不相统帅的种姓部落。这同汉对匈奴的战争有明显的不同。汉军可能同建立起超部落的国家军队开战或者与其和亲、赏赐从而取得边境的安宁，而不成规模且没有形成王权的羌人各种为政，使得汉军攻伐某种姓部落，而另一种姓部落又反；安抚了一个种姓部落，另一种姓部落又起生事。这样，使得东汉政府不能找到一个能代表整个羌人的部落主体，通过抚、破某一种政策起到解决西部羌族问题。羌人叛、附无常，使得整个汉军疲于应付，护羌校尉更换频繁，从反面又说明羌人问题的复杂性本不是一种政策或某一个护羌校尉所能解决。于是东汉政府解决羌患，花费了大量的人力、物力，都不能起到长治久安的作用，史载东汉对羌花费"前后数十巨万"[②]，使得国库日见虚耗。"前后数十巨万"包括"赂遗购赏，转输劳来之费"[③]，也就是东汉对羌"绥御"并用，除战争损耗外，安抚众羌花费不小。据《后汉书》载，东汉几次羌乱都通过"赏赂"而平息。

章帝末年羌酋迷唐反：

> 种众炽盛，张纡不能讨。永元元年，纡坐征，以张掖太守邓训代为校尉，稍以赏赂离间之，由是诸种少解。[④]

和帝永元五年（公元93年）：

> 尚坐征免，居延都尉贯友代为校尉。友以迷唐难用德怀，终于叛

① 黄烈：《中国古代民族史研究》，人民出版社1987年版，第94页。

② （宋）范晔：《后汉书》（卷八十七），中华书局1965年版，第2900页。

③ 同上。

④ 同上书，第2883页。

乱，乃遣驿使构离诸种，诱以财货，由是解散。[①]

和帝永元十年（公元98年）：

明年，尚、代并坐畏懦，征下狱，免。谒者王信领尚营屯枹罕，谒者耿谭领代营屯白石。谭乃设购赏，诸种颇来内附。……吴祉等乃多赐迷唐金帛，令籴谷市畜，促使出塞，种人更怀猜惊。十二年，遂复背叛，乃胁将湟中诸胡，寇抄而去。[②]

安帝元初元年（公元114年）：

侯霸病卒，汉阳太守庞参代为校尉。参以恩信招诱之。[③]

安帝延光元年（公元122年）：

延光元年春……麻奴等孤弱饥困，其年冬，将种众三千余户诣汉阳太守耿种降。安帝假金印紫绶，赐金银彩缯各有差。[④]

冲帝永嘉元年（公元145年）：

永嘉元年，封冲子恺义阳亭侯。以汉阳太守张贡代为校尉。左冯翊梁并稍以恩信招诱之，于是离湳、狐奴等五万余户诣并降，陇右复平。[⑤]

东汉安帝、顺帝和桓帝时期都发生过与羌人大的战争，最终羌人均被

① （宋）范晔：《后汉书》（卷八十七），中华书局1965年版，第2883页。
② 同上书，第2884页。
③ 同上书，第2889页。
④ 同上书，第2892页。
⑤ 同上书，第2897页。

压服。但从上面资料来看，平息羌人叛乱的途径，除战争外，通过“赏赂”能使羌人放弃反抗也是重要途径之一。如果单从价值判断的视角来看，羌人，尤其是羌酋“因利忘义”而有违传统价值观，但从羌人生存与发展角度来看，社会人口自然成长，以及羌酋生存资源需求的增长，对汉族王朝资源的依赖就会越来越强。虽然羌人生活的地方多为西北高山草原，但如大、小榆谷那样既牧又农的地方还是少数。所以羌人对宜农宜牧的地方，如大、小榆谷的争夺相当频繁。随着羌人种群的扩大，占有大、小榆谷这样资源优厚的地方已经不能满足他们对生活资源的需求。所以，羌人由西向东扩张，资源需求是重要的因素之一。羌人主要以牧业为主业，对农业资源，尤其是急需性生存资源更是渴望得到满足。汉王朝的强大使得羌人很难完全通过抢掠得到充足的农业资源补充。在这种情况下，汉王朝处于资源的控制和分配地位，内迁羌人因依赖汉王朝的资源不得不服从于汉王朝的支配。如《晋书》说，羌人姚弋仲先人“率种人内附，汉朝嘉之，假冠军将军、西羌校尉、归顺王，处之于南安之赤亭。那玄孙柯回为魏镇西将军、绥戎校尉、西羌都督”[①]。

五　鲜卑

《后汉书·乌桓鲜卑传》载：光武“二十五年，鲜卑始通驿使”[②]，鲜卑与东汉在公元50年才通使，之前并没有正式往来。史载，通使后：

> 都护偏何等诣祭肜求自效功，因令击北匈奴左伊育訾部，斩首二千余级。其后偏何连岁出兵击北虏，还辄持首级诣辽东受赏赐。三十年，鲜卑大人于仇贲、满头等率种人诣阙朝贺，慕义内属。帝封于仇贲为王，满头为侯。时渔阳赤山乌桓歆志贲等数寇上谷。永平元年，祭肜复赂偏何击歆志贲，破斩之，于是鲜卑大人皆来归附，并诣辽东受赏赐，青徐二州给钱岁二亿七千万为常。明章二世，保塞无事。[③]

① （唐）房玄龄：《晋书》（卷一百十六），中华书局1974年版，第2959页。

② （宋）范晔：《后汉书》（卷九十），中华书局1965年版，第2985页。

③ 同上书，第2985—2986页。

很明显，东汉初年，鲜卑在与汉的接触中，通过为汉“保塞”而获得汉“给钱岁二亿七千万为常”的经济援助。关于汉给鲜卑的是“币”还是“物”还缺乏考证。如果说援助鲜卑的是“币”，那么说明当时双方的贸易应该是非常畅通的。鲜卑持有大量的钱币，本身并不能直接满足鲜卑对汉的物资依赖，必须通过互市才能换回所需的产品。如果汉直接赏赐鲜卑的是物质资源，那么应理解为这些赏赐价值“二亿七千万”钱。但无论怎样，鲜卑与汉的接触，实现了其部分或大部分不能自产的生活资料的补充。经济上一定程度的满足，使得鲜卑部落对鲜卑贵族的生存、组织依赖加强。汉对鲜卑的封绥至和帝、安帝时仍然保持：

> 和帝时，鲜卑大都护校尉廆帅部众从乌丸校尉任常击叛者，封校尉廆为率众王。[①]
>
> 安帝永初中，鲜卑大人燕荔阳诣阙朝贺，邓太后赐燕荔阳王印绶，赤车参驾，令止乌桓校尉所居甯城下，通胡市，因筑南北两部质馆。鲜卑邑落百二十部，各遣入质。[②]

安帝永初中以后，鲜卑“或降或畔，与匈奴、乌桓更相攻击”[③]。史载：

> 永宁元年，辽西鲜卑大人乌伦、其至鞬率众诣邓遵降，奉贡献。诏封乌伦为率众王，其至鞬为率众侯，赐彩缯各有差。[④]
>
> 建光元年秋，其至鞬复畔，寇居庸，云中太守成严击之，兵败，功曹杨穆以身捍严，与俱战殁。鲜卑于是围乌桓校尉徐常于马城。[⑤]
>
> 延熹元年，鲜卑寇北边。冬，使匈奴中郎将张奂率南单于出塞击之，斩首二百级。二年，复入雁门，杀数百人，大抄掠而去。六年夏，千余骑寇辽东属国。九年夏，遂分骑数万人入缘边九郡，并杀掠

① （晋）陈寿：《三国志》（卷三十），中华书局1982年版，第837页。
② （宋）范晔：《后汉书》（卷九十），中华书局1965年版，第2986页。
③ 同上。
④ 同上书，第2987页。
⑤ 同上。

吏人，于是复遣张奂击之，鲜卑乃出塞去。朝廷积患之，而不能制，遂遣使持印绶封檀石槐为王，欲与和亲。檀石槐不肯受，而寇抄滋甚。乃自分其地为三部，从右北平以东至辽东，接夫余、濊貊二十余邑为东部，从右北平以西至上谷十余邑为中部，从上谷以西至敦煌、乌孙二十余邑为西部，各置大人主领之，皆属檀石槐。[①]

鲜卑在檀石槐以前有降有叛，至檀石槐时达到了最盛而拒绝汉的封绥、和亲。这种局面至檀石槐死后随着部落联盟瓦解而改变。至东汉末年，曹操定幽州，鲜卑二部步度根、轲比能上贡献请降。史载：

建安中，太祖定幽州，步度根与轲比能等因乌丸校尉阎柔上贡献。[②]

素利、弥加、厥机皆为大人，在辽西、右北平、渔阳塞外，道远初不为边患，然其种众多于比能。建安中，因阎柔上贡献，通市，太祖皆表宠以为王。厥机死，又立其子沙末汗为亲汉王。延康初，又各遣使献马。文帝立素利、弥加为归义王。素利与比能更相攻击。太和二年，素利死。子小，以弟成律归为王，代摄其众。[③]

延康初，比能遣使献马，文帝亦立比能为附义王。黄初二年，比能出诸魏人在鲜卑者五百余家，还居代郡。[④]

至曹魏时，对鲜卑的封绥又得以恢复。文帝践祚，田豫为乌丸校尉，持节并护鲜卑，屯昌平，“步度根遣使献马，帝拜为王”[⑤]。“至黄初五年，步度根诣阙贡献，厚加赏赐，是后一心守边，不为寇害，而轲比能众遂强盛。”[⑥] 魏明帝青龙元年（公元 233 年）：

比能诱步度根深结和亲，于是步度根将泄归泥及部众悉保比能，

① （宋）范晔：《后汉书》（卷九十），中华书局 1965 年版，第 2989—2990 页。
② （晋）陈寿：《三国志》（卷三十），中华书局 1982 年版，第 835 页。
③ 同上书，第 840 页。
④ 同上书，第 838 页。
⑤ 同上书，第 836 页。
⑥ 同上。

寇抄并州，杀略吏民。帝遣骁骑将军秦朗征之，归泥叛比能，将其部众降，拜归义王，赐幢麾、曲盖、鼓吹，居并州如故。[①]

鲜卑中的慕容部贵族"莫护跋，魏初率其诸部入居辽西，从宣帝伐公孙氏有功，拜率义王，始建国于棘城之北。……祖木延，左贤王。父涉归（慕容廆之父），以全柳城之功，进拜鲜卑单于，迁邑于辽东北，于是渐慕诸夏之风矣"[②]。西晋时期，鲜卑慕容廆被国人（鲜卑慕容部）迎立，与晋战而败，掠昌黎，"每岁不绝"[③]，后与其众谋：

"吾先公以来世奉中国，且华夷理殊，强弱固别，岂能与晋竞乎？何为不和以害吾百姓邪！"乃遣使来降。帝嘉之，拜为鲜卑都督。[④]

至西晋永嘉初，慕容廆自称鲜卑大单于。[⑤]

鲜卑中的拓跋部从东北几经迁徙，至力微时"迁于定襄之盛乐"[⑥]（现位于内蒙古自治区和林格尔县之北），并与魏和亲。魏景元二年（公元261年）"遣子文帝（沙漠汗）如魏"，"以国太子留洛阳"[⑦]。西晋与拓跋鲜卑"和好仍密"[⑧]，保持良好交往。公元275年，沙漠汗自晋"还国。晋遗帝锦、罽、缯、彩、绵、绢诸物，咸出丰厚，车牛百乘"[⑨]。晋惠帝时，刘渊反于离石，攻晋司马腾，拓跋猗㐌"以轻骑数千救之，斩渊将綦毋豚，渊南走蒲子。晋假桓帝大单于，金印紫绶"[⑩]。西晋愍帝建兴三年（公元315年），"晋愍帝进帝（拓跋猗卢）为代王，置官属，食代、常山二郡"[⑪]。

---

① （晋）陈寿：《三国志》（卷三十），中华书局1982年版，第836页。
② （唐）房玄龄：《晋书》（卷一百八），中华书局1974年版，第2803页。
③ 同上书，第2804页。
④ 同上。
⑤ 同上书，第2805页。
⑥ （北齐）魏收：《魏书》（卷一），中华书局1974年版，第3页。
⑦ 同上书，第4页。
⑧ 同上。
⑨ 同上。
⑩ 同上书，第6—7页。
⑪ 同上书，第9页。

本章小结

魏晋时期，匈奴、羯、氐、羌、鲜卑已经迁徙到了传统的农耕区边缘，有的已经越过了传统农牧分界线，深入中原。“五胡”本为游牧民族，在最初的发源地利用北方草原的植物资源发展畜牧业，由食物采集者转变为食物的创造者。畜牧业的发展，既是人类对自然的适应，也是人类对自然的能动利用。因此，北方游牧人群在资源利用、争夺、控制的过程中，发展起了自己的游牧社会组织。游牧社会组织反过来又对整个草原资源起到了边界控制、分配、调节等作用。随着游牧社会对整个草原资源利用规模的扩大，生产更多的物质财富成为可能。在较为丰富的物质财物的支撑下，游牧社会人口出现大规模的扩展。至西汉末期，中国气候出现了第二个冰河期，长期处于寒冷状态。在自然因素的作用下，北方草原地带呈现整体向南推移的过程，而北方传统农耕区也呈现向南退移的过程。北方游牧人群受自然因素的驱赶及人口对资源最低需求的作用，先后向南迁徙，最终到达了农耕区最北界。北方农牧交错带是农业社会的最北界，又是农耕社会与游牧社会的交界地带，也是农业社会的北方资源边界。游牧社会相对于农耕社会，在资源利用效率等方面有着天然的差距。因此，相对来讲，牧业社会处于一个资源短缺状态。当自然气候的扰动、人口的繁衍、生态超载等因素凸显时，都会给牧业社会带来生存危机。牧业社会一经和农业社会接近，攫取农业社会的资源就成为满足牧业社会需求的重要途径之一。牧业社会越靠近农业社会，就越对农业社会的资源产生严重依赖。起初，游牧社会因其强大的势力，汉王朝采取和亲等政策，以和平方式将汉地资源输入牧业社会，以期通过游牧组织的自我约束、管控而停止继续南下；或采取武力抵抗、驱赶等方式，以维持北方的资源界线。这时的游牧社会组织由单一的对内部资源的控制、分配功能转化为对内资源控制、分配和对外资源获取的双重功能。显然，游牧人群变得越来越要依赖超部落的组织维持生存。同时，中原王朝对内迁的游牧人群的资源赏赐、对其首领封官拜爵，维持着同游牧人群的臣属关系。此时，“五胡”首领在部族中的权威的维持在很大程度上要依靠中原王朝资源供给、听封而得以实现。所以内迁诸胡由于资源依赖农业社会程度的加深，出现游牧世界自主能力下降的趋势。随着中原王朝经济实力的减弱或者王朝崩溃，输出资源能力下降或终止，北方游牧人群因此陷入了更大的困境。汉王朝维持北方资源界线的能力减弱，农耕社会被迫让度出更多的土地，以供游牧民族从事牧业活动，来维持生计。

第二章　十六国之权力嬗代

第一节　汉末乱象对“五胡”的影响

杨联陞在《国史诸朝兴衰刍论》中说：

> 从事中国史研究的学者通常都同意：在朝代的兴衰更迭中，有一个周而复始的模式，他们称之为朝代循环（dynastic cycle）。无疑地，一个朝代可以经历过好几次衰落与复兴，然后才完成整个循环。对一个已知的循环加以详细的描绘——不但顾虑到该朝代整体的兴起与衰落，同时也考虑到其间的小起伏，我们就可以称之为朝代的形态。[①]

杨氏梳理自古至今先贤们对这一问题的看法后认为：

> 阅读本纪所得到的总合图像可能不一定正确。为了保证相当程度的可靠性，这个粗疏的形态，必须接受一些我们或许可以称之为多重检查的办法。有关领土、内外战争的次数、频度与结果、人口、已耕地、水利工程、通货、物价水准、自然灾害的频数、应付这类挑战的各种努力、科举考试及格与落第者的人数、能臣与循吏的数目等等资料，都要尽可能去加以收集。[②]

---

① 杨联陞：《中国史探微》，新星出版社 2005 年版，第 14 页。

② 同上书，第 26—27 页。

最后，杨氏认为：

> 只有在做完所有必要的检查之后，我们才可以对不同的形态加以得体的比较与解释。也只有如此，我们才可以断定，就那一层意义而言，中国历史上各朝代间是重复着同样的循环，还是展开着不同的循环。假使我们同意朝代的兴衰包含了循环与非循环的因素（那也不见得就是“天”与“人”）的说法，那么从各个朝代找出这两组因素各自的重要性，仍然是颇有价值的。[①]

如果说杨氏的这篇文章是一个相当程度上的宏观理论、方法，那么具有代表性的西方学者对中国诸朝兴衰，尤其是对秦汉的兴衰又有怎样的看法呢？下面我们来看斯塔夫里阿诺斯的观点：

> 人们历来把中国历史解释成一再重复的王朝循环史，这一传统的说法掩蔽了某些时期在循环表象背后发生的一些根本性变化。当然，诸王朝的兴亡确是呈循环式。凡是王朝的创立者总是一个有才干、有魄力的活动家，但是几代之后，在宫廷环境中成长起来的其子孙后裔，很可能变得软弱无能、放荡不羁。虽然有时会出现一个强悍的统治者或一个能干、忠诚的大臣来设法阻挡这种堕落，但总的趋向是朝下坡路走，直到成功的起义推翻王朝，重新开始大家所熟悉的循环。
>
> 不过，比王朝循环更为根本的是所谓的经济管理的循环。这种循环是从每个重要王朝刚建立时所共有的安宁和繁荣开始的。社会安定的恢复导致人口增加和生产规模的扩大，从而相应地使收入增多、国库充实。但是，个人野心、家族影响和制度的压力这三者的结合必然迟早会使皇帝们去承担过多的义务。他们将人力和财力分散到公路、运河、防御工事、宫殿、宫廷铺张和边疆战争上。因而，每个王朝在它建立约 100 年后都开始面临财政上的种种困难。

---

① 杨联陞：《中国史探微》，新星出版社 2005 年版，第 29 页。

为了弥补亏空，政府提高赋税，赋税大部分沉重地压在中国社会的主要成分自耕农头上。每个朝代开始时，自耕农总是占农民的大多数。但是，随着赋税的增加，他们愈来愈被迫将自己的小块土地让与大地主，而自己则沦为佃农。地主凭借与他们的财产相当的政治影响，只交纳微不足道的税，所以他们占有的土地愈多，政府的岁收入愈下降，落在数目日趋减少的自耕农头上的赋税愈增加。这样，形成一个恶性循环——赋税增加，岁入下降，公路和沟渠的整修被忽视，生产率下降，最后是饥荒、盗匪活动和全面的农民起义。在这同时，边防可能也被忽略，招致游牧部落越境前来劫掠。常常正是这种内乱和外侵的结合，使摇摇欲坠的王朝溃灭，为新的开端扫清道路。①

斯塔夫里阿诺斯认为，西汉和东汉的历史基本上相同，只是西汉武帝的扩张使帝国的资源耗损过度，为了应付危机，采取了货币贬值、出卖官爵和重建国家对盐、铁、酒的垄断经营。但他的后继者们由于纳税自耕农的数目下降而更深地陷入困境之中。王莽为了改变这一现状，将私有土地收归国有，重新分配给纳税的农民。这一改革和其他一些改革使富裕家族疏远了他，他们激烈地反对这位篡位者。而此时，黄河下游的灾变使数百万人无家可归，驱使破产的农民加入盗匪和叛乱活动。游牧部落也趁机利用这种混乱局面入侵中国，洗劫首都，并于公元23年在首都杀死王莽。两汉之间的战争，许多旧贵族和大地主被消灭，王朝在最初阶段税收是足够的，而此后，又陷入了和西汉一样的“经济管理循环”而灭亡。斯塔夫里阿诺斯甚至认为，当时的形势与罗马最后阶段的情况颇为相像，而此后中国进入长期分裂和混乱的局面，和西方罗马帝国崩溃后的情况相似。

斯塔夫里阿诺斯对两汉帝国衰落的解释中，虽存在某些史实上的不符或不准确，如王莽死于游牧部落的入侵；汉帝国边防的荒废而招致游牧民族入侵等（因为无论汉帝国强盛与衰弱，游牧民族从未停止对汉的侵掠），但他所建立的“比王朝循环更为根本的是所谓的经济管理的循环”之说是

① ［美］斯塔夫里阿诺斯：《全球通史——1500年以前的世界》，吴象婴等译，上海社会科学出版社1999年版，第293—294页。

值得我们重视和考虑的。如上所述，人口因素是我们考察游牧社会的重要因素之一，同样，农业社会的人口因素也是影响历史社会的主要因素之一。那么汉代人口情况是什么样的呢？关于汉代人口记载，除文献记载外，还有历代大臣奏章等可供参考。近代以来，对人口的研究如梁启超《中国史上人口之统计》①、梁方仲《中国历代户口、田地、田赋统计》②、赵文林、谢淑君《中国人口史》③、王育民《中国人口史》④、袁祖亮《中国古代人口史专题研究》⑤、葛剑雄《中国人口史·第一卷　导论、先秦至南北朝时期》⑥ 等著作。其中，葛剑雄先生通过多学科理论、方法来研究中国古代人口问题，通过严密的方法和翔实的史料，对前人及同时期的人口研究成果提出了不同的观点，也从不同方面印证了一些学者的研究成果是经得起历史考验的。葛剑雄先生认为，班固《汉书》载平帝元始年间“民户千二百二十三万三千六十二，口五千九百五十九万四千九百七十八。汉极盛矣”⑦，是较为可信，并做了严密的考证。在这里，我们采信葛剑雄的观点，西汉人口最高峰在汉哀帝和平帝之间，人口达到了近6000万。而东汉的人口据杜佑《通典》记载：

> 后汉光武建武中，兵革渐息。至中元二年，户四百二十七万六百三十四，口二千一百万七千八百二十。明、章之后，天下无事，务在养民。至于孝和，人户滋殖。桓帝永寿三年，户千六十七万七千九百六十，口五千六百四十八万六千八百五十六。灵帝遭黄巾为冠，献帝遇董卓称乱，大焚宫庙，劫御西迁，是以兴平、建安之际，海内荒残，人户所存，十无一二。⑧

---

① 《时务报》。

② 梁方仲：《中国历代户口、田地、田赋统计》，中华书局2008年版。

③ 赵文林、谢淑君：《中国人口史》，人民出版社1988年版。

④ 王育民：《中国人口史》，江苏人民出版社1995年版。

⑤ 袁祖亮：《中国古代人口史专题研究》，中州古籍出版社1994年版。

⑥ 葛剑雄：《中国人口史·第一卷　导论、先秦至南北朝时期》，复旦大学出版社2002年版。

⑦ （汉）班固：《汉书》（卷二十八下），中华书局1962年版，第1640页。

⑧ （唐）杜佑：《通典》（一），王文锦等点校，中华书局1988年版，第144页。

葛剑雄认为，这些资料中，最原始的无疑出自皇甫谧的《帝王世纪》与司马彪的《续汉书·郡国志》，并且是可信的。上面的资料显示，平帝时达到了西汉人口峰值 6000 万，西汉末至东汉因战争、灾荒等降到了 2100 多万，而到了东汉桓帝时期又增加到 5648 万，到东汉末年又因战乱、灾荒等，人口剧降到了“十无一二”的程度。两汉在王莽辅政、灵帝时，帝国早已深陷于斯塔夫里阿诺斯所说的“经济管理循环”的模式中了。但斯塔夫里阿诺斯的经济管理循环并没有将人口因素的细节考虑在内，因为这会牵涉农民如何将土地让与大地主。帝国之初，从总体上来讲，人口较少，而能够利用的耕地面积相对非常的富裕。但随着人口的繁衍，耕地出现相对短缺。解决人口与土地资源占有的矛盾，在当时的条件下，只会有两条路：其一是提高农业生产技术，提高单位面积的粮食产量；其二是开垦新的耕地。提高单位面积的粮食产量是有限度的，并且其增加量并不会很大，而新开垦土地却能够大幅度提高粮食总产量。因此，在帝国初年，主要是恢复被撂荒熟地的产量。到帝国中后期，仍然可能通过开荒增加粮食的供应量来满足大幅度增加的人口的食物需要，又解决了人口增量中劳动力从业问题。但荒地并不是无限制地可以开垦下去。受当时生产技术的限制、可耕的土地资源分布不平衡等因素，土地相对于大量的人口来说，很快就会出现相对匮乏，人口增长惯性并不能马上停下来，人地矛盾骤然成为社会的主要矛盾。一户农人占有土地有限，不断增长的家庭人口为了保证最低限度的生存需要，消耗掉了大部分粮食，而赋税征收又不可能被豁免（其实，在这样的条件下，即使不征收赋税，农民仍然会因人口增加而破产），无法进行再生产。所以，在没有办法将富裕人口转化到工业、商业中去的中国古代，这种模式迟早都会破产。面临破产的农户为了生存，如塔夫里阿诺斯所言，就会将土地让与大地主，而自己沦为佃农。当这样破产的农户量达到一定规模时，斯塔夫里阿诺斯的“经济管理循环”就会出现。因此，两汉人口到达峰值时，也就预示着帝国严重危机的到来。最终，在帝国末期，自然灾害等因素，仅仅是提前了“经济管理循环”模式结果的到来。

因此，汉帝国在初期、中期，甚至是中晚期，都能付得起匈奴、羌人、乌桓、鲜卑等游牧人群的资源需求而相对保持住北方资源边界。而到了晚期，帝国自身资源困难都难以解决，对外输出资源就更加困难了。因此，东汉的倒塌，使得过去游牧部族与中原王朝形成的资源获取方式瓦解，大量的汉人开始南迁，游牧民族便开始将他们的牧场向农耕地进一步推进，以便获取更多的牧草资源以维持生计。值得一提的是，自西汉末年至东汉末年，中国的气候属于较寒、干旱期。较寒的气候减少了牧草的生长期，而干旱却将植物生长所必需的水分夺去。东汉时期的羌患最盛，而匈奴、乌桓、鲜卑虽可得到汉的资源输入，但游牧生产的主体出现资源匮乏，从而削弱了游牧人群人口规模、超部落组织的部落联盟、游牧政权的进一步发展。如南、北匈奴分裂，南匈奴投汉的主因是“旱蝗连年”。鲜卑檀石槐联盟也出现了危机，史载：

> 鲜卑众日多，田畜射猎，不足给食。后檀石槐乃案行乌侯秦水，广袤数百里，渟不流，中有鱼而不能得。闻汗人善捕鱼，于是檀石槐东击汗国，得千余家，徙置乌侯秦水上，使捕鱼以助粮。[①]

自东汉瓦解后，魏晋对北方的游牧部族的财物输出的例子已经很少，仅有公元 275 年，沙漠汗自晋“还国。晋遗帝锦、罽、缯、彩、绵、绢诸物，咸出丰厚，车牛百乘”[②] 等寥寥记述，而多是授予官爵，承认他们在汉地生活的即成实事。如匈奴：

> 建安中，魏武帝始分其众为五部，部立其中贵者为帅，选汉人为司马以监督之。魏末，复改帅为都尉。其左部都尉所统可万余落，居于太原故兹氏县（山西临汾市南）；右部都尉可六千余落，居祁县（山西祁县东南）；南部都尉可三千余落，居蒲子县（山西蒲县）；北部都尉可四千余落，居新兴县（山西忻县）；中部都尉可六千余落，居大陵县（山西文水东北）。[③]

① （晋）陈寿：《三国志》（卷三十），中华书局 1982 年版，第 838 页。
② （北齐）魏收：《魏书》（卷一），中华书局 1974 年版，第 4 页。
③ （唐）房玄龄：《晋书》（卷九十七），中华书局 1974 年版，第 2548 页。

如鲜卑：

延康初，比能遣使献马，文帝亦立比能为附义王。[①]

素利、弥加、厥机皆为大人，在辽西、右北平、渔阳塞外，道远初不为边患，然其种众多于比能。建安中，因阎柔上贡献，通市，太祖皆表宠以为王。厥机死，又立其子沙末汗为亲汉王。延康初，又各遣使献马。文帝立素利、弥加为归义王。素利与比能更相攻击。太和二年，素利死。子小，以弟成律归为王，代摄其众。[②]

晋愍帝进帝（拓跋猗卢）为代王，置官属，食代、常山二郡。[③]

羌人姚弋仲的祖上：

姚弋仲，南安赤亭羌人也。其先有虞氏之苗裔。禹封舜少子于西戎，世为羌酋。其后烧当雄于洮、罕之间，七世孙填虞，汉中元末寇扰西州，为杨虚侯马武所败，徙出塞。虞九世孙迁那率种人内附，汉朝嘉之，假冠军将军、西羌校尉、归顺王，处之于南安之赤亭。那玄孙柯回为魏镇西将军、绥戎校尉、西羌都督。[④]

东汉倾覆后，出现了60年的三国鼎立时期。公元280年（太康元年），西晋平吴，中国又暂时统一。《晋书·地理志》载："太康元年，平吴，大凡户二百四十五万九千八百四十，口一千六百一十六万三千八百六十三。"[⑤] 西晋人口为西汉人口的四分之一强，不及东汉的三分之一，人口锐减。北方人口的大量减少，耕地大量撂荒，客观上，为内迁游牧人群游牧

① （晋）陈寿：《三国志》（卷三十），中华书局1982年版，第838页。

② 同上书，第840页。

③ （北齐）魏收：《魏书》（卷一），中华书局1974年版，第9页。

④ （唐）房玄龄：《晋书》（卷一百十六），中华书局1974年版，第2959页。

⑤ （唐）房玄龄：《晋书》（卷十四），中华书局1974年版，第415页。关于晋太康户、口数，《魏书·陈群传》、《隋书·地理志》、《通典·食货》等记载大致相同。如梁方仲等研究人口的现代学者多有质疑，各种研究人口的数额在2300万至4500万不等。户、口数对于历史研究的重要性不言而喻。汉末、三国兵荒马乱，气候寒冷，旱霜连年，灾害频繁，食物匮乏，虽有西晋的暂时统一，但未几，又出现"八王之乱"。因此，人口锐减不言而喻，本书认为历史记载更接近史实。

生产提供了更多的牧场。公元290年，晋武帝去世，惠帝继立。公元291年，因宫廷政变引发的“八王之乱”，内乱持续到公元306年，历时近16年。“八王之乱”耗尽了西晋的国力，西晋怀帝、愍帝相继在洛阳、长安被匈奴人刘曜攻破，晋愍帝出降，西晋灭亡。从洛阳被破开始，西晋官民为了躲避战乱，纷纷向南迁逃，掀起了大规模人口向南迁徙的狂潮，怀帝继位，年号为永嘉，史称“永嘉南渡”。永嘉南渡，北方人口大量减少，使得北方更加广阔的耕地变为空旷之野，北方游牧民族长驱直入中原，侵占、扩大牧场，拉开了十六国在北方争雄的帷幕。

第二节　“五胡”生存地域的扩展及其应对

西晋灭亡后，公元317年，司马睿在江南建康称帝，建立东晋，中国北方成为“五胡”争霸的主战场，中原成为“诸胡”争夺的焦点。“五胡”在相互竞争中，继替情况大致为：公元304年匈奴人刘渊于左国城（今山西离石东北）自立称汉王，实历刘渊、刘聪二主，史称汉赵。公元318年刘聪死后，分裂为东、西两部分。西部是匈奴刘曜建立的前赵，东部为羯胡石勒建立的后赵。公元329年，石勒灭前赵，后赵在公元350年灭于冉魏，冉魏又于352年被崛起于东北的前燕所灭。前燕是鲜卑慕容皝于公元337年建立的政权。后赵灭亡后，其东部被前燕吞并，其西部是从后赵政权垮台后游离出的氐人军事共同体建立的前秦。公元370年，前秦灭前燕。公元376年，前秦灭前凉、代国后，前秦统一北方。公元383年，前秦率军南下，淝水之战败于东晋，以氐族为核心，通过强力征服形成的鲜卑、羌、匈奴等民族的军事共体联盟迅速瓦解。公元384年，鲜卑人建立后燕，羌人建立后秦。公元385年，鲜卑建立西燕、西秦，氐人吕光建立后凉。公元386年，鲜卑拓跋珪乘势建立北魏（前身为被前秦灭亡的代国）。公元394年，前秦残余的氐族势力被后秦彻底击败。在这一年，西燕被后燕吞并。公元397年，北魏破中山（后燕都城，今河北定州），后燕被截为南北两部分。公元398年，慕容德建立南燕，公元410年被东晋灭亡。公元409年，汉人冯跋杀后燕主建立北燕，436年被北魏灭亡。公元397年，从后凉分裂出的汉人段业（后由匈奴人沮渠蒙逊取代）建立北凉，公元439年被北魏灭亡，后凉于公元403年被后秦灭亡。从后凉分裂出来的鲜卑势力，于公元397年建立南凉，公元414年被西秦灭亡。夏政权是从后秦分裂出的匈奴人赫连勃勃于公元407年建立的政权，公元431年灭西秦，同年被北魏灭亡。从公元304年匈奴人刘渊自立至公元439年北魏灭北凉，北方统一，共历时136年。在这136年中，北方有过三次相对统一时期，一是羯人石勒建立的后赵，占有北方大部分地区。二是氐人建立的前秦，统一北方。三是北魏统一北方，中国史进入南北朝时期。主导这三个北方统一时期的民族先后为羯胡、氐、鲜卑。

如上所述，“五胡”在蒙古草原、西北的高山草原、东北的森林草原主要生存资源为草原上的牧草。内迁汉地后，尤其是自东汉以来，至魏晋时期，畜牧生产仍然是他们的主业。西晋倾覆后，他们的统治地域一度达到了长江以北。对农耕区的占领，意味着这些南下的游牧人群生存地域得到了更为广大的扩展。地域的扩展，使得这些游牧民族获取资源的形式发生了巨大的变化。然而，习惯并熟悉游牧社会生存方式的游牧人群却面临着种种考验。因为，农耕世界的生存方式自有其内在运转原理，进入中原的游牧人群不但面临着如何继续他们的传统生业，又要面临如何驾驭这个并不熟悉的农耕世界。

一　畜牧化的南移

关于魏晋南北朝时期北方的牧业问题，史家多有探讨。如谭其骧《何以黄河在东汉以后会出现一个长期安流的局面》[①]、史念海《河山集》[②]、朱大渭《北魏的国营畜牧业经济》[③]、唐启宇《中国农史稿》[④]、李剑农《中国古代经济史稿》[⑤]、高敏主编《魏晋南北经济史》（下册）[⑥]、王利华《中古

---

① 谭其骧：《长水粹编》，河北教育出版社2000年版，第481—517页。

② 史念海：《河山集》（三集），人民出版社1988年版。

③ 朱大渭：《六朝史论》，中华书局1998年版，第337—356页。

④ 唐启宇：《中国农史稿》，农业出版社1985年版。

⑤ 李剑农：《中国古代经济史稿·魏晋南北朝隋唐》，武汉大学出版社1990年版。

⑥ 高敏：《魏晋南北朝经济史》（下册），上海人民出版社1996年版。

时期北方地区畜牧业的变动》[1] 等。

史念海先生研究了鄂尔多斯高原和河套平原农牧业的交替情况。他认为：

> 自从有了有关的文献记载，鄂尔多斯高原相当大的部分和河套的全部就是有名的草原，因而最古的匈奴人就是在这里从事游牧的生涯。鄂尔多斯高原原来有过森林的地方，在森林破坏之后，其中一部分也会成为草原的。
>
> 然而这里最初的面貌并没有一直固定下来，而是经过多次的反复变迁。由于这两个地区可农可牧，因而就有了可以变迁的条件。也由于这两个地区夹处在从事于农业的民族和从事于游牧民族之间，而这两种生产方式不同的民族又常发生矛盾和相互争夺，这两个地区就因而有了相应的变迁。就是说从事于游牧的民族控制了这两个地区，这里就成为草原地区，而从事于农业的民族占领了这两个地区，这里就成为农业地区，至少是农业地区占有主要的地位。[2]

史氏分析了从赵武灵王时期至明清时期鄂尔多斯和河套平原农、牧业情况。鉴于本书研究范围，现只关注魏晋南北朝时期的情况。史氏认为，赵武灵王时，赵国的版图扩展到阴山山脉之下，所有的匈奴人包括林胡和楼烦人在内都被逐离开。匈奴人的离开意味着这一地区农业取代了牧业。秦统一六国后，再次把匈奴人赶过阴山山脉以北，大量向这些地区迁徙人口，设置了云中郡、九原郡，如前所述，《史记》记载说，秦设置了四十四县，这些县中就有对这两个地方的管辖，显示出当时的农业地区还是相当广大的。西汉中叶，仍在这里设置郡县。在汉代，鄂尔多斯高原和河套平原被称为“新秦中”，仅就这个名称来说，这两个地区的农业是相当有成就的。当然，史氏也认为，不一定是所有的地方都被变成了农田，牧业仍然会零星存在，至少是农业变成了这一地区的主业。鄂尔多斯高原和河

---

① 王利华：《中古时期北方地区畜牧业的变动》，《历史研究》2001 年第 4 期。

② 史念海：《河山集》（三集），人民出版社 1988 年版，第 88—89 页。

套地区是典型的北方农牧交错带，这两个地区个案的研究基本上能够代表北方农、牧交错带交替情况的实际。李剑农认为，中国地理上的天然环境，除北部长城内外一带为农业、畜牧业相交杂的地带外，至黄河中下游所谓伊、洛、三河、宋、魏、青、齐地带，久为农业区域之中心。人民虽不废牧畜，然牧畜仅为副产业；生活所需之资料以农作物为主体，畜产仅其补助耳；绝不容大量耕地变为牧地，使有妨于农作物之生产。[①] 如前所述，近代发现的400毫米等降水量线，是我国半湿润区和半干旱区的分界线，该线与胡焕庸线基本重合。从古代长城的走向来看，大体上也是沿胡焕庸线方向修筑。长城修建的目的是将北方游牧民族阻挡在农耕世界以外。如果从气候、地理环境来看，长城内外基本上是农牧生产的交错带，可能在气候湿润时，宜农的地域稍向北移动，而气候干冷时，宜农的地域又稍向南退缩。因此，长城既是农业社会对外阻挡游牧者入侵的军事防御工事，也是人类对自然界自然资源分布的适应性反映。因此，从人文研究和地理环境科学研究来看，两汉时期，至迟到东汉末年，长城以南主要以农业生产为主要产业。

东汉末年，经黄巾起义及董卓之乱后，长城以南及黄河流域的人口大量死亡、流失，使得昔日人口较为稠密的农业区多出现荒芜，这为“五胡”在这一地区从事畜牧腾出了空间。下面我们通过梳理史料分析魏晋时期北方的畜牧业问题。

《三国志·魏志·王昶传》载：

> （文帝践祚后，王昶）为洛阳典农。时都畿树木成林，昶斫开荒莱，勤劝百姓，垦田特多。[②]

《三国志·魏志·高柔传》载魏明帝时：

> 是时，杀禁地鹿者身死，财产没官，有能觉告者，厚加赏赐。柔

① 李剑农：《中国古代经济史稿·魏晋南北朝隋唐》，武汉大学出版社1990年版，第39页。
② （晋）陈寿：《三国志》（卷二十七），中华书局1982年版，第744页。

上疏曰："圣王之御世，莫不以广农为务，俭用为资。夫农广则谷积，用俭则财畜，畜财积谷而有忧患之虞者，未之有也。古者，一夫不耕，或为之饥。一妇不织，或为之寒。中间已来，百姓供给众役，亲田者既减，加顷复有猎禁，群鹿犯暴，残食生苗，处处为害，所伤不赀。民虽障防，力不能御。至如荥阳左右，周数百里，岁略不收，元元之命，实可矜伤。方今天下生财者甚少，而麋鹿之损者甚多。卒有兵戎之役，凶年之灾，将无以待之。惟陛下览先圣之所念，愍稼穑之艰难，宽放民间，使得捕鹿，遂除其禁，则众庶久济，莫不悦豫矣。"①

《晋书·食货》载晋武帝时杜预奏疏：

臣前启，典牧种牛不供耕驾，至于老不穿鼻者，无益于用，而徒有吏士谷草之费，岁送任驾者甚少，尚复不调习，宜大出卖，以易谷及为赏直。

诏曰："孳育之物，不宜减散。"事遂停寝。问主者，今典虞右典牧种产牛，大小相通，有四万五千余头。苟不益世用，头数虽多，其费日广。古者匹马匹牛，居则以耕，出则以战，非如猪羊类也。今徒养宜用之牛，终为无用之费，甚失事宜。东南以水田为业，人无牛犊。今既坏陂，可分种牛三万五千头，以付二州将吏士庶，使及春耕。谷登之后，头责三百斛。是为化无用之费，得运水次成谷七百万斛，此又数年后之益也。加以百姓降丘宅土，将来公私之饶乃不可计。其所留好种万头，可即令右典牧都尉官属养之。人多畜少，可并佃牧地，明其考课。此又三魏近甸，岁当复入数十万斛谷，牛又皆当调习，动可驾用，皆今日之可全者也。"②

《晋书·束皙传》载晋束皙上书：

---

① （晋）陈寿：《三国志》（卷二十四），中华书局1982年版，第688—689页。
② （唐）房玄龄：《晋书》（卷二十六），中华书局1974年版，第788页。

今天下千城，人多游食，废业占空，无田课之实。较计九州，数过万计。可申严此防，令监司精察，一人失课，负及郡县，此人力之可致也。

又州司十郡，土狭人繁，三魏尤甚，而猪羊马牧，布其境内，宜悉破废，以供无业。业少之人，虽颇割徙，在者犹多，田诸菀牧，不乐旷野，贪在人间。故谓北土不宜畜牧，此诚不然。案古今之语，以为马之所生，实在冀北，大贾牂羊，取之清渤，放豕之歌，起于钜鹿，是其效也。可悉徙诸牧，以充其地，使马牛猪羊龁草于空虚之田，游食之人受业于赋给之赐，此地利之可致者也。①

从《三国志》王昶传的记载来看，洛阳至魏文帝时期仍然荒芜成林，在王昶的“勤劝”下，开垦恢复往日耕地。洛阳之地，汉末惨遭兵祸，荒芜难免。“荥阳左右，周数百里”主要为曹魏皇家猎苑，其中生长的鹿为百姓禁猎之物。高柔奏疏认为鹿对农业破坏严重。晋武帝时，杜预奏疏“典虞右典牧”养牛四万五千余头（可能都为种牛，实际养牛之数定会有较大规模），而这些牛“不供耕驾”，“无益世用”，同时占用大量土地作为牧场，与民争地，影响农业生产。从以上材料分析来看，土地荒芜与汉末兵祸相关，但同时也同皇家猎苑禁捕有关。杜预上疏之牛，主要是“出则以战”的战略物资。那么魏晋官家养马与此功用定为相同，所占之地必定广大。因此，魏晋时期北方牧业化与官方战略、活动有很大关系。但畜养牛、马是战略物资，历朝历代都会重视。圈地为皇家猎苑造成土地荒芜，毕竟有限。束皙所述“州司十郡，土狭人繁，三魏尤甚，而猪羊马牧，布其境内”，说明当时这些地方农牧交错。按照李剑农说法：“‘州司十郡’，既西晋国都所在之司州（实际上不止十郡，计有平阳、河东、弘浓、上洛、河南、荥阳、汲郡、魏郡、顿丘、河内、广平、阳平，凡十二郡，其曰十郡者，特举成数而言之耳），其辖境西起今山西之南部及河南北部，东暨今河北之南部及山东之西境，包括黄河中游南

① （唐）房玄龄：《晋书》（卷五十一），中华书局1974年版，第1431页。

北两岸境。两汉时为人户最密、农业最盛之区，绝不容有多数之‘猪羊马牧’散布其中。”[①] 束皙奏疏认为，畜牧应在“北土”，而北土意为洛阳以北，可能就是文中所指的“冀北”。综上所述，魏晋时期，“西起今山西之南部及河南北部，东暨今河北之南部及山东之西境，包括黄河中游南北两岸境”一些土地出现土地荒芜化、生产的畜牧化。当然，魏晋时期的气候处于一个持续干冷期，北方大片地区农业收成处于一个萎缩状态，长城以南、黄河以北等地出现规模不等的荒芜，畜牧化也是可能的。从整体来看，魏晋时期，官家养牛、围苑等活动与农业生产并没有直接关系，而农牧交错中的牧业，也只是副业，因为大规模的牧业需要更为广阔的土地，而以上提到的“十郡”“土狭人繁”，畜牧业是不可能大规模扩展的，也不可能支撑大量人口的食物需求。农业是人类认识自然规律，利用自然资源——可农耕的土地以及可栽培的植物、可驯化的动物而进行主动的物质生产活动。农业是人与农耕技术结合的生产方式，如果让大部分从事农耕的民族转为大规模从事畜牧业，并不是一件容易的事情，这犹如游牧民突然转为从事农业一样的困难。北方大规模的畜牧化除天时、地利因素外，还必须有掌握畜牧技术的游牧人群这一因素。西晋“八王之乱”后，人口锐减，国力耗尽，北方实际上已被不同的边郡军事势力所控制，如出镇北境的王浚、刘琨，以及青州王弥等割据一方。公元304年，匈奴人刘渊乘势自立开始，整个北方游牧人群前赴后继地大规模地拥入中原。掌握畜牧技术的北方游牧人群的拥入，从而具备了大量的具有畜牧技术的人带着牲畜与北方大片地区生长的植物相结合，从事畜牧生产，并且在当地成为主业。谭其骧在述及东汉匈奴、羌人内迁时说：“这么多入居塞内的边疆部族以何为生？当然因部族与所处地区的不同而有所不同。但总的说来，无疑是以畜牧为主。”[②]

综观北方畜牧化的论述来看，多为推论。如何定位当时某一地区业态以牧业为主业，笔者认为应从游牧人口的数量和畜养牲畜的数量规模来衡量可能更能说明问题。十六国时期，战乱频仍，“胡族”政权更迭频

① 李剑农：《中国古代经济史稿·魏晋南北朝隋唐》，武汉大学出版社1990年版，第41—42页。

② 谭其骧：《长水粹编》，河北教育出版社2000年版，第501页。

繁，留下的史料记述并不多。北魏崔鸿著有《十六国春秋》，但可惜到北宋时已经残缺得只剩二十多卷，现存的本子主要为后人补辑。唐时编修《晋书》，将此书作为重要参考资料。《晋书·载记》就成为十六国最为重要的历史文献。《晋书·载记》对于当时的生产活动等内容并没有专门详细的记载，但对战争的经过记述较详。因此，一些史家研究人口数量时，常以战争所投入兵员数目来估算。本书试图通过分析战争中俘获牛、羊、马等畜牧牲畜来管窥当时北方的牧业情况。史料列于下，并据史料列表：

(1)（前凉张茂向前赵刘曜称藩）献马一千五百匹、牛三千头、羊十万口、黄金三百八十斤、银七百斤、女妓二十人，及诸珍宝珠玉、方域美货，不可胜纪。①

(2) 河西鲜卑日六延叛于勒，石季龙讨之，败延于朔方，斩首二万级，俘三万余人，获牛马十余万。②

(3) 石季龙击托候部掘咄哪于岍北，大破之，俘获牛马二十余万。③

(4) 寻署石季龙为车骑将军，率骑三万讨鲜卑郁粥于离石，俘获及牛马十余万，郁粥奔乌丸，悉降其众。④

(5) 镇北宇文归执送段辽之子兰降于季龙，献骏马万匹。⑤

(6)（后赵石勒攻前赵刘曜）石勒将石他自雁门出上郡，袭安国将军、北羌王盆句除，俘三千余落获，牛马羊百余万而归。⑥

(7)（前燕慕容俊时）遣其抚军慕容垂、中军慕容虔与护军平熙等率步骑八万讨丁零敕勒于塞北，大破之，俘斩十余万级，获马十三万匹，牛羊亿余万。⑦

(8)（南凉秃发傉檀与后秦姚兴）秃发傉檀献兴马三千匹、羊

---

① （唐）房玄龄：《晋书》（卷一百三），中华书局1974年版，第2695页。
② （唐）房玄龄：《晋书》（卷一百四），中华书局1974年版，第2729页。
③ （唐）房玄龄：《晋书》（卷一百五），中华书局1974年版，第2737页。
④ 同上书，第2739页。
⑤ （唐）房玄龄：《晋书》（卷一百六），中华书局1974年版，第2774页。
⑥ （唐）房玄龄：《晋书》（卷一百三），中华书局1974年版，第2697页。
⑦ （唐）房玄龄：《晋书》（卷一百十），中华书局1974年版，第2838页。

三万头。兴以为忠于己，乃署傉檀为凉州刺史，征凉州刺史王尚还长安。[①]

（9）使硕德率陇右诸军伐乞伏乾归，兴潜军赴之，乾归败走，降其部众三万六千，收铠马六万匹。[②]

（10）先是，魏主拓跋珪送马千匹，求婚于兴，兴许之。[③]

（11）晋青州刺史申永遣使浮海来聘，跋乃使其中书郎李扶报之。蠕蠕大但遣使献马三千匹，羊万口。[④]

（12）（后秦姚弼伐傉檀于姑藏）命诸郡县悉驱牛羊于野，敛成纵兵虏掠。傉檀遣其镇北俱延、镇军敬归等十将率骑分击，大败之，斩首七千余级。[⑤]

（13）傉檀乃率骑七千袭乙弗，大破之，获牛马羊四十余万。[⑥]

（14）勃勃初僭号，求婚于秃发傉檀，傉檀弗许。勃勃怒，率骑二万伐之，自杨非至于支阳三百余里，杀伤万余人，驱掠二万七千口、牛马羊数十万而还。[⑦]

（15）其年，勃勃率骑三万攻安定，与姚兴将杨佛嵩战于青石北原，败之，降其众四万五千，获戎马二万匹。[⑧]

（16）遣炽磐与其次子中军审虔率步骑一万伐秃发傉檀，师济河，败傉檀太子武台于岭南，获牛马十余万而还。[⑨]

（17）他子从弟提孤等率户五千以西迁，叛于炽磐。凉州刺史出连虔遣使喻之，提孤等归降。炽磐以提孤奸猾，终为边患，税其部中戎马六万匹。后二岁而提孤等煽动部落，西奔出塞。[⑩]

---

① （唐）房玄龄：《晋书》（卷一百十七），中华书局 1974 年版，第 2986 页。
② 同上书，第 2981 页。
③ （唐）房玄龄：《晋书》（卷一百十八），中华书局 1974 年版，第 2991 页。
④ （唐）房玄龄：《晋书》（卷一百二十五），中华书局 1974 年版，第 3133 页。
⑤ （唐）房玄龄：《晋书》（卷一百二十六），中华书局 1974 年版，第 3152 页。
⑥ 同上书，第 3155 页。
⑦ （唐）房玄龄：《晋书》（卷一百三十），中华书局 1974 年版，第 3203 页。
⑧ 同上书，第 3205 页。
⑨ （唐）房玄龄：《晋书》（卷一百二十五），中华书局 1974 年版，第 3122 页。
⑩ 同上书，第 3125 页。

序号	事　　件	相关政权或民族	战掠牲畜数	被掠牲畜地
1	前凉张茂向前赵刘曜称藩	前凉（汉）与前赵（匈奴）	马一千五百匹，牛三千头，羊十万口	凉州
2	石季龙讨河西鲜卑日六延	后赵（羯）与河西鲜卑	牛马十余万	朔方
3	石季龙击托候部掘咄哪	后赵（羯）与托候部	牛马二十余万	岍北（今陕西陇县西南）
4	石季龙讨鲜卑郁粥	后赵（羯）与鲜卑	牛马十余万	离石
5	宇文归降于季龙	鲜卑与后赵（羯）	骏马万匹	辽西
6	后赵石勒攻前赵刘曜	后赵（羯）与前赵（匈奴）	牛马羊百余万	上郡（今榆林）
7	慕容俊讨丁零敕勒	前燕（慕容鲜卑）与丁零敕勒	马十三万匹，牛羊亿余万	塞北
8	秃发傉檀贡献姚兴	南凉（鲜卑）与后秦（羌）	马三千匹，羊三万头	凉州
9	硕德伐乞伏乾归	后秦（羌）与西秦（鲜卑）	铠马六万匹	枹罕
10	魏与后秦结亲	魏（托跋鲜卑）与后秦（羌）	送马千匹	代郡
11	蝚蠕大但遣使献马	蝚蠕与北燕（汉）	马三千匹，羊万口	塞北
12	后秦姚弼伐傉檀于姑藏	后秦（羌）与南凉（鲜卑）	诸郡县悉驱牛羊于野	凉州
13	傉檀袭乙弗	南凉（鲜卑）与乙弗	牛马羊四十余万	西海
14	勃勃攻秃发傉檀	夏（匈奴）与南凉（鲜卑）	牛马羊数十万	杨非、支阳
15	勃勃与杨佛嵩战	夏（匈奴）与后秦（羌）	马二万匹	安定
16	炽磐伐秃发傉檀	西秦（鲜卑）与南凉（鲜卑）	牛马十余万	西平
17	炽磐税提孤	西秦（河西鲜卑）与乙弗鲜卑	马六万匹	西平

从以上各族政权相互战争时的战掠牲畜数量来看，绝大多数在万匹（头）以上，其中以羊的数量最为巨大，如前燕对塞北丁零敕勒的抢掠达到“牛羊亿余万”，充分说明塞北是一个广阔的牧场，否则难有如此多的牲畜放养。同样，在长城以南的研北、代郡、上都、辽西、安定、杨非、支阳、凉州、离石都有万计甚至数十万计的掠获，这有力地证明长城以南的广大地域已经变为以畜牧生产为主的牧业区。那么这时农牧线向南推移到什么位置呢？谭其骧先生认为：

黄河中游大致即东以云中山、吕梁山，南以陕北高原南缘山脉与

> 泾水为界，形成了两个不同区域。此线以东、以南，基本上是农区；此线以西、以北，基本上是牧区。这一局面维持了一个很长时期，极少变动。①

在这些以牧业为主的地区，主要从事牧业的就是那些进入中原的游牧人群。他们大部分仍然保持原有的部落原貌，如刘汉国刘聪在平阳大定百官，设“单于左右辅，各主六夷十万落，万落置一都尉”②。二十万落人至少应有人口百万以上，其实从整体“五胡”情况来看，应在数百万人以上。因此，“五胡”在中原建立王朝，畜牧生产仍然是其依赖的生业之一。畜牧业的南移，不但为“胡族”政权提供了兵源，也为其重要的兵种——骑兵提供了重要的战略物资——战马，同时，畜牧业生产的畜产品仍然是“胡族”政权赖以生存的重要资源之一，从上表中战掠的牲畜数目来看，也正好反映了这一事实。

二　对农业资源的依赖与支配

西晋末，北方游牧人群先后入主中原，其传统畜牧业也随之南移。如上所述，“即东以云中山、吕梁山，南以陕北高原南缘山脉与泾水为界，此线以西、以北，基本上是牧区”。即便是南移的畜牧区域，也不能满足“五胡”供养一支规模较大的常备军所需的全部生存资源。众所周知，北方游牧人群并没有成规模的常备军。在北方草原时期，强壮男子平时从事牧业等生产活动，遇有抢掠、战事才会成规模武装起来，战事结束，又会各归部族。这一特点可能受游牧社会的生产供给能力限制，同时，游牧人群的财产——牲畜本身都是长了腿的动物，具有很强的移动性（逐水草而徙），专门的军事建制可能作用不大，并且会消耗本来就紧张的社会资源。“五胡”入主中原，战争频繁，必然会形成有规模建制的常备军。那么入主中原的“胡族兵”如何完全解决自身生存资源的问题呢？

如上所述，北方游牧人群缓解资源紧张的重要办法之一就是掠夺。西

① 谭其骧：《长水粹编》，河北教育出版社2000年版，第505页。

② （唐）房玄龄：《晋书》（卷一百二），中华书局1974年版，第2665页。

晋王朝垮塌后，北方“五胡”先后纷纷在中原自立。“胡族”进入中原维持统治，主要依靠的是以本族兵为主的强大骑兵和数量不等的步卒。维持一支强大的武装集团，依靠畜牧社会的供给是远远不够的。研究十六国的农业学者，往往只看到各“胡族”政权中后期所采取的对农政策，忽略了“胡族”政权如何从一个从事畜牧业者转变为一个注重农业的统治者的细节过程。恰恰是这些历史细节过程，反而更能说明历史的变化和内在的机制。起初，“胡族”军事共同体仍然使用传统的直接掠夺农业社会的财富来满足军需。如刘汉国载于史书的抢掠情况：

(1) 王弥、刘曜至，复与晏会围洛阳。时城内饥甚，人皆相食，百官分散，莫有固志。宣阳门陷，弥、晏入于南宫，升太极前殿，纵兵大掠，悉收宫人、珍宝。①

(2) 曜入晋阳，夜与刘粲等掠百姓，逾蒙山遁归。②

(3) 勒伪获罪于元海，因奔伏利度。伏利度大悦，结为兄弟，使勒率诸胡寇掠，所向无前，诸胡畏服。③

(4) 苟晞、王赞谋叛勒，勒害之。以将军左伏肃为前锋都尉，攻掠豫州诸郡、临江而还，屯于葛陂，降诸夷楚，署将军二千石以下，税其义谷，以供军士。④

(5) 宾又言于勒曰：“今我都此，越石、彭祖深所忌也，恐及吾城池未固，资储未广，送死于我。闻广平诸县秋稼大成，可分遣诸将收掠野谷。遣使平阳，陈宜镇此之意。”勒又然之。于是上表于刘聪，分命诸将攻冀州郡县垒壁，率多降附，运粮以输勒。⑤

(6) 刘聪将赵固以洛阳归顺，恐勒袭之，遣参军高少奉书推崇勒，请师讨聪。勒以大义让之，固深恨恚，与郭默攻掠河内、汲郡。⑥

① (唐) 房玄龄：《晋书》(卷一百二)，中华书局1974年版，第2659页。

② 同上书，第2663页。

③ (唐) 房玄龄：《晋书》(卷一百四)，中华书局1974年版，第2710页。

④ 同上书，第2715页。

⑤ 同上书，第2717—2718页。

⑥ 同上书，第2727页。

后赵：

(1)（石勒起家时）桑进军攻邺，以勒为前锋都督，大败腾将冯嵩，因长驱入邺，遂害腾，杀万余人，掠妇女珍宝而去。[①]

(2) 石生攻刘曜河内太守尹平于新安，斩之，克垒壁十余，降掠五千余户而归。自是刘、石祸结，兵戈日交，河东、弘农间百姓无聊矣。[②]

(3) 郭敬南掠江西，晋南中郎将桓宣承其虚攻樊城，取城中之众而去。敬旋师救樊，追战于涅水。敬前军大败，宣亦死伤太半，尽取所掠而止。[③]

前燕：

(1) 初，涉归有憾于宇文鲜卑，廆将修先君之怨，表请讨之。武帝弗许。廆怒，入寇辽西，杀略甚众。帝遣幽州诸军讨廆，战于肥如，廆众大败。自后复掠昌黎，每岁不绝。[④]

(2) 永嘉初，廆自称鲜卑大单于。辽东太守庞本以私憾杀东夷校尉李臻，附塞鲜卑素连、木津等托为臻报仇，实欲因而为乱，遂攻陷诸县，杀掠士庶。太守袁谦频战失利，校尉封释惧而请和。连岁寇掠，百姓失业，流亡归附者日月相继。[⑤]

(3) 皝将图石氏……入于高阳，所过焚烧积聚，掠徙幽冀三万余户。[⑥]

前秦：

---

① （唐）房玄龄：《晋书》（卷一百四），中华书局 1974 年版，第 2709 页。
② （唐）房玄龄：《晋书》（卷一百五），中华书局 1974 年版，第 2741 页。
③ 同上书，第 2750 页。
④ （唐）房玄龄：《晋书》（卷一百八），中华书局 1974 年版，第 2804 页。
⑤ 同上书，第 2805 页。
⑥ （唐）房玄龄：《晋书》（卷一百九），中华书局 1974 年版，第 2821 页。

(1)（苻）健至自宜秋，遣雄、菁率众掠关东，并援石季龙豫州刺史张遇于许昌，与晋镇西将军谢尚战于颍水之上，王师败绩。[①]

(2)（苻）雄遣菁掠上洛郡，于丰阳县立荆州，以引南金奇货、弓竿漆蜡，通关市，来远商，于是国用充足，而异贿盈积矣。[②]

(3) 屠各张罔聚众数千，自称大单于，寇掠郡县。坚以其尚书邓羌为建节将军，率众七千讨平之。[③]

(4) 初，（苻）丕之寇襄阳也，将急攻之，苟苌谏曰："今以十倍之众，积粟如山，但掠徙荆、楚之人内于许洛，绝其粮运，使外援不接，粮尽无人，不攻自溃，何为促攻以伤将士之命？"丕从之。[④]

(5)（苻）生将许之，苻坚谏曰："姚襄，人杰也，今还陇西，必为深害，不如诱以厚利，伺隙而击之。"生乃止。遣使拜襄官爵，襄不受，斩其使者，焚所送章策，寇掠河东。[⑤]

后秦、夏等：

(1)（姚）兴遣姚绍与姚弼率禁卫诸军镇抚岭北。辽东侯弥姐亭地率其部人南居阴密，劫掠百姓。弼收亭地送之，杀其众七百余人，徙二千余户于郑城。[⑥]

(2) 勃勃遂据雍，抄掠郿城。[⑦]

以上只是梳理了部分"五胡"政权掠夺农业社会的财物，其实，十六国时期，各"胡族"政权的抢掠是一个常态，没有哪一个政权能够例外。在战争中，攻破城池、坞堡后，"纵兵大掠"这些地方的资财常有发生。十六国各政权除掠夺资财外，还大量迁徙人口。《晋书》中，同是对人口

① （唐）房玄龄：《晋书》（卷一百十二），中华书局 1974 年版，第 2870 页。
② 同上。
③ （唐）房玄龄：《晋书》（卷一百十三），中华书局 1974 年版，第 2888 页。
④ 同上书，第 2900 页。
⑤ （唐）房玄龄：《晋书》（卷一百十二），中华书局 1974 年版，第 2876 页。
⑥ （唐）房玄龄：《晋书》（卷一百十八），中华书局 1974 年版，第 2997 页。
⑦ 同上书，第 3010 页。

的强制迁徙，会用“掠”和“徙”两个字。从史料记述的语境来看，“徙”的往往是“户”，而“掠”的往往是“口”。由此可以推断，“徙”户，可能是保留了户家的资产，令其迁徙到指定地区；“掠”人口，可能是掠夺完财物后，将人口迁到“胡族”政权的都城周围从事农业。

当然，“胡族”有时也会网开一面，如刘汉、后赵时期有载：

(1) 元海命勒与刘零、阎罴等七将率众三万寇魏郡、顿丘诸垒壁，多陷之，假垒主将军、都尉，简强壮五万为军士，老弱安堵如故，军无私掠，百姓怀之。①

(2) 侦谍还告南中郎将周抚，抚以为勒军大至，惧而奔武昌。(郭) 敬入襄阳，军无私掠，百姓安之。②

(3) 勒所过路次，皆坚壁清野，采掠无所获，军中大饥，士众相食。③

刘汉时期的军无“私掠”并不等于刘汉将石勒等没有所获。此时的刘汉军深入中原，军队有“三万”之众，他们的粮给从哪里来呢？可能是垒主通过贡献粮食的方式，满足了石勒等人军队的生存物资，得到石勒“承认”垒主的“合法性”地位，委以“将军”、“都尉”，同时由于军队急需兵员，将其中部分壮劳力编入军队。“军无私掠，百姓怀之”可能是建立在以上前提条件之下。后赵将领郭敬“军无私掠，百姓安之”是因为要和东晋中郎将周抚开战而为之。从以上两个特例来看，农业社会的百姓重则丧命、轻则失财已经是平常之事了。其实，在当时，被掠夺后，生存下来的希望实为渺茫。后赵石勒与东晋在寿春争战，百姓“坚壁清野”，没有掠获，石勒“军中大饥，士众相食”，可见抢掠农业社会是“胡族”军队生存的重要途径之一。这也充分说明，“胡族”政权对农业资源的依赖性。通观十六国对农业社会资源的掠获，主要发生在政权建立的初期（当然也有在政权交替时期，其实，一个政权灭亡，又是另一个政权的开始）。当

① (唐) 房玄龄：《晋书》(卷一百四)，中华书局 1974 年版，第 2710 页。

② (唐) 房玄龄：《晋书》(卷一百五)，中华书局 1974 年版，第 2747 页。

③ (唐) 房玄龄：《晋书》(卷一百四)，中华书局 1974 年版，第 2717 页。

一个政权局势稍现稳定时，“徙户”、“掠口”便开始了。

关于十六国人口问题，各经济史、农业史、人口史等论著都有简繁不一的论述，在此不再赘述。下面我们来看涉及十六国人口迁徙的著述，如陆庆夫《十六国时期五凉地区的人口迁徙》①、李向军《略论十六国时期的少数民族人口——兼与王育民先生商榷》②、贵州大学中文系《十六国时期中原夷汉人口比例》③、李爱琴《十六国时期的户籍制度》④、王育民《十六国北朝人口再探——答袁祖亮同志》⑤、马建春《西晋十六国时期氐人的迁徙与分布》⑥、袁祖亮《十六国北朝人口蠡测——与王育民同志商榷》⑦、周伟洲《魏晋十六国时期鲜卑向西北地区的迁徙及其分布》⑧、史念海《十六国时期各割据霸主的迁徙人口》（上篇）⑨、史念海《十六国时期各割据霸主的人口迁徙》（下篇）⑩、王育民《十六国北朝人口考索》⑪、马旭东《十六国时期各霸主掠迁人口原因分析》⑫、栾贵川《十六国北朝时期黄淮海地区户口与劳动力考述》⑬、杨龙《试论十六国时期前燕的人口管理》⑭、袁祖亮《再论十六国北朝时期人口的有关问题——与王育民同志商榷》⑮ 等文。以上各文将十六国人口、被动迁徙人口的数量考证作为重点研究对象。十

① 陆庆夫：《十六国时期五凉地区的人口迁徙》，《兰州大学学报》1992 年第 4 期。

② 李向军：《略论十六国时期的少数民族人口——兼与王育民先生商榷》，《民族研究》1990 年第 6 期。

③ 贵州大学中文系：《十六国时期中原夷汉人口比例》，《历史教学》1995 年第 7 期。

④ 李爱琴：《十六国时期的户籍制度》，《中山大学学报》2007 年第 2 期。

⑤ 王育民：《十六国北朝人口再探——答袁祖亮同志》，《社会科学战线》1993 年第 5 期。

⑥ 马建春：《西晋十六国时期氐人的迁徙与分布》，《西北民族大学学报》2006 年第 2 期。

⑦ 袁祖亮：《十六国北朝人口蠡测——与王育民同志商榷》，《历史研究》1991 年第 2 期。

⑧ 周伟洲：《魏晋十六国时期鲜卑向西北地区的迁徙及其分布》，《民族研究》1983 年第 5 期。

⑨ 史念海：《十六国时期各割据霸主的迁徙人口》（上篇），《中国历史地理论丛》1992 年第 3 期。

⑩ 史念海：《十六国时期各割据霸主的人口迁徙》（下篇），《中国历史地理论丛》1992 年第 4 期。

⑪ 王育民：《十六国北朝人口考索》，《历史研究》1987 年第 2 期。

⑫ 马旭东：《十六国时期各霸主掠迁人口原因分析》，《井冈山学院学报》2009 年第 5 期。

⑬ 栾贵川：《十六国北朝时期黄淮海地区户口与劳动力考述》，《中国社会科学院研究生院学报》2000 年第 4 期。

⑭ 杨龙：《试论十六国时期前燕的人口管理》，《东北史地》2008 年第 4 期。

⑮ 袁祖亮：《再论十六国北朝时期人口的有关问题——与王育民同志商榷》，《郑州大学学报》1996 年第 3 期。

六国各“胡族”军队在兼并战争的过程中，主要以消灭对抗一方的武装力量为主要手段，从而扩大自己所控制的势力范围，抢掠更多的农业社会财富。晋末大动乱，农业社会的生产遭到极大的破坏，北方很多没有南迁的农民借助新、旧垒壁、坞堡躲避战乱，从事农业生产，以维持生计。但依靠垒壁、坞堡的保护进行农业生产，其活动范围、容纳人口数量的有限性造成农业生产并不能大规模地展开，因此，在特定区域内，供给人们生存的粮食总量并不高。北方游牧人群深入中原，增加了粮食需求量，在产出并未增加的情况下，加剧了粮食资源的相对匮乏。垒壁、坞堡虽有自己的武装，但比起“胡族”军事共同体来说，无疑是弱势。“胡族”军事共同体为了满足自身生存的需要，大量杀戮农民，也就是减少食口，获得大量的农业资财，客观上起到暂时缓解资源匮乏的局面。但历史的辩证法是：“胡族”大量的抢掠、杀戮，暂时缓解了饥饿，随之而来的却是食物更加缺乏，因为残酷的掠夺、杀戮造成维持农业再生产的最低资源和劳动力消失，使得本来就因战乱脆弱的财富生产被迫停顿了。“胡族”军事共同体为了维持自身的生存，只能扩大掠夺的范围，而更大规模的萧条在北方蔓延开来，最终威胁到了“胡族”政权的生存。因此，十六国时期，北方出现人食人的现象最为惨烈，不绝于史。如上所述，在没有抢掠到粮食的“胡族”军队中也出现了人食人的局面。因此，在饥饿、生存的驱使下，寻求一个稳定的食物来源成为“胡族”政权迫切需要解决的问题。在北方全面进行牧业生产是游牧人群所熟悉的生业。但是，畜牧生产仍然会受到地域条件等限制，不可能在整个北方展开；况且，维持一个较为庞大的军队，单凭牧业显然是满足不了需求的。同时，牧业生产周期较长，并不能解决当下食物资源的问题。农业生产因其单位面积的养育能力高，生产粮食周期短，易于贮存、运输等特点，恢复北方适宜农耕地域的农业生产便成为“胡族”政权的唯一选择。一些史家单从文化的视角，认为如匈奴的刘元海、氐人苻坚等少数民族首领，汉文化较高而推行农业生产方式，依照汉制进行集权统治，也就是所谓的“封建化”。其实这样的认识似是而非。不可否认，较高的文化素养能够帮助他们对农业社会的认知。但这只是一个充分条件，并不是一个必要条件。如果从文化的角度来看，他们对自己游牧文化的熟悉和认知远胜于对农耕文化的了解，恢复他们所熟悉的牧业生产更符合游牧人群的习惯，并且是轻车熟路的事情。另外，也有些史家以先入为主的方式，认定农业生产就一定比牧业生产先进，这也是不合乎客观规律的。农业生产与牧业生产只是生产方式的不同，并没有先进和优劣之分。他们的不同之处仅在于单位面积的土地上能够产出的供人们维持生存的食物的量不同，也就是效率的不同。按照先进与否的思维定式，今天人们生活水平提高了，畜牧产品也成为我们生活不可或缺的一部分，那么我们能说从事牧业生产和食用畜牧产品就是一种倒退呢？

因此，从事农业生产是十六国“胡族”政权在适应生存的过程中的现实选择，是生存资源匮乏的条件下，游牧人群对农业资源的严重依赖。对农业产品的依赖，就必须恢复原有农业生产模式。农业技术是人类认识自然规律，掌握了一定相关知识，利用自然资源——可农耕的土地以及可栽培的植物、可驯化的动物而进行主动的物质生产活动。因此，要想恢复农业生产，必须将农业社会中掌握一定农业生产技术的人、地、基本生产资料进行有机结合，才能生产出需要的财富。在以上生产的诸要素中，掌握农业生产技术的人成为恢复生产的关键。因此，才有了十六国各“胡族”政权进行大量的徙户、掠口活动。由于篇幅的原因，在此就不一一列出各“胡族”政权迁徙人口的史料，根据《晋书·载记》记载，以及以上提到的各史家研究成果，尤其是史念海、马旭东学者等的研究，综合列表如下：

<table>
<tr><th rowspan="2">政权名称</th><th rowspan="2">族别</th><th rowspan="2">徙掠次数（次）</th><th rowspan="2">徙掠人口（人）</th><th rowspan="2">政权年数（年）</th><th colspan="3">主要迁徙目的地</th></tr>
<tr><th>名 称</th><th>是否都城</th><th>是否农区</th></tr>
<tr><td rowspan="2">前赵（汉）</td><td rowspan="2">匈奴</td><td rowspan="2">10</td><td rowspan="2">1321200</td><td rowspan="2">26</td><td>长安</td><td>是</td><td>是</td></tr>
<tr><td>平阳</td><td>是</td><td>是</td></tr>
<tr><td rowspan="3">后赵</td><td rowspan="3">羯</td><td rowspan="3">23</td><td rowspan="3">3100000</td><td rowspan="3">32</td><td>襄国</td><td>是</td><td>是</td></tr>
<tr><td>司州</td><td></td><td>是</td></tr>
<tr><td>冀州</td><td></td><td>是</td></tr>
<tr><td rowspan="4">前燕</td><td rowspan="4">鲜卑</td><td rowspan="4">17</td><td rowspan="4">970000</td><td rowspan="4">34</td><td>棘城</td><td>是</td><td>是</td></tr>
<tr><td>龙城</td><td>是</td><td>是</td></tr>
<tr><td>蓟城</td><td>是</td><td>是</td></tr>
<tr><td>邺城</td><td>是</td><td>是</td></tr>
</table>

续表

政权名称	族别	徙掠次数（次）	徙掠人口（人）	政权年数（年）	主要迁徙目的地		
					名 称	是否都城	是否农区
前秦	氐	13	1365000	26	长安	是	是
					关中		是
后秦	羌	14	670000	34	长安	是	是
					关中		是
后燕	鲜卑	7	614000	15	中山	是	是
					龙城	否	农牧交错
					黎阳	否	是
南燕	鲜卑	2	2500	13	广固	是	是
后凉	氐	2	40000	19	西平	否	农牧交错
					乐都	否	农牧交错
南凉	鲜卑	10	287500	18	西平	是	农牧交错
					乐都	是	农牧交错
					姑臧	是	是
北凉	匈奴	6	80000	43	张掖	是	农牧交错
					姑臧	是	是
西秦	鲜卑	25	577000	47	勇士城	是	农牧交错，以牧为主
					度坚山		
					苑川		
					金城		
					乐都		
					谭郊		
					枹罕		
大夏	匈奴	8	319000	25	朔方	否	农牧交错
					大城	否	
					统万城	是	
前凉	汉	1	2800	63	姑臧	是	是
北燕	汉	0	0	28	龙城	是	农牧交错
西凉	汉	0	0	22	酒泉	是	农牧交错

北方游牧人群早在北方草原时期，汗庭或牙帐（政治中心）的选择都未离开大漠南北三大相对而言的农业生产中心，即以色楞格、鄂尔浑、土拉、克鲁伦河等河的河谷为中心的漠北地区；环科尔沁沙地及以南地区；河套地区。同样，西晋覆亡后，在中原建立的"胡族"政权的都城，仍旧选择在农业发达的农耕区或者必须是涉农地区。从上表可直观看到，"胡族"政权都是将人口迁往农业发达的都城及其他农业区。有了劳动力同农耕区土地的结合，就具备了农业生产的基本条件，"胡族"政权就能够得到大量的农业资源补充，从而支撑"胡族"政权政治中心较为密集人口的物资消耗，又可以提供较为庞大的胡族军队的军需，以便维持"胡族"政权的统治。

"胡族"政权占有了农耕区并控制了农业区域原有的农民，并且迁徙来大量的口、户，是不是就可以顺利进行生产了呢？罗德里克·马丁对技术的定义："'技术'一词是指在处理和使用原材料的过程中涉及的物质活动、被使用的劳动力的组织，以及将二者相结合时所利用的知识，因而技术绝不仅指一组物质客体。"因此，"胡族"政权拥有了土地、劳动力、生产资料，并不意味着他们就能顺利组织生产，如何将这诸多因素合理组合，不但需要经验，也需要将诸因素组合在一起时"所利用的知识"。其实，"胡族"政权起初并不具备这样的经验和知识。史载后赵石季龙时期：

> 制："征士五人车一乘，牛二头，米各十五斛，绢十匹，调不办者以斩论。"将以图江表。于是百姓穷窘，鬻子以充军制，犹不能赴，自经于道路死者相望，而求发无已。①

这是典型的竭泽而渔的统治方式，极大地破坏了农业生产。如果说造成以上惨烈景象是因为"图江表"所致，那么其后的慕容鲜卑，起初的农业措施就更能说明问题。咸康七年，鲜卑慕容皝迁都龙城，败涉奕于后，实行农业租税措施的过程，史载如下：

① （唐）房玄龄：《晋书》（卷一百六），中华书局1974年版，第2773页。

以牧牛给贫家，田于苑中，公收其八，二分入私。有牛而无地者，亦田苑中，公收其七，三分入私。（慕容）皝记室参军封裕谏曰：

“臣闻圣王之宰国也，薄赋而藏于百姓，分之以三等之田，十一而税之；寒者衣之，饥者食之，使家给人足。虽水旱而不为灾者，何也？高选农官，务尽劝课，人治周田百亩，亦不假牛力；力田者受旌显之赏，惰农者有不齿之罚。又量事置官，量官置人，使官必称须，人不虚位，度岁入多少，裁而禄之。供百僚之外，藏之太仓，三年之耕，余一年之粟。以斯而积，公用于何不足？水旱其如百姓何！虽务农之令屡发，二千石令长莫有志勤在公、锐尽地利者。故汉祖知其如此，以垦田不实，征杀二千石以十数，是以明章之际，号次升平。……善藏者藏于百姓，若斯而已矣。迩者深副乐土之望，中国之人皆将壶餐奉迎，石季龙谁与居乎！且魏、晋虽道消之世，犹削百姓不至于七八，持官牛田者官得六分，百姓得四分，私牛而官田者与官中分，百姓安之，人皆悦乐。……四业者国之所资，教学者有国盛事。习战务农，尤其本也。百工商贾，犹其末耳。宜量军国所须，置其员数，已外归之于农，教之战法，学者三年无成，亦宜还之于农，不可徒充大员，以塞聪俊之路。”

皝乃令曰：“览封记室之谏，孤实惧焉。君以黎元为国，黎元以谷为命。然则农者，国之本也，而二千石令长不遵孟春之令，惰农弗劝，宜以尤不修辟者措之刑法，肃厉属城。主者明详推检，具状以闻。苑囿悉可罢之，以给百姓无田业者。贫者全无资产，不能自存，各赐牧牛一头。若私有余力，乐取官牛垦官田者，其依魏、晋旧法。沟洫溉灌，有益官私，主者量造，务尽水陆之势。……”①

以上记述的是慕容皝准备对农人用自家耕牛和官家耕牛在“苑中”进行农业生产的租税分成问题。慕容皝提出“八二分成”或“七三分成”，是基于农人无地无牛或者是有牛无地的状况下提出来的。参军封裕

① （唐）房玄龄：《晋书》（卷一百九），中华书局1974年版，第2822—2825页。

引经据典，认为这种分成比例中，官家比例过高，不利于农业生产，最终会损害前燕政权的统治，于公于私都无裨益。最终慕容皝依照魏晋之法而实行“六四分成”或“五五分成”的抽税原则。从史书记述来看，汉人封裕的谏奏更像是给前燕君主慕容皝上了生动的农业社会生存之道的一课。试想，前燕君主慕容皝对农业社会的运行原理尚且如此，其他慕容贵族对农业生产的认识就可想而知了。其实，“五胡”进入中原攻城掠地是行家，但对维持、组织农业生产绝大多数都一知半解，甚至多数达不到慕容皝的认知水平，封裕举后赵“石季龙谁与居乎！”就是个例证。因此，为了弥补“五胡”贵族的这一缺陷，大量的汉族知识分子被吸收到政权中来，以便帮助“胡族”维持在中原的各种统治秩序。各“胡族”政权后期都较为注重农业生产，具体如何收取农业税负，除前燕外，多无详载，但各“胡族”政权对农户收取租税是肯定的，石勒为刘汉将时，曾因“司冀渐宁，人始租赋”①；“以幽冀渐平，始下州郡阅实人户，户赀二匹，租二斛”②。太兴二年，石勒称赵王，“赦殊死已下，均百姓田租之半，赐孝悌力田死义之孤帛各有差，孤老鳏寡谷人三石，大酺七日”③。继其后的后赵石季龙“以租入殷广，转输劳烦，令中仓岁入百万斛，余皆储之水次”④。史载咸和三年，前赵刘曜曾因“夜梦三人金面丹唇，东向逡巡，不言而退，曜拜而履其迹……曜大惧，于是躬亲二郊，饰缮神祠，望秩山川，靡不周及。大赦殊死已下，复百姓租税之半”⑤。前秦苻健曾因“蝗虫大起……自蠲百姓租税，减膳撤悬，素服避正殿”⑥。苻坚曾“丐所过田租之半。是秋，大旱，坚减膳撤悬，金玉绮绣皆散之戎士，后宫悉去罗纨，衣不曳地。开山泽之利，公私共之，偃甲息兵，与境内休息”⑦。前秦苻坚灭代后，对拓跋鲜卑实行“散其部落于汉鄣边故地，

① （唐）房玄龄：《晋书》（卷一百四），中华书局1974年版，第2720页。
② 同上书，第2724页。
③ 同上书，第2735页。
④ （唐）房玄龄：《晋书》（卷一百六），中华书局1974年版，第2763页。
⑤ （唐）房玄龄：《晋书》（卷一百三），中华书局1974年版，第2699页。
⑥ （唐）房玄龄：《晋书》（卷一百十二），中华书局1974年版，第2871页。
⑦ （唐）房玄龄：《晋书》（卷一百十三），中华书局1974年版，第2885页。

立尉、监行事，官僚领押，课之治业营生，三五取丁，优复三年无税租”[①]；灭前凉后，“以凉州新附，复租赋一年。为父后者赐爵一级，孝悌力田爵二级，孤寡高年谷帛有差，女子百户牛酒，大酺三日”[②]。后秦姚兴“将讨赫连勃勃，遣安远姚详及敛曼嵬、镇军彭白狼分督租运”[③]，姚懿曾与敌交战时“乃宣告诸城，勉以忠义，厉兵秣马，征发义租”[④]，姚洽及姚墨蠡等曾“率骑三千屯于河北之九原，欲绝道济诸县租输”[⑤] 等。虽然我们并不能确定绝大部分“胡族”政权的抽税方式，但从十六国整体来看，农民的税负并不轻，但无论如何，“胡族”政权获取资源的方式由掠夺变为固定抽税，表明他们同农业社会的共容大大地进了一步。在此，我们引用格尔哈斯·伦斯基关于分配的两个规律来结束本节内容：“几乎所有人们劳动的产品都将以两个看起来互相矛盾的原则为基础来进行分配，这就是需要和权力。……人们分享劳动产品所要达到的程度，要能保证那些其行为对他们自身是必不可少的或者是有益的那部分的生存和生产力的延续。把这一点称为分配的第一个规律……分配的第二规律……如果我们按照韦伯的观点，将权力定义为个人或者集团在即使遭到他者反对时都能贯彻其意志的可能性，那么就可以说，权力将决定几乎所有的由社会所拥有的剩余产品的分配。”[⑥] 的确，任何社会的生存，都必须保证劳动者的最低生存所需的资源和维持最低量的再生产所需的生产资料，否则生产难以维系，也就谈不上权力的分配了。

第三节　权力关系与资源依赖

如上所述，北方游牧人群建立起部落部族组织、超部落部族组织的部落联盟乃至游牧帝国主要依靠的是通过控制和利用草原资源；同样，

① （唐）房玄龄：《晋书》（卷一百十三），中华书局1974年版，第2899页。

② 同上。

③ （唐）房玄龄：《晋书》（卷一百十八），中华书局1974年版，第2993页。

④ （唐）房玄龄：《晋书》（卷一百十九），中华书局1974年版，第3013页。

⑤ 同上书，第3016页。

⑥ ［美］格尔哈斯·伦斯基：《权力与特权：社会分层的理论》，关信平等译，浙江人民出版社1988年版，第57—58页。

农业社会的政权组织的建立依靠的是对农耕地域的控制和利用。如果抽离具体的生产活动来说，这两种社会建立的基础都离不开对自然资源的控制与利用；还原具体的生产活动，其社会结构原理却又有很大的不同。但十六国时所建立的"胡族"政权既拥有牧业资源，又控制着大片的农业区，这可能是一个政权对资源依赖的最好状态。但也恰恰是对这两种不同资源的依赖，造成了社会系统的更加复杂，这种复杂性既是游牧人群在草原地带所没有遇到过的，同样大规模的畜牧社会结构也是此前的中原王朝所没有直接面对过的，从而决定了十六国政权复杂的权力关系。

一　双重资源依赖下的权力关系

第一章已经考察了游牧社会权力形成的原理，下面我们主要考察农业社会的权力关系。

经过考古研究及历史学家的不断努力，现在我们对中国初民社会的发展脉络认识得更加清晰。[①] 华夏族先民自通过原始的农业生产技术成为食物的生产者之后，开始转为定居或半定居的生活方式。群体以血缘关系相处一起的聚落（也可称村落），成了那个时代社会生活的出发点，也就是社会组织最基本的聚合单元。此后渐趋复杂的社会组织，都是从这里开始走出，又离不开这个基点。随着聚落共同体人口的增长，迫使人们需要扩展更为广阔的生存空间来生产更多的生存资源。同时，人们掌握了更多的生产技术，也就具有开拓新的生存资源的能力。这样的聚落可能在不同适合农业的地方同时出现，也可能一部分人离开原来聚落向远方探寻，形成新的聚落，也就是原始聚落的不断复制。就某一适合农业的区域来讲，起初因为人口较少，耕种的面积不大，无论是哪种方式兴起的聚落，并不存在空间上的挤压。随着人口的繁衍，不同血缘的聚落在不断扩展和复制的过程中，最终会和另一个非血缘关系的聚落的生存边界相遇，资源争夺的斗争便会随之产生。这时，便会有了我者和他者之别，于是，当时不同聚

① 本部分关于中国历史的"聚落"、"部族"、"方邦"、"封建"、"帝国"等形态述说多引用王家范先生的研究成果，内容参见王家范《中国历史通论》，华东师范大学出版社 2000 年版。

落先民便有了区别于不同血缘的氏族、宗族的意识出现。当然，某些聚落的发展中，可能会遭到外来群体的掠夺和侵迫，会使他们很早就形成了我者和他者的意识。但无论是哪种方式的相遇，以血缘为纽带的氏族或宗族观念的形成是外来的非自然因素起着重大的作用。当然，氏族、宗族内部包括生存斗争在内的各种矛盾定不会避免。因此，诸多挑战因素中，可能是某一因素的作用，也可能是某几种因素的共同作用，起支配作用的核心宗族便会产生。从聚落发展到氏族、宗族并形成一个具有核心宗族的过程，是以血缘为纽带的从事农业的人群内部缓慢发展的过程。一个氏族、宗族被一个外部力量介入或者介入另一个氏族、宗族，可能会使一个氏族、宗族消失，也可能会使一个氏族、宗族发生跃变。这种介入通常是以战争的形式出现，并产生深远的影响，至少它使当时的社会组织（共同体）变得愈加复杂起来：

> （一）产生了因战功而出名的氏族或部落首领，他们获得了远高于一般人的社会地位，成为共同体各级的核心；（二）原先不明显的财富分化因战争而不断拉大差距；（三）产生了因战败而归入的依附氏族或部落，其中并非都出于同一“骨头”；也有因战争威胁而主动结盟加入的；（四）这种战争过程的副产品，便是血缘通婚范围的扩大，不同部落间的通婚长远地产生了血缘混合，产生新的部族。①

聚合为部族的群体继续向更大的地域共同体发展，产生了方邦。从考古发掘来看，可能存在先民们固定的活动场所，有聚落的城堡、部族的城邑以及更高级的共同体的都邑。这些都邑也许就是文献中记述的“方邦”、“万国”。相同的原理，由方邦而“联邦”。“在新的‘共同体’里，血缘聚合的形式变得愈来愈复杂，其统治者非复昔日的族长，而为‘王’、为‘帝’；其统治也兼论及地域，有了实际和虚拟的‘大疆界’意

---

①　王家范：《中国历史通论》，华东师范大学出版社 2000 年版，第 31 页。

识——直到‘四方’、‘中国’概念的产生。”① 所以，殷、商可能就是这样方邦的聚合体。从聚落组织的基点运动聚合为更加复杂的大的共同体，从历史发展的连续性来看，西周之代殷商，不过是中原最大“共同体”核心的再一次转移。西周更像西方理论中的封建国家，中国学者称为“封邦建国”制。西周的封国们并未就此停下彼此的竞争、争夺，而是在相互兼并中发展为东周的列国时代。春秋战国之际广泛而持久的兼并战争，各国明智之士懂得“农战”的辩证关系，先后实行“军功受田”法，秦国商鞅提出的“二十军功爵”是“军功受田”的集大成者，最终以“布衣将相”的胜利而取代了西周封国之后的各级贵族，最终秦统一六国，开启了中国历史上的“帝国时代”②。秦朝在全国范围内推行郡县制，有学者称为中国的官僚体制（也有称中国的科层制）。汉承秦制，大一统的帝国体制有时会有些复古的小插曲，也会有细枝末节上的改变，但总体上都是沿此体制运行不悖，到清朝灭亡。这种历史的发展轨迹，犹如中国台湾历史学家许倬云所提出的“接触→冲突→交流→融合→整合”运动反复过程。那么促使以上中国古代历史演进的根本动力是什么呢？过去大量的研究主要从政治、文化的角度来述说，形成了丰硕的成果。王家范以农业产权“性质”为主线，分析了从部落至帝国体制的建立，土地的“国有”性质根深蒂固，这“可能理解中国传统社会后来为什么会难以‘走出中世纪’”③。王氏的研究是“中国历史通论”中的大问题，难以望其项背，但他的研究反过来不也正说明从聚落基点出发，到混同六合的帝国体制形成及延续的内部机理！为了研究方便，我们先综述了从聚落到帝国体制形成的结构形态，下面结合王先生的研究，试图说明从聚落到帝国的结构形态演进的机理。

从考古发现的姜寨遗址④房屋排列、面积以及存在着大小不同、数量不等的窖穴（仓库）来推断，华夏先民当农业进入锄耕之后，耕地比较

① 王家范：《中国历史通论》，华东师范大学出版社 2000 年版，第 49 页。

② 帝国体制因其不同于西方封建国家体制，又具有东方特色，所以这一提法已经被越来越多的史家所认同。

③ 王家范：《中国历史通论》，华东师范大学出版社 2000 年版，第 139 页。

④ 陕西临潼姜寨一期村落遗址。

早就已分配到小家庭经营。小家庭不但要耕种分配到的耕地，还要耕种聚落、氏族、部族的公田，公田收益归相应的聚落、氏族、部族分享、处置。同时，以家庭为起点还向氏族、部族逐级“上缴”一部分耕地收益。公田以及逐级上缴的收益做何用途呢？我想，随着共同体规模越来越大，总会有一些人会脱离直接的农耕劳动，从事诸如保管、守卫、生活必需品的制造等。这些因原始分工而出现的不能直接从事农耕劳动者的生存资源，可能由公共收益来支付。同时，祭祀等仪式、救济、战争军费等都从这些公共收益中开支。随着人口繁衍，生存空间必须扩展，从而耕种更多的耕地才能养活不断增加的人口。总之，不管是因争夺耕地还是因灾出现的资源紧缺，都可能引发战争，从而形成了更大规模的共同体，也就是“方邦”、“万国”，最后到殷商这样的“邦国联盟”。随着共同体结构的复杂，出现了更高一级的共同体，“收益权则增加了向最高共同体纳‘贡’的分割份额，并逐级向下分摊，经营则仍维持个体家庭耕作的模式。这种不断地提升的运动，其直接结果便是形成了‘金字塔’式的新共同体‘上尖下宽’的分配结构”[①]。这就是无论社会组织结构规模如何复杂、扩大，姜寨模式的资源分配原理并未有根本改变，变的只是拉长了资源逐级上“贡”的链条。社会结构的复杂也会有更多人从直接农耕劳动的人中分离出来，相对来说，增加了生存资源消耗量，也刺激着部族、邦国上层的扩张动力，需要更为广阔的耕地来生产更多的资源以满足整体社会的需求。姜寨模式发展是西周的“封邦建国”制形成的原因，“封邦建国”又是姜寨模式发展的结果。在此特别强调的是，西周（也可能更早）出现了一个阶层—他们是身份固定化的贵族，不用努力，天然享受这些逐级上“贡”的收益。春秋战国时期，形成了通过努力就可以获取大量的财富的方式——“军功受田”，极大地激发了具有禀赋的“布衣”们的能量，“布衣将相”替代了凭先赋的身份就能获得收益的贵族阶层。“军功受田”是列国资源需求扩张新的措施，最终导致秦灭六国。秦帝国建立，如原始聚落的家庭生产方式以“黔首自实田”方式继续进行着，帝国体制建立的郡、县替代了原来领民的各级贵族，

① 王家范：《中国历史通论》，华东师范大学出版社2000年版，第107页。

成为治民的分级机构，其主要功能之一是替代了原来各级共同体，收取家庭逐级上缴的租赋。此后的历朝历代，旧的王朝灭亡，新的王朝产生，只不过是依照帝国体制原理，重新复制帝国模式。由聚落发展为帝国，资源需求是内在动力，而能为这种内生动力提供组织保证、维持资源边界以及开疆拓土，就必须有相应的政治军事力量——政治机构和军队。所以说，各王朝的统治体系和军事强力是从农业生产中生长出来的必然力量，根植于农业社会的深层。因此，各共同体乃至帝国，统治周期结束后，只要是从农业社会中生出的力量，不管是农民起义，还是宫廷政变，通过军事力量将以上所综述的统治体系与农业社会中的资源再生体系按照原生机理“有机对接”（也就是原来体制的修复），新的共同体乃至帝国又会重现生机。

能够体现帝国体制核心的就是从农耕社会中生长，并逐渐建立起从中央到地方的官僚机构体制及其运作模式。这套最先由汉族建立起的体制被称为汉制、汉法。西晋“八王之乱”后，帝国体系基本上土崩瓦解。主导北方的军事政治变成了“胡族”势力——“五胡十六国”。如上所述，“胡族”进入农业区，农业资源成为其政权依赖和支配的主要资源。大规模的农业资源的生产和分配就必须有与其相适应的体制和运作模式的协作才能有序展开。在“胡族”政权对资源需求的驱动下，在帝国生成原理的制约下，建立汉制既是“胡族”政权的顺势而为，也是无奈的选择。那么这些“胡族”政权采取汉法、“汉化”的过程中，具体情况又是怎样的呢？由于文献记载并未有专述，那么直接了解“五胡”政权构造也就相当的不容易了。周伟洲在其专著《汉赵国史》中研述了汉赵国中枢、军事、地方三大官职系统，认为“基本上承袭了汉魏以来的政权制度而又杂以旧俗”[①]。周氏的研究，直接呈现出刘汉政权体系结构，使“胡族”政权结构的“汉化”变得“具体丰满”。得益于周先生的研究启发，本书梳理《晋书·载记》的记述，以记载中的人物官职来反推十六国的组织结构，以列表形式呈现，以便进一步展开分析讨论。

① 周伟洲：《汉赵国史》，广西师范大学出版社2006年版，第138页。

中枢官		国名：刘汉
	相国、丞相	刘宣 刘粲 刘曜
	太尉	刘宏 范隆
	御史大夫	崔游 呼延翼 陈元达
	司徒、大司徒	刘欢乐 刘聪 刘裕 刘乂 刘殷 马景 刘劢
	司空、大司空	呼延翼 刘延年 刘景 王育 朱纪 呼延晏 靳准
	太宰、太师	刘欢乐 刘延年 刘易 刘景
	太傅	刘欢乐 刘洋 刘景 王育 崔玮 朱纪
	太保	刘延年 任顗 许遐 呼延晏
	大司马	刘和 刘洋 刘聪 刘景 刘曜 刘丹 刘骥
	开府仪同三司	刘曜 石勒
	特进	晋怀帝 綦毋达
	长史	鲁徽 石勒
	参军	
	从事中郎	石勒
尚书省	录尚书事	刘聪 刘粲 呼延晏 石勒 靳准
尚书省	录尚书六条事	刘延年
尚书省	尚书令	刘欢乐 王鉴 范隆 靳明
尚书省	尚书左右仆射	
尚书省	尚书	田密 王琰 田歆 北宫纯 胡崧
尚书省	左右选曹尚书	
尚书省	尚书左右丞	
尚书省	尚书郎	
中书省	中书监、令	崔懿之 曹恂
中书省	中书侍郎	
中书省	黄门郎	傅询 陈元达
门下省	侍中	刘殷 王育 刘乘 卜干 石勒 卜泰
门下省	散骑常侍	杜鹜 辛谧
门下省	中常侍	王沈 宣怀 俞容 宣怀
门下省	给事中	孙纯 孙粹
门下省	给事黄门侍郎	
门下省	散骑侍郎	
门下省	太常	
门下省	太史令	宣于修 康相
门下省	国子祭酒、博士	朱纪 张师
门下省	崇文祭酒	
门下省	博士祭酒	
门下省	光禄大夫	晋怀帝 庾珉 王俊 陈元达 王延
门下省	左中郎将	
门下省	太中大夫	公师彧
门下省	谏议大夫	
门下省	奉瑞大夫	
门下省	卫尉	刘锐 呼延晏
门下省	廷尉	陈元达
门下省	大鸿胪	李弘
门下省	宗正	呼延攸
门下省	少府	陈休
门下省	大司农	卜豫 朱诞
门下省	将作大匠	靳陵
门下省	都水使者	摅
门下省	御史中丞	浩衍
门下省	太子太傅	
门下省	东宫舍人	荀裕
门下省	中宫仆射、中黄门	郭猗 陵修

续表

中枢官	国名	后赵
	相国、丞相	石季龙 郭殷 石斌 张豺 石琨
	太尉	石季龙 石韬 张举
	御史大夫	
	司徒、大司徒	石韬 申钟
	司空、大司空	郭殷 郎闿
	太宰、太师	赵鹿
	太傅	条攸
	太保	夔安 张豺 石冲
	大司马	石斌 石遵 石苞
	开府仪同三司	
	特进	
	长史	程遐 郭敖 张宾 张离 石光
	参军	晁赞 傅畅 续咸 庾景 石泰 石同 石谦 孔隆 樊垣
	从事中郎	裴宪 任汪 刘奥 李凤
尚书省	录尚书事	石邃 石斌 张豺 石遵 石闵 李农
尚书省	录尚书六条事	
尚书省	尚书令	石季龙 夔安 王谟
尚书省	尚书左右仆射	郭敖 夔安 郭殷 韩晞 张良 刘群
尚书省	尚书	裴宪 郭殷 魏概 冯莫 张崇 曹显 张离 硃轨 张群 张良 王简 刘钦 刘休
尚书省	左右选曹尚书	
尚书省	尚书左右丞	阳裕
尚书省	尚书郎	
中书省	中书监、令	徐光 王波 石宁 卢谌 孟准 孟准 李松
中书省	中书侍郎	
中书省	黄门郎	韦謏
门下省	侍中	任播 石邃 石季龙 夔安 申钟 石璞 郑系 王谟 石斌 崔约 徐统 石鉴 卢谌 呼延盛 王衍
门下省	散骑常侍	石宏 张宾 赵揽
门下省	中常侍	严震 赵升
门下省	给事中	
门下省	给事黄门侍郎	
门下省	散骑侍郎	
门下省	太常	刘奥 条攸
门下省	太史令	赵揽
门下省	国子祭酒、博士	聂熊
门下省	崇文祭酒	
门下省	博士祭酒	
门下省	光禄大夫	
门下省	左中郎将	
门下省	太中大夫	
门下省	谏议大夫	
门下省	奉瑞大夫	
门下省	卫尉	
门下省	廷尉	续咸
门下省	大鸿胪	
门下省	宗正	
门下省	少府	任汪 王郁
门下省	大司农	曹莫
门下省	将作大匠	
门下省	都水使者	支当 张渐
门下省	御史中丞	李矩
门下省	太子太傅	
门下省	东宫舍人	
门下省	中宫仆射、中黄门	严生

续表

中枢官		前燕
	相国、丞相	封弈
	太尉	封弈　阳骛　皇甫真
	御史大夫	
	司徒、大司徒	慕容评
	司空、大司空	阳骛
	太宰、太师	慕容恪
	太傅	慕容评
	太保	
	大司马	
	开府仪同三司	
	特进	
	长史	阳骛　王济　裴嶷　刘斌　刘祥　王寓　宋该
	参军	封裕　王宪
	从事中郎	
尚书省	录尚书事	
尚书省	录尚书六条事	
尚书省	尚书令	阳骛
尚书省	尚书左右仆射	皇甫真　张希　悦绾
尚书省	尚书	李产
尚书省	左右选曹尚书	
尚书省	尚书左右丞	
尚书省	尚书郎	高瞻　段勤
中书省	中书监、令	宋活　韩恒
中书省	中书侍郎	裴嶷　乐嵩
中书省	黄门郎	裴嶷
门下省	侍中	慕容恪　慕容垂　皇甫真　兰伊
门下省	散骑常侍	袁真
门下省	中常侍	
门下省	给事中	
门下省	给事黄门侍郎	申胤
门下省	散骑侍郎	乐嵩　徐蔚
门下省	太常	
门下省	太史令	
门下省	国子祭酒、博士	
门下省	崇文祭酒	
门下省	博士祭酒	
门下省	光禄大夫	
门下省	左中郎将	慕容筑
门下省	太中大夫	
门下省	谏议大夫	
门下省	奉瑞大夫	
门下省	卫尉	
门下省	廷尉	
门下省	大鸿胪	温统
门下省	宗正	
门下省	少府	
门下省	大司农	
门下省	将作大匠	平熙
门下省	都水使者	
门下省	御史中丞	
门下省	太子太傅	
门下省	东宫舍人	
门下省	中宫仆射、中黄门	

续表

中枢官	官名	前秦
	相国、丞相	苻法 王猛
	太尉	苻安祖 侯苻纂
	御史大夫	
	司徒、大司徒	
	司空、大司空	王堕
	太宰、太师	
	太傅	毛贵
	太保	
	大司马	苻融
	开府仪同三司	王猛 张天锡 苻融
	特进	梁平老 强汪 樊世 强德
	长史	窦冲
	参军	
	从事中郎	
尚书省	录尚书事	鱼遵 苻融 苻睿
尚书省	录尚书六条事	
尚书省	尚书令	梁楞 苻柳 王猛 苻丕 苻纂
尚书省	尚书左右仆射	董荣 李威 王猛
尚书省	尚书	慕容暐 吕婆楼 仇腾 邓羌 原绍 石越 硃序 姜宇 赵迁
尚书省	左右选曹尚书	
尚书省	尚书左右丞	王猛
尚书省	尚书郎	裴元略 邓琼 崔悦
中书省	中书监、令	王鱼 胡文 王猛 苻融 梁熙 梁谠
中书省	中书侍郎	王猛 薛赞
中书省	黄门郎	韦华
门下省	侍中	吕婆楼 雷弱儿 鱼遵 苻法 王猛 苻融 梁谠
门下省	散骑常侍	皇甫典 张天锡 苻洛 刘兰 苻晖 吕光 王猛
门下省	中常侍	
门下省	给事中	
门下省	给事黄门侍郎	权翼 古成诜
门下省	散骑侍郎	王皮
门下省	太常	
门下省	太史令	康权 魏延 张孟 王彫
门下省	国子祭酒、博士	胡文 王欢 王实
门下省	崇文祭酒	
门下省	博士祭酒	
门下省	光禄大夫	
门下省	左中郎将	
门下省	太中大夫	
门下省	谏议大夫	裴元略
门下省	奉瑞大夫	
门下省	卫尉	
门下省	廷尉	
门下省	大鸿胪	韩胤 皇甫覆
门下省	宗正	苻融
门下省	少府	
门下省	大司农	
门下省	将作大匠	
门下省	都水使者	
门下省	御史中丞	梁平老 李柔
门下省	太子太傅	王猛 苻融
门下省	东宫舍人	
门下省	中宫仆射、中黄门	刘晃

续表

国名	中枢官													
	相国、丞相	太尉	御史大夫	司徒、大司徒	司空、大司空	太宰、太师	太傅	太保	大司马	开府仪同三司	特进	长史	参军	从事中郎
后秦	谯纵 姚绪	赵公旻 索棱		韦华 尹纬		姚硕德 姚绍	姚旻		姚崇			尹纬		任谦
后燕		库辱官伟		慕容德		苻谟		段崇		冯跋	慕容德	库辱官伟 段崇		

国名	尚书省							
	录尚书事	录尚书六条事	尚书令	尚书左右仆射	尚书	左右选曹尚书	尚书左右丞	尚书郎
后秦	姚泓		姚旻 姚弼	尹纬 姚晃	狄伯支 姜乳 宗敞 姚沙弥 王尚 王敏		孙玄	古成诜 李嵩 马岱 韦宗 富允文 韦宗
后燕	冯跋			慕容熙 张通	封懿 慕容晧 阳璆 刘木		韩业	娄会 高邵

国名	中书省		
	中书监、令	中书侍郎	黄门郎
后秦	王周 韦华	王尚	段章
后燕	眭邃 常忠		

国名	门下省													
	侍中	散骑常侍	中常侍	给事中	给事黄门侍郎	散骑侍郎	太常	太史令	国子祭酒、博士	崇文祭酒	博士祭酒	光禄大夫	左中郎将	太中大夫
后秦	姚弼 任谦 段铿 姚绍	彭泉 杨盛 吕隆 乞伏乾归			尹冲 姚和		权翼 杨轨 索棱	郭麐 任猗 高鲁	淳于岐					
后燕	慕容德 孙勍 冯跋	慕容德							刘详					

国名	门下省													
	谏议大夫	奉瑞大夫	卫尉	廷尉	大鸿胪	宗正	少府	大司农	将作大匠	都水使者	御史中丞	太子太傅	东宫舍人	中宫仆射、中黄门
后秦					梁斐	姚绍		袁虔之 窦温			乌洛孤			
后燕														赵洛生 赵思

续表

国名	中枢官													
	相国、丞相	太尉	御史大夫	司徒、大司徒	司空、大司空	太宰、太师	太傅	太保	大司马	开府仪同三司	特进	长史	参军	从事中郎
后凉		吕纂		吕弘					吕绍			王旅	段业	
西秦	翟勃出 连乞都		悌麹 景眷									边芮 秘宜		
西燕														
北凉												杨统		李典

国名	尚书省								中书省		
	录尚书事	录尚书六条事	尚书令	尚书左右仆射	尚书	左右选曹尚书	尚书左右丞	尚书郎	中书监、令	中书侍郎	黄门郎
后凉	吕弘 吕超			王详 杨桓	段业 沮渠 罗仇 姜纪			王燮	王详 杨颖	杨颖 王儒	房晷 吕弘 吕超
西秦	炽磐		炽磐 麹景	边芮	薄地延				姚俊		
西燕			高盖								
北凉	沮渠 政德				沮渠 蒙逊 金纂		沮渠 蒙逊 房晷			张穆	

国名	门下省																											
	侍中	散骑常侍	中常侍	给事中	给事黄门侍郎	散骑侍郎	太常	太史令	国子祭酒、博士	崇文祭酒	博士祭酒	光禄大夫	左中郎将	太中大夫	谏议大夫	奉瑞大夫	卫尉	廷尉	大鸿胪	宗正	少府	大司农	将作大匠	都水使者	御史中丞	太子太傅	东宫舍人	中宫仆射、中黄门
后凉		郭麘 杨桓		宗正元			郭麘 杨颖																					
西秦	方弘 麹景 姚俊																											
西燕													邓绥															
北凉								刘梁 张衍																				

续表

中枢官		国名	南凉	南燕	夏
		相国、丞相			
		太尉	俱延	封孚	
		御史大夫			叱干阿利
		司徒、大司徒		慕容钟 慕容惠	
		司空、大司空		慕容麟 慕舆跋 鞠仲 鞠仲	
		太宰、太师			
		太傅			
		太保			
		大司马			
		开府仪同三司		慕容超 慕容镇	
		特进			
		长史	赵晁 郭倖		
		参军	关尚	刘藻	
		从事中郎			
	尚书省	录尚书事	秃发武台	慕容钟	
	尚书省	录尚书六条事			
	尚书省	尚书令		慕容麟 慕容镇 韩范 董锐	若门
	尚书省	尚书左右仆射	齐难 郭倖	慕舆跋 丁通 封嵩	叱以鞬 乙斗
	尚书省	尚书		鲁邃 张华 公孙五楼 悦寿	华韬
	尚书省	左右选曹尚书			
	尚书省	尚书左右丞	婆衍仑	王俨	
	尚书省	尚书郎		晏谟 王俨 张纲	
	中书省	中书监、令			
	中书省	中书侍郎		封逞 韩范	皇甫徽
	中书省	黄门郎			
	门下省	侍中		慕容超 慕容统 公孙五楼	胡俨
	门下省	散骑常侍		段封	
	门下省	中常侍			
	门下省	给事中			
	门下省	给事黄门侍郎			
	门下省	散骑侍郎	阴利鹿		
	门下省	太常			姚广都
	门下省	太史令	景保	成公绥	
	门下省	国子祭酒、博士			
	门下省	崇文祭酒			
	门下省	博士祭酒	赵诞		
	门下省	光禄大夫			
	门下省	左中郎将			
	门下省	太中大夫			
	门下省	谏议大夫			
	门下省	奉瑞大夫			
	门下省	卫尉	伊力延		
	门下省	廷尉			
	门下省	大鸿胪			
	门下省	宗正			
	门下省	少府			
	门下省	大司农	成公绪		
	门下省	将作大匠			叱干阿利
	门下省	都水使者			
	门下省	御史中丞			
	门下省	太子太傅			
	门下省	东宫舍人			
	门下省	中宫仆射、中黄门			

续表

国名	中枢官																																																					
															尚书省								中书省			门下省																												
	相国、丞相	太尉	御史大夫	司徒、大司徒	司空、大司空	太宰、太师	太傅	太保	大司马	开府仪同三司	特进	长史	参军	从事中郎	录尚书事	录尚书六条事	尚书令	尚书左右仆射	尚书	左右选曹尚书	尚书左右丞	尚书郎	中书监、令	中书侍郎	黄门郎	侍中	散骑常侍	中常侍	给事中	给事黄门侍郎	散骑侍郎	太常	太史令	国子祭酒、博士	崇文祭酒	博士祭酒	光禄大夫	左中郎将	太中大夫	谏议大夫	奉瑞大夫	卫尉	廷尉	大鸿胪	宗正	少府	大司农	将作大匠	都水使者	御史中丞	太子太傅	东宫舍人	中宫仆射、中黄门
北燕										万泥 孙护				王垂	冯素弗 孙护		孙护	冯素弗 张兴						褚匡	常陋	冯素弗 孙护 王难 阳哲	申秀					冯睹	闵尚 张穆	翟崇								冯买											

地方官

国别	司隶校尉	州牧	刺史	太守
刘汉	陈元达 乔智明 靳准	刘曜(雍州)石勒(幽州)曹嶷(青州)	石勒(并州)刘翰(幽州)	桃豹(魏郡)石季龙(魏郡)秦固(中山)张夷(河间)临深(渤海)程遐(长乐)李回(高阳)
前赵		杨难敌(益宁南秦三州)张茂(凉州)	石武(秦州)田崧(益州)	尹平(河内)
后赵	石韬 张豺 张离	李农(营州)	刘征(青州)石生(司州)桃豹(豫州)石邃(冀州)临深(秦州)石宣(冀州)郭权(秦州)郭祥(徐州)李孟(幽州)石光(幽州)张离(雍州)麻秋(凉州)刘国(洛州)王浃(扬州)刘群(秦州)王午(幽州)姚襄(豫州)	尹矩(荥阳)张进(野王)袁景(南阳)石晖(河东)阳裕(北平)
前燕	慕容垂	裴嶷(平州)慕容垂(兖州、荆州)	王钊(营州)悦绾(并州)慕容尘(青州)慕容垂(荆州)孙兴(豫州)慕容筑(洛州)皇甫真(并州)慕容庄(并州)慕容德(幽州)	裴嶷(乐浪)高诩(玄菟)傅颜(长乐)吕护(河内)冯鸯(京兆)贾坚(太山)慕容皝(营丘)徐翻(高平)韩稠(辽东)皇甫真(辽东、营丘)慕容越(上党)

续表

国别	地方官			
	司隶校尉	州牧	刺史	太守
前秦	吕婆楼 苻睿 苻晖 王猛 苻融 权翼	苻柳（并州）苻謏（豫州）王猛（冀州）苻融（冀州）杨安（益州）苻晖（豫州）苻定（冀州）苻谟（幽州）	刘特（平州）孙希（并州）邓羌（洛州）苻雄（雍州）张遇（豫州）郭敬（荆州）彭越（凉州）郭庆（幽州）杨世（秦州）王统（益州）杨统（南秦州）张天锡（凉州）毛当（梁州）姚苌（宁）王统（南秦州、凉州）苟池（秦州）李辩（河州）梁熙（凉州）苻洛（幽州）彭超（兖州）韦钟（梁州）梁成（荆州）毛当（徐州）毛盛（兖州）王显（扬州）石越（平州）梁谠（幽州）毛兴（河州）王腾（并州）苻睿（雍州）都贵（荆州）苻朗（青州）苻熙（雍州）张崇（兖州）杨璧（南秦州）王兖（平州）姚苌（宁幽兖州）	王会（河内）韩高（黎阳）苻产（平阳）姜衡（陇西）邵羌（南安）慕容冲（平阳）王咏（弋阳）杨光（东平）苟辅（新平）冯杰（辽西）仇腾（冯翊）王兖（中山）兰犊（冯翊）姚苌（历任陇东、汲郡、河东、武都、武威、巴西、扶风）杨翰（高昌）慕容德（张掖）慕容纳（广武）
后秦	姚绪 郭抚 姚显尹纬 姚绍	姚硕德（秦州）杨盛（益州）姚洸（豫州）姚懿（并州）	姚硕德（秦州）乞伏乾归（河州）袁虔之（广州）沮渠蒙逊（沙州）赵曜（荆州）王尚（凉州）秃发傉檀（凉州）王敏（南梁州）国璠（扬州）叔道（兖州）姚弼（雍州）姚嵩（秦州）杨佛嵩（雍州）司马休之（扬州）姚军都（秦州）姚掌（徐州）尹昭（并州）吕隆（凉州）乞伏乾归（河州）秃发傉檀（凉州）姚平都（秦州）	金熙（平凉）齐益男（抚风）段铿（扶风）刘忌奴（咸阳）姚详（始平）姚回（陇东）周班（始平）强超（扶风）阎松（仓松）郭将（番禾）任兰（金城）姚寿都（略阳）郭播（陇东）姚平都（颍川）姚穆（赵兴）姚成都（平阳）姚兴都（平凉）段铿（北地）慕容筑（河南）吕超（安定）毛雍（北地）姚秦都（陇西）王焕（略阳）董遵（新蔡）姚隽（扶风）尹雅（弘农）乞伏炽磐（兴晋）刘千载（阳平）慕容钟（始平）张潜（张掖）
后燕	慕容德 张显	慕容宝（幽州）慕容德（冀州）	慕容豪（幽州）仇尼倪（营州）公懿（幽州）刘木（冀州）	贺耕（清河）李郎（辽西）

续表

国别	司隶校尉	地方官		
		州牧	刺史	太守
后凉	吕弘 吕超	吕光（凉州）秃发乌孤（益州）利鹿孤（凉州）	吕光（凉州）没奕于（秦州）	尉祐（金城）康宁（西平）杜进（武威）彭晃（张掖）沮渠麹粥（三河）石元良（西安）吕超（番禾）孟祎（昌松）段业（建康）吕纯（西郡）
西秦			秘宜 出连乞都（南梁州）出连虔（凉州）	卫鞬（金城）乞伏务和（东金城）匹逵（河湟）
西燕		慕容永（雍秦梁凉）		柳恭（河东）
北凉		沮渠蒙逊	沮渠挐（秦州）	沮渠汉平（河湟）沮渠蒙逊（张掖、临池、西安）臧莫孩（西安）沮渠益生（酒泉）马权（张掖）沮渠伏奴（张掖）田昂（西郡）梁中庸（西郡）孔笃（临松）句呼勒（张掖）段晖（高昌）沮渠茂虔（酒泉）
南凉	敬归			苏霸（昌松）文支（湟河、广武）杨统（西郡）成宜侯（湟川）王建（湟河）
南燕	慕容达 慕容超	慕容钟（青州）	鞠仲（青州）段宏（徐州）	公孙五楼（济南）
夏	阿利罗	右地代（幽州）赫连璝（幽州）	赫连昌（雍州）侯提（并州）	
北燕	姚昭	冯素弗（幽、平州）		务银提（辽东）

从以上列表的“中枢官”和“地方官”推断，“胡族”政权结构的逻辑是这样的：《晋书·载记》中记述的某一政权中的历史人物，只要冠以具体官职，就可说明该民族政权设有这样的职官组织。当然，这样的风险是，如果某一职官的历史人物并未被记述，则就不能认定某一民族政权是否设有该职官组织。通过分析以上两表，虽为不完全统计，但绝大多数能够反映民族政权从中央至地方组织结构的大概情况。从大概率上来讲，在一个特定的民族政权中，某一历史人物被史书所载，一定是当时特定民族政权中起重要作用的人物；同样，被重用的历史人物，被封派到十六国君王认为是最重要的职官部门任职也成为一种必然。基于以上两点，可以推论，十六国大都建立起了中央官僚机构，不同的是：汉赵国、后赵、前秦、后秦、前燕这些在北方统治地域较为广阔的民族政权，其中央机构设置可被确定为相对完备；后燕、南燕、北燕这些民族政权，控制了以农耕为主的地区，其中央机构设置能够被确定较为完备；建立于西部的民族政权中，后凉能够确定有较为完备的中央机构；南凉、北凉、夏政权，可以肯定的是有中央机构，但是否有后凉那样较为完备的中央机构，并不能确证。这三个民族政权地处西部，以畜牧为主业，中央机构可能较为简单也是可能的；西燕控制地域小、存在时间短，可能并未形成系统的中央职官结构。在“中枢官”表中，“尚书”和“侍中”两个职位上的大臣被史书大量记载，从史书记述的事件来看，这些臣僚都是民族政权的股肱之臣。韦庆远《中国政治制度史》说：“从曹魏开始，相继出现了尚书、中书、门下三省，并且长期并存，但三省的具体职掌分工尚缺乏明确的规定，而且在不断交替转换。”[1]“尚书”和“侍中”是君主身边的近臣，能够参与重大事件的决策，或者说能够直接影响朝政。因此，十六国时期的“胡族”政权的“汉化”或“封建化”，只是从实际需要上具体选择，这种具体选择是对汉制某些功能形式上的模仿。《晋书·载记》中说东晋韦华等率襄阳流人一万投后秦姚兴：

兴引见东堂，谓华曰：“晋自南迁，承平已久，今政化风俗何

① 韦庆远主编：《中国政治制度史》，中国人民大学出版社1989年版，第136页。

如?”华曰：“晋主虽有南面之尊，无总御之实，宰辅执政，政出多门，权去公家，遂成习俗。刑网峻急，风俗奢宕。自桓温、谢安以后，未见宽猛之中。”兴大悦，拜华中书令。[①]

从这段对话来看，是对东晋的批评，但从另一个角度来说，东晋的中枢统治机构是起作用的，而韦华对东晋的异议，得到后秦姚兴的赞赏和共鸣。这不正说明，十六国“胡族”政权的所有权力集中于“卡里斯玛”式（卡里斯玛式君主，我们在后面会详细论说到）君主手中，其中枢机构发挥的功能、作用有限，这也符合“胡族”共同体在向汉制转化过程中的真实一环。

从“地方官”表中能确定的是：各“胡族”政权的地方官职机构相当完备，“司隶校尉”、“州牧”、“刺史”、“太守”都是由“皇族”或者亲信重臣职掌。“司隶校尉”是监督京师和地方的监察官，各“胡族”政权可以根据实际需要而自行设立，州、郡则因循汉魏晋的地方建制而很少有改变。

以上用了很大的力气和篇幅述论以姜寨模式为起点，逐渐演化成了具有农耕特色的高级共同体——汉族王朝的构造原理，并且又着力呈现有着深厚游牧生产背景的“五胡”建立的中央政权和地方政权结构体系，目的在于，通过对比来说明十六国政权结构嬗和机制。秦汉王朝都是大一统王朝，中央体系结构能够存在，得益自下而上的贡赋；中央政权体系的存在，以强力和权威方式对地方进行有效统治和治理，维持安定的局面，使得农业等生产有序展开。同时，中央政权所掌握的大量财物和军事力量，保证了农业社会的边界及资源免受外族侵扰。一个政权的军事力量，对保护帝国（王朝）内部臣、民的资财不受外族侵扰，从整体上来说，并不具有排他性。这犹如现代概念上的“公共产品”，也就是说，国防就是一个“公共产品”，是保护所有民众在内的强劲势力。西晋王朝的内乱，使其已经失去了以上所述的中央政权的公共功能，从而形成了从农耕社会自然生长出的最高级共同体——帝国中央体系的权力真空。中央政权衰弱，导致

① （唐）房玄龄：《晋书》（卷一百十七），中华书局1974年版，第2980页。

整个帝国从上到下的混乱，处于无政府状态，王朝体系内的臣民失去了佑护，尤其是北方的官民，要么选择逃离，要么选择以堡、壁作为掩护体，从事较小规模的农业苟活。总之，无论哪种生存方式，北方民众都是九死一生，生存惨烈。此时，北方游牧民族乘势而起，为了争夺资源，掠夺、坑杀、徙民，加剧了北方农业社会的凋敝。“胡族”共同体为了自身生存和发展，最终不得不选择维持农业生产而获取更多的农业资源。但农业生产由于其生产要素——土地的固定性和生产的时令性，维持农业社会的内部土地边界及安定局面才能进行生产。于是，“胡族”势力凭借其自身强大的军事势力，维持了一个中央政权，结束了无政府状态，暂时填补了西晋王朝衰败而造成的权力真空，地方则延续旧有体系。如上所述，无论汉制在“胡族”政权中具有多么象征上的意义，但具有这样一个政权，从而接续了农业社会自然生成的最高共同体——帝国（王朝）中央体系的功能，农业社会又会逐渐恢复发展了。

虽然“胡族”政权采取农耕社会的统治模式，并不意味着这些来自北方的游牧人群就彻底抛弃了他们传统的社会模式。“胡族”军事共同体依赖农耕资源而称王、称帝，使用汉法进行统治；又因传统牧业需要和畜牧部落民的现实存在，又保留了传统政权结构——大单于制。我们来看“胡族”政权大单于设立情况：

刘汉：

（1）元海至左国城，刘宣等上大单于之号，二旬之间，众已五万，都于离石。[①]

（2）于是以永嘉四年僭即皇帝位，大赦境内，改元年光兴……乂为皇太弟，领大单于……[②]

（3）立粲为皇太子，大赦殊死已下。以粲领相国、大单于，总摄朝政如前。[③]

① （唐）房玄龄：《晋书》（卷一百一），中华书局1974年版，第2648页。

② （唐）房玄龄：《晋书》（卷一百二），中华书局1974年版，第2658页。

③ 同上书，第2675页。

前赵：

曜署刘胤为大司马，进封南阳王，以汉阳诸郡十三为国；置单于台于渭城，拜大单于，置左右贤王已下，皆以胡、羯、鲜卑、氐、羌豪杰为之。①

后赵：

（1）勒即大单于、赵王位，署（石季龙）为单于元辅，都督禁卫诸军事，迁侍中、开府，进封中山公。②

（2）勒命徙洛阳晷影于襄国，列之单于庭。铭佐命功臣三十九人于石函，置于建德前殿。立桑梓苑于襄国。③

（3）勒乃以咸和五年僭号赵天王，行皇帝事……世子弘为太子。署其子宏持节、散骑常侍、都督中外诸军事、骠骑大将军、大单于，封秦王。④

（4）弘策拜季龙为丞相、魏王、大单于，加九锡，以魏郡等十三郡为邑，总摄百揆。⑤

（5）（石季龙）以其太子宣为大单于，建天子旌旗。⑥

（6）闵率步骑十万攻石祗于襄国，署其子太原王胤为大单于、骠骑大将军，以降胡一千配为麾下。⑦

前燕：

① （唐）房玄龄：《晋书》（卷一百三），中华书局1974年版，第2698页。
② （唐）房玄龄：《晋书》（卷一百六），中华书局1974年版，第2762页。
③ （唐）房玄龄：《晋书》（卷一百五），中华书局1974年版，第2742页。
④ 同上书，第2746页。
⑤ 同上书，第2754页。
⑥ （唐）房玄龄：《晋书》（卷一百六），中华书局1974年版，第2769页。
⑦ （唐）房玄龄：《晋书》（卷一百七），中华书局1974年版，第2794页。

永嘉初，廆自称鲜卑大单于。[1]

前秦：

(1)（苻健）永和七年（公元351年），僭称天王、大单于，赦境内死罪，建元皇始，缮宗庙社稷，置百官于长安。[2]

(2) 八年（公元352年），健僭即皇帝位于太极前殿，诸公进为王，以大单于授其子苌。[3]

后秦：

（姚）苌乃从纬谋，以太元九年自称大将军、大单于、万年秦王，大赦境内，年号白雀，称制行事。[4]

西燕：

刁云杀慕容忠，乃推慕容永为使持节、大都督中外诸军事、大将军、大单于、雍秦梁凉四州牧、录尚书事、河东王、称藩于垂。[5]

后燕：

(1)（慕容垂）又以宝领侍中、大单于、骠骑大将军、幽州牧。[6]

(2)（慕容熙）改北燕台为大单于台，置左右辅，位次尚书。[7]

---

① （唐）房玄龄：《晋书》（卷一百八），中华书局1974年版，第2805页。

② （唐）房玄龄：《晋书》（卷一百十二），中华书局1974年版，第2869页。

③ 同上书，第2870页。

④ （唐）房玄龄：《晋书》（卷一百十六），中华书局1974年版，第2965页。

⑤ （唐）房玄龄：《晋书》（卷一百十五），中华书局1974年版，第2945页。

⑥ （唐）房玄龄：《晋书》（卷一百二十三），中华书局1974年版，第3087页。

⑦ （唐）房玄龄：《晋书》（卷一百二十四），中华书局1974年版，第3105页。

西秦：

(1)（乞伏国仁）以孝武太元十年自称大都督、大将军、大单于、领秦河二州牧，建元曰建义。[①]

(2) 国仁之死也，其群臣咸以国仁子公府冲幼，宜立长君，乃推乾归为大都督、大将军、大单于、河南王，赦其境内，改元曰太初。[②]

后凉：

（吕光）隆安元年，自称大都督、大将军、大单于、西平王，赦其境内，年号太初。[③]

夏：

（赫连勃勃）义熙三年，僭称天王、大单于，赦其境内，建元曰龙升，署置百官。[④]

北燕：

（冯跋）其太子永领大单于，置四辅。[⑤]

梳理史料，就会发现，“五胡”诸国的开国之君在控制一定地域范围后，局势稍出现稳定，先是称王、称大单于，封授“百官”，此后便是称帝。称帝后的“胡族”首领又将大单于位授其太子。大单于制起先由军事共同体的首领担任，首领称帝后，又由太子继任，这可以看出大单于位是

① （唐）房玄龄：《晋书》（卷一百二十五），中华书局1974年版，第3115页。
② 同上书，第3116页。
③ （唐）房玄龄：《晋书》（卷一百二十六），中华书局1974年版，第3142页。
④ （唐）房玄龄：《晋书》（卷一百三十），中华书局1974年版，第3202页。
⑤ （唐）房玄龄：《晋书》（卷一百二十五），中华书局1974年版，第3130页。

非常重要的职位。那么为什么“胡族”政权将这一职位牢牢控制在政权法定继任者手中呢？下面通过梳理史料分析“胡族”政权的军队、民族结构来进一步讨论。

(1)（勒）使其将张斯率骑诣并州山北诸郡县，说诸胡羯，晓以安危。诸胡惧勒威名，多有附者。进军常山，分遣诸将攻中山、博陵、高阳诸县，降之者数万人。①

(2) 利鹿孤……以隆安五年僭称河西王。其将鍮勿仑进曰“……宜置晋人于诸城，劝课农桑，以供军国之用，我则习战法以诛未宾。若东西有变，长算以縻之。如其敌强于我，徙而以避其锋，不亦善乎!”利鹿孤然其言。②

(3) 诸将谏固险，不从，又复言于勃勃曰：“陛下将欲经营宇内，南取长安，宜先固根本，使人心有所凭系，然后大业可成。高平险固，山川沃饶，可以都也。”勃勃曰：“……我若专固一城，彼必并力于我，众非其敌，亡可立待。吾以云骑风驰，出其不意，救前则击其后，救后则击其前，使彼疲于奔命，我则游食自若，不及十年，岭北、河东尽我有也。”③

刘汉时期的石勒，为了壮大自己的军事势力，派其将张斯到羯人聚居的今山西北部一带招附部族兵，以羯人为主。南凉秃发利孤采纳其将鍮勿仑建议，“晋人农桑”提供军需，鲜卑人当兵训练。何兹全《十六国时期的兵制》中说：“这种以鲜卑为兵，以汉人为农的办法，北魏早年和北齐初都实行过，而又都是鲜卑人。”④ 当然，何氏也认为不能绝对，胡族军事共同体中肯定会有汉人兵。旷天伟《论十六国时期少数部族政权的兵役》⑤、马欣《十六

① （唐）房玄龄：《晋书》（卷一百四），中华书局1974年版，第2711页。

② （唐）房玄龄：《晋书》（卷一百二十六），中华书局1974年版，第3145页。此文中，“晋人”与“我”对举，“我”则应理解为鲜卑族。《通鉴》则直接以“晋人”与“国人”对举。见《资治通鉴》，中华书局1956年版，第3517页。

③ （唐）房玄龄：《晋书》（卷一百三十），中华书局1974年版，第3203页。

④ 何兹全：《十六国时期的兵制》，载《燕国论学集》，北京大学出版社1984年版，第299页。

⑤ 旷天伟：《论十六国时期少数部族政权的兵役》，《历史研究》1991年第6期。

国军制初探》[①]、陈琳国《十六国时期的“军封”、营户与依附关系》[②]、高敏《十六国时期的军镇制度》[③]、旷天伟《十六国时期胡族军队的给养》[④]、旷天伟《十六国时期士家兵户说考辨》[⑤] 以及《中国军事史》（第三卷　兵制）[⑥]、陈玉屏《魏晋南北朝兵户制度研究》[⑦]、《中国军事通史第八卷·两晋南北朝军事史》[⑧] 等大都认为十六国的军队共同体中，军队核心力量是由建立政权的民族的部落民担任，同时兼并、招募其他“胡族”兵为重要力量，也会有一些强壮的晋人（汉族）被征入伍。匈奴人刘渊建立的汉赵、北凉、夏，羯人石勒建立的后赵，慕容鲜卑人建立的诸燕，氐人建立的前秦、后凉，鲜卑人建立的西秦、南凉都是依靠本部族人为中坚力量，最终建立起的民族政权。前赵刘聪之子刘粲谋杀刘乂，“坑士众万五千余人”[⑨]。被坑杀的这些“士众”应该是出自氐羌诸部，从而出现“氐羌叛者十余万落”[⑩] 的局面。刘乂在刘聪即皇帝位时被封为大单于，可见大单于与“诸胡”部族的紧密联系。周伟洲在《汉赵国史》中说汉赵国：“按其性质来讲，单于台不仅是军事组织，而且也是带有家属、牲畜财产的部落组织，与原来匈奴社会组织基本相同。正因为如此，汉赵的军队大部分出于单于台所统之六夷之中，故大单于基本掌握了汉赵的军队，地位十分重要。”[⑪] 刘汉政权沿袭大单于体制，只是“胡族”政权的一个缩影，从十六国皆设立大单于之制来看，其统治体制和刘汉政权并没有什么两样。因此，大单于沿袭“胡族”之制，掌管部落事务，通过单于台，握有“胡族”政权的军事力量，这是十六国政权普遍采用的方式。

“胡族”政权中，既有汉制，又有大单于制，史家将这一现象称为

① 马欣：《十六国军制初探》，《天津师范大学学报》1990年第1期。

② 陈琳国：《十六国时期的“军封”、营户与依附关系》，《华侨大学学报》2008年第1期。

③ 高敏：《十六国时期的军镇制度》，《史学月刊》1998年第1期。

④ 旷天伟：《十六国时期胡族军队的给养》，《江西大学学报》1990年第4期。

⑤ 旷天伟：《十六国时期士家兵户说考辨》，《青海社会科学》1991年第1期。

⑥ 《中国军事史》（第三卷），解放军出版社1987年版。

⑦ 陈玉屏：《魏晋南北朝兵户制度研究》，巴蜀书社1988年版。

⑧ 《中国军事通史第八卷·两晋南北朝军事史》，军事科学出版社1998年版。

⑨ （唐）房玄龄：《晋书》（卷一百二），中华书局1974年版，第2675页。

⑩ 同上。

⑪ 周伟洲：《汉赵国史》，广西师范大学出版社2006年版，第168页。

“胡汉分治”。关于“胡汉分治”，万绳楠《陈寅恪魏晋南北朝史讲演录》、唐长孺《魏晋南北朝史论丛》、周一良《魏晋南北朝史论集》、周伟洲《汉赵国史》等著述中均有论述。较有影响的论文有冯君实《十六国官制初探》①、李培栋《北魏太和改制前胡汉形势论》②、李海叶《前燕中原时期胡汉分治制度考》③、陈友冰《十六国北魏时期的“夷夏之辨”》④、邱久荣《十六国时期的胡汉分治》⑤、蒋福亚《魏晋南北朝时期内徙少数民族对社会经济的影响》⑥、方萠《〈五胡史论〉述评》⑦等。以上诸论，大部分肯定了“胡汉分治”的正向作用，也有部分人持批评态度。本书认为这两种角度的述说都各有精彩。研究历史，就是从正、反两个方面来检讨史实，才能从正反两个方向汲取历史“营养”，以达史学之目的。从整体上来看，多从意识形态和文化层面来探讨“胡汉分治”的形成和作用，有些论述发人深思，颇有启发。但“胡汉分治”，从大部分史家的研究来看，更着意于“胡族”政权的能动性和适应性。如以不太恰当的分析，其中的“分”，可能更着意于主观能动，但有可能忽视了其客观存在的历史真实。上面我们提到过，“胡族”建立政权，可能更容易以游牧世界的意念来构造政权的结构体系。如匈奴人刘渊自立时，其族人刘宣就有这样的论述：

> 刘宣等固谏曰：“晋为无道，奴隶御我，是以右贤王猛不胜其忿。属晋纲未弛，大事不遂，右贤涂地，单于之耻也。今司马氏父子兄弟自相鱼肉，此天厌晋德，授之于我。单于积德在躬，为晋人所服，方当兴我邦族，复呼韩邪之业，鲜卑、乌丸可以为援，奈何距之而拯仇敌！今天假手于我，不可违也。违天不祥，逆众不济；天与不取，反

① 冯君实：《十六国官制初探》，《东北师范大学学报》1984年第4期。

② 李培栋：《北魏太和改制前胡汉形势论》，《上海师范大学学报》1994年第2期。

③ 李海叶：《前燕中原时期胡汉分治制度考》，《内蒙古社会科学》2011年第2期。

④ 陈友冰：《十六国北魏时期的“夷夏之辨”》，《史林》2000年第4期。

⑤ 邱久荣：《十六国时期的胡汉分治》，《中央民族学院学报》1987年第3期。

⑥ 蒋福亚：《魏晋南北朝时期内徙少数民族对社会经济的影响》，《首都师范大学学报》2004年第2期。

⑦ 方萠：《〈五胡史论〉述评》，《烟台大学学报》2002年第4期。

受其咎。愿单于勿疑。”①

刘宣所兴之业是“邦族”之业，“复呼韩邪之业”，就是匈奴的游牧帝国体制。最终，刘汉政权不但保留传统的大单于制，还模仿汉制，建立起中央政权体系。建立汉制，是基于农耕社会的现实，其原理、结构已如前述，同样，大单于制度也并非胡族军事共同体的能动创造，而是原有依赖于畜牧生产而产生的组织机制之延续。因此，“胡汉分治”是“胡族”政权对当时社会现实的被动适应，而调和汉制和胡制并不是一件容易的事情。从诸“胡族”政权建立的过程来看，先是自封“大将军”、“大单于”、“王”或“天王”，此后便是“称帝”。从上面梳理诸“胡族”政权设立大单于史料来看，“胡族”首领自封为汉制官爵时，也自任胡制大单于，称帝后，又将自封过的汉制官爵同胡制大单于一同赐予太子。从形式上来看，“胡族”意识世界里的“大单于”同汉制的“大将军”、“王”、“天王”在地位等次上是齐平的。这样，在“胡族”政权中的汉制同胡制（大单于序列）同时统驭于皇帝之下，从意识形态和形式上，完成了“胡族”政权的一元建构。

那么皇帝一元体制建构下的运作又是怎样的呢？如上分析十六国政权中，军队的绝大多数兵源来自“诸胡”部族，而绝大多数汉人主要从事农业。南凉秃发利狐部将鍮勿仑提出晋人从农，“胡族”练兵，是建议秃发利狐重视农业。南凉、夏等西部民族政权主要以畜牧业为主。但是，畜牧业并不能持久供给一支常备军队的给养。游牧部族平时从事畜牧生产，战时聚众为伍，是与畜牧业单位面积草原的生产效率相适应的。南凉周围强敌如林，必须维持一支常备军。重视农业，则能实现军队供给。就连主张“游食”的赫连勃勃，仍然难以摆脱对农业生产的依赖。这说明，十六国政权中，“胡人当兵，汉人种地”是一种常态。因此，统御于皇帝一元体制的“胡族”政权，在现实中又以二元体制运作。所以，“胡汉二制”是“五胡”对农、牧资源依赖的现实需求的真实反应，其结果必然会导致“胡人当兵，汉人种地”的局面。因此，“胡汉二制”同“胡人当兵，汉人

① （唐）房玄龄：《晋书》（卷一百一），中华书局1974年版，第2648—2649页。

种地”二者互为因果。“胡人当兵，汉人种地”，从而将胡汉民族人为地划分为生产群体和食利分配群体，这就决定着农业社会的财富分配权掌握在“胡族”手中。“胡族”借助农业资源支配权又固化了统治权力。这种体系结构，既有其合理的成分，又存在着结构性矛盾，它成为影响十六国政权权力结构稳定的普遍因素。

二　强力与权威——十六国权力乱象

“任何我们可以想象到的制度，都不能没有权力来发号施令；因此，就有支配。”这是德国社会学家马克斯·韦伯《经济与社会》中政治社会学研究的起点。韦伯归纳出三种“理念类型”支配：“卡里斯玛”支配、传统支配和法制型支配。当然，在历史与现实中，并没有一种纯粹的类型长久单独存在过，而多是这三种支配类型的某种组合。但在不同社会特定时期，某种支配占有主导地位，从而明显影响着社会历史。鉴于十六国权力嬗代的特性，韦伯所构建的“卡里斯玛”支配，更有助于我们剖析十六国权力继替乱象。韦伯在其著作中这样描述“卡里斯玛”：

> “卡里斯玛”(Charisma)，这个字眼在此用来表示某种人格特质；某些人因具有这个特质而被认为是超凡的，禀赋着超自然以及超人的，或至少是特殊的力量或品质。这是普通人所不能具有的。它们具有神圣或至少表率的特性。某些人因具有这些特质而被视为“领袖”(Führer)。在较为原始的社会中，这些特质是来自巫术，如先知、号称具有医治或律法智能的人、狩猎活动的领袖及战争英雄等。我们应根据什么伦理学、美学或其他任何的标准来衡量这些特质，都与“卡里斯玛”的定义无关。最重要的是服从卡里斯玛支配的人，例如“皈依者”(Anhängern)，他们是如何真诚地看待具有这些特质的领袖人物。①

“‘卡里斯玛（Charisma)’，源于早期的基督教用语，意指天赋的个人魅

① ［德］马克斯·韦伯：《经济与历史：支配的类型》，康乐等译，广西师范大学出版社2004年版，第353页。

力和特殊的个人品质。”从社会的角度来看，韦伯的这种描述，更倾向于将这种魅力非凡的人，归结为具有先赋优势。如20世纪初最有影响的人类学家威廉·格雷姆纳认为：不平等在本质上是一种天赋才能的量度，同时也是一种社会价值的量度。所谓天赋条件，包括生理、心理的先天条件（因为当时教育还仅限于口耳相传，先天素质就起了决定性作用），体现为体质（健壮）、性格（勇敢）、智力（机灵）的综合。[①] 这是中外学者们对人类历史中出现的这类人物的共通的意识。中国学者更注重的是汉族王朝在其形成和发展过程中出现“卡里斯玛”式人物的影响和引领社会历史的考察，如孟子所说的“五百年必有王者兴”就是指这种现象。司马迁在《史记》中说“黄帝者……生而神灵，弱而能言，幼而徇齐，长而敦敏，成而聪明”[②]；“帝颛顼高阳……静渊以有谋”[③]；“（帝喾）高辛生而神灵，自言其名。普施利物，不于其身”[④]；“帝尧者，放勋。其仁如天，其知如神……百姓昭明，合和万国”[⑤]；“舜入于大麓，烈风雷雨不迷，尧乃知舜之足授天下”[⑥]。从史家记述来看，“三皇五帝”有智谋是成为部落领袖的关键，所以有“尧乃知舜之足授天下”。西方学者认为，权力从本源上来说，意指“能力”[⑦]，那么，我们可以说，“三皇五帝”首领能继承部落部族权力，是因为其具有常人所不具有的“能力”。在以血缘为纽带的核心部族中，表现为体格健壮、智力过人、具有良好天然禀赋的“卡里斯玛”式人物，成为部族首领，依然是人类社会最初的习俗。能力超常，在部族社会处于支配地位的人，传统史家将他们视为贤者，其实倒不如说是“强者”更为恰当。因此，“强者得立”是汉族（华夏族）部落部族社会之初权力继替的一般法则。同样，在研究“五胡”权力的继替过程中，也有类似现象。为方便分析，根据《晋书·载记》，归纳“五胡”部族首领、政权君王的先天禀赋，列表如下：

---

① 王家范：《中国历史通论》，华东师范大学出版社2000年版，第35页。

② （汉）司马迁：《史记》（卷一），中华书局1982年版，第1页。

③ 同上书，第11—12页。

④ 同上书，第13—14页。

⑤ 同上书，第15页。

⑥ 同上书，第38页。

⑦ ［英］戴维·米勒、韦农·波格丹诺夫：《布莱克维尔政治学百科全书》，中国政法大学出版社2002年版，第595页。

族别	部族首领	所属政权	先天禀赋	神化形象	备注
羌	爰剑			爰剑被焚不死，怪其神，共畏事之，推以为豪。	
	姚弋仲	前赵、后赵	少英毅。	不营产业，唯以收恤为务，众皆畏而亲之。	
	姚襄	后赵	年十七，身长八尺五寸，臂垂过膝，雄武多才艺。	明察善抚纳，士众爱敬之，咸请为嗣。	
	姚苌	后赵、前秦、后秦	少聪哲，多权略。	廓落任率，不修行业，诸兄皆奇之。	后秦缔造者
匈奴	冒顿	匈奴国	头曼以为壮，令将万骑。	“鸣镝射头曼。”	
	刘元海	西晋、刘汉	猿臂善射，膂力过人；姿仪魁伟，身长八尺四寸。	（晋文帝）帝召与语，大悦之，谓王济曰：“刘元海容仪机鉴，虽由余、日磾无以加也。”	刘汉缔造者
	刘聪	西晋、刘汉	十五习击刺，猿臂善射，弯弓三百斤，膂力骁捷，冠绝一时。	十五月而生聪焉，夜有白光之异。	
	刘曜	西晋、刘汉、前赵	身长九尺三寸，垂手过膝。	以烛视之，剑长二尺，光泽非常，赤玉为室，背上有铭曰：“神剑御，除众毒。”曜遂服之。剑随四时而变为五色。	前赵缔造者
	赫连勃勃	前秦、后秦、夏	身长八尺五寸，腰带十围，性辩慧，美风仪。	（姚）兴见而奇之，深加礼敬，拜骁骑将军，加奉车都尉，常参军国大议，宠遇逾于勋旧。	夏缔造者
	沮渠蒙逊	后凉、北凉	博涉群史，颇晓天文，雄杰有英略，滑稽善权变。	梁熙、吕光皆奇而惮之，故常游饮自晦。	北凉缔造者
羯	石勒	刘汉、前赵	长而壮健有胆力，雄武好骑射。雄武过人，铁厚一寸，射而洞之，于时号为神射。	勒生时赤光满室，白气自天属于中庭，见者咸异之。	后赵缔造者
氐	苻洪	前赵、后赵	多权略，骁武善骑射。	好施；属永嘉之乱，乃散千金，召英杰之士访安危变通之术。	
	苻健	后赵	勇果便弓马。	好施，善事人，甚为石季龙父子所亲爱。	前秦缔造者
	苻生	前秦	力举千钧，雄勇好杀，手格猛兽，走及奔马，击刺骑射，冠绝一时。	苌（苻健子）既死，健以谶言三羊五眼应符，故立为太子。	
	吕光	前秦、后凉	身长八尺四寸，目重瞳子，左肘有肉印。沈毅凝重，宽简有大量，喜怒不形于色。	光生于枋头，夜有神光之异，故以光为名。	后凉缔造者

续表

族别	部族首领	所属政权	先天禀赋	神化形象	备注
鲜卑	慕容廆	西晋、东晋	廆幼而魁岸，美姿貌，身长八尺，雄杰有大度。	安北将军张华雅有知人之鉴，廆童冠时往谒之，华甚叹异，谓曰："君至长必为命世之器，匡难济时者也。"	
	慕容皝	东晋、前燕	龙颜版齿，身长七尺八寸。雄毅多权略，尚经学，善天文。	建武初，拜为冠军将军、左贤王，封望平侯，率众征讨，累有功。	前燕缔造者
	慕容垂	前燕、前秦、后燕	少岐嶷有器度，身长七尺七寸，手垂过膝。	皝甚宠之，常目而谓诸弟曰"此儿阔达好奇，终能破人家，或能成人家"故名霸，字道业，恩遇逾于世子俊，故俊不能平之。	后燕缔造者
	慕容德		年未弱冠，身长八尺二寸，姿貌雄伟，额有日角偃月重文。	垂谓之曰："汝器识长进，非复吴下阿蒙也。"	南燕缔造者
	乞伏国仁	前秦、西秦	骁勇，善骑射，弯弓五百斤。	四部服其雄武，推为统主，号之曰乞伏可汗托铎莫何。	西秦缔造者
	秃发	后凉、南凉		秃发弟兄，擅雄群虏。	秃发乌孤南凉缔造者

从上表不难看出，"五胡"首领、政权君王，"多权略，骁武善骑射"是他们的共同特征。这意味着，在以血缘为纽带的核心部族中，"多权略，骁武善骑射"者才会成为部族首领。如上所述，北方游牧人群在进入中原建立王朝以前，草原的牧草是其生存的主要资源，因此，对草原的控制与分配成为部族生存的关键。在诸多的游牧人群的竞争中，具有先天的体质优势者，往往能在斗争中获胜，成为游牧部族中现实的强者。这些能在竞争中获胜的个体对一个部族生存与兴旺起着关键作用。"三皇五帝"的智谋和"五胡"首领的"骁勇能战"，从抽象意义上来讲，都是普通人所不具有的"超自然以及超人"的"力量"、"品质"或能力，这些"卡里斯玛"式强者人物拥有部落权力是"天然"法则。因此，"强者得立"是胡、汉初民社会权力继替的通则。如王可宾先生所言，匈奴"非常重视单于管理国家的实际才能……单于也必是鞍马单于，年少无管理国家实际才能，则不能治国。因此，一方面单于年少的子弟，往往失去作为继承人的资格……另一方面，在确定为单于继承人之后，还有一定的制度促使他在实践中不断提高自己的能力与威望"①。

① 王可宾：《从匈奴单于的继承看父死子继与兄终弟及》，《社会科学战线》1984 年第 1 期。

"五胡"军事共同体首领及政权缔造者，除具有强者天质外，并多有"奇异"的力量相助，给他们披上了神秘外衣。这种神秘外衣，无论是强者自诩还是部落民的想象，都符合"卡里斯玛"权威支配："一方面，作为社会精英的领袖人物本身在人格力量上或个人才能上具有非凡的、超人的特征，使他不同凡响，具有特殊的吸引力和感召力，从而能成为个人魅力型人物；另一方面，领袖人物的追随者们也有拥戴和服从这种领袖人物的需要，这种心理需要使他们表现出对领袖人物的狂热崇拜和盲目服从。"[①] 因此，"五胡"部族在"卡里斯玛"（魅力）式强者首领的支配下，进入中原后，攻城略地，在短短数年间就能达到兴盛，建立起以本部族为核心的民族政权。

虽然说，"强者得立"是胡、汉初民社会权力继承的一般原则，但社会历史进化首先在汉族社会开始。汉族（华夏族）在商周之际，权力继替已经摆脱了"强者得立"原则，建立起嫡长子继承制。嫡长子继承制可能与农业生产活动有着很大的关联性。如上所述，农业生产资料——土地的固定性和农业的时令性都要求所形成的社会共同体，其公共功能是维持内部边界、维护安定的社会局面，才能顺利进行农业生产。嫡长子继承制，在很大程度上，是这种农业社会共同体功能的适应。历史极具辩证法，"强者得立"的权力继承必然会出现"强者争立"的孪生形态。"强者争立"所形成的战争除部分人获益外，给绝大部分贵族和平民带来了灾难。更重要的是战争带来的纷乱局面、生产要素的破坏，严重影响了人们赖以生存的农业资源的生产。暂时在动荡中获利的部分人群不但因农业破坏而遭受损失，同时又会面临下一个"强者"崛起后的挑战。因此，华夏族实行嫡长子继承制，保证了权力在继承中平稳、有序，不出现大的动荡，从而最大限度地减少因权力过渡而出现的破坏风险。有史家从冲突论的角度出发，认为这是为固化一部分人的利益而创立的。但从结构功能的角度来讲，这一制度所产生的积极效应极大地规避了战争风险，从不同程度上却能让所有人从中受益。这归根结蒂，还是由农业社会生产的属性所决定的。与此不同的是，"五胡"在北方草原时期，"强者得立"的权力继承法则，随着他们进入中原，也一并带入他们所建立的政权中。这从他们的政权更迭中就可窥得一斑：

---

① 杨善华、谢立中：《西文社会学理论》，北京大学出版社2005年版，第196页。

族别	政权	奠基者	一代	二代				三代				四代				灭亡原因
			政权建立者	太子及其身份	继任者	继任前身份	继任方式	太子及其身份	继任者	继任前身份	继任方式	太子及其身份	继任者	继任前身份	继任方式	
匈奴	刘汉	刘渊	刘渊	渊长子刘和	渊四子刘聪	大司马大单于录尚书事	强力夺取	聪子刘粲	靳准	大将军、录尚书事	宫廷政变					内乱
匈奴	前赵	刘曜	刘曜	刘熙（母献文皇后羊献容）												曜、熙皆被石勒杀灭
匈奴	夏	赫连勃勃	赫连勃勃	勃勃长子赫连贵	勃勃三子赫连昌	太原公、使持节、前将军、雍州刺史	杀赫连贵后被立为太子		勃勃五子赫连定	平原公	昌被魏杀后继立					被北魏灭
匈奴	北凉	汉人段业	汉人段业		沮渠蒙逊	临池太守	强力夺取		蒙逊子沮渠茂虔	酒泉太守						被北魏灭
羯	后赵	石勒	石勒	初为勒长子石兴，后死而立石弘	勒二子石弘	太子	勒长子死而继立		勒从子石季龙	丞相、魏王、大单于	强力夺取	石邃石宣石遵	季龙子石遵、石鉴	石遵为太子石鉴为侍中	冉闵立、杀	内乱灭亡
鲜卑	前燕	慕容廆	慕容皝	慕容俊	皝二子	太子	立嗣继位	晔死，立暐	慕容暐	太子	立嗣继位					分裂被前秦灭
鲜卑	后燕	慕容垂	慕容垂	慕容宝	慕容宝	太子	立嗣继位	宝少子慕容策	宝长子慕容盛	封王	强力夺取	盛子慕容定	垂少子慕容熙	都督中外诸军事等	内乱而被推举	内乱而亡

续表

族别	政权	奠基者	一代	二代				三代				四代				灭亡原因
			政权建立者	太子及其身份	继任者	继任前身份	继任方式	太子及其身份	继任者	继任前身份	继任方式	太子及其身份	继任者	继任前身份	继任方式	
鲜卑	西燕	慕容泓	慕容泓		慕容冲		强力夺取		多位将领武力拥立		强力夺取		慕容永		武力推立	灭于后燕
	西秦	乞伏国仁	乞伏国仁		国仁弟乞伏乾归	上将军	推立	乾归子炽磐	乞伏炽磐	太子	继立	炽磐二子慕末	慕末	太子	继立	被夏赫连定灭
	南凉	秃发乌孤	秃发乌孤		乌孤弟秃发利鹿孤	骠骑大将军、西平公	兄终弟及		利鹿孤弟傉檀	车骑大将军、广武公	兄终弟及	傉檀子武台				被西秦灭
	南燕	慕容德	慕容德	兄子慕容超	慕容超	太子	立嗣继位									被东晋灭
氐	前秦	苻洪	洪三子苻健	健子苻苌三子苻生	苻生	太子	苌死立嗣继立		健弟子苻坚	龙骧将军	强力夺取	苻宏	坚庶长子苻丕	长乐公	淝水兵败自立	晋将杀苻丕，苻登立，灭于后秦
	后凉	吕光	吕光	光嫡子吕绍	吕纂	光庶长子太尉	强力夺取		光弟子吕隆	北部护军	强力夺取					灭于后秦
羌	后秦	姚苌	姚苌	苌长子姚兴	姚兴	太子	立嗣继立	兴长子姚泓	姚泓	太子	立嗣继位					后秦灭于东晋

纵观上表，十六国享祚最短的是前赵，一代而亡，享祚最长的西秦，也只有四代。诸政权君位传递有三种形式，其一，立嗣继位。“五胡”在建立政权后，依照汉制，多立有太子，但在实际的君位继承中，并不是所有的太子都能顺利继承君位。其二，强力夺取。强力夺取君位的情况较为复杂。一种情况发生在立有太子，但在前君王驾崩后，由前任君王手握重兵的弟、子通过武力取得君位。另一种情况发生在前任君王谢世或在位时，由其手握兵权的部将通过武力或宫廷政变取得君位。其三，推立。这种情况出现在前任君王去世或者出现内乱，具有军事优势的族人被部众推立。从文献记述来看，无论以哪种方式继位的君王，继位前都骁勇善战，握有兵权。因此，那些被立为太子而没有继君位者，多因自身势力处于劣势。诸政权灭亡方式：一是内乱而亡，二是被他国灭。被他国而灭的政权，往往先会有内乱。自公元 304 年匈奴人刘渊在离石自立至公元 439 年北魏统一北方，短短的 136 年间，出现民族政权林立，“五胡”在北方的统治出现了“你方唱罢我登场”的纷乱局面；各政权更迭频繁，统治最短的前赵（公元 318 年至公元 329 年）享祚仅 11 年，最长的西秦（公元 385 年至公元 431 年）享祚也不过 46 年。从“胡族”建立的政权结构体系来看，他们同汉族王朝一样，大多建立了权力继承体系——太子制度，但从其稳定和延续“胡族”政权来看，却没有达到汉族王朝的效果。人类历史从总体上来讲，是循着一定的规律在发展，已被史界所认同，但具体某一个历史时期又有其具体历史发展轨迹。“五胡”的权力继替原则随着“五胡”进入中原而一并带入了所建立的民族政权中来。但遗憾的是，具有“卡里斯玛”品格的君主在离世后，也将这种“卡里斯玛”权威带进了坟墓，而不是直接遗留给指定的继位者。因此，新继立的君王必须具有是“卡里斯玛”品质，于是乎“强者争立”的局面又会重现。如上所述，“卡里斯玛”权威除了有先天的禀赋外，还必须有后天的磨炼。而在十六国时期，这种磨炼最直接有效的方式就是战争。战争，又使具有“卡里斯玛”品质的强者手握重兵或者处于军事共同体支配的重要位置。所以，“胡族”政权的权力继承中，即便是指定了继承君位的太子，也是具有“卡里斯玛”品格的强者。强力继位、推立就更不能出于此种继立方式之右了。“强者得立”、“强者争立”是北方草原游牧部族生存竞争中出现的权力继替方式，从发生学的角度来说，有其天然的合理性，对游牧部族的兴盛起着重要作用。但“胡族”进入中原农耕社会，这种权力继替方式却给他们带来了灾难性的后果。如上所述，华夏族政权结构，是一种按照农耕生产方式由最初的共同体而逐渐向更高共同体运动发展而最终定型。这是一种直接生长于农耕社会的组织结构力量。即便是农耕社会出现的农民起义，也是生于农业社会的产物，它虽然破坏力极强，但很快就能复制、修复旧有王朝的统治结构，恢复农业社会所有秩序。西晋末年虽因内乱衰亡，“胡族”政权的建立，暂时起到了中央政权的功能。但必须看到，这是一种外部武力的介入，并不是直接发生于农耕社会。如上所述，胡族虽然建立了中央权力组织机构，但地方组织结构仍然保持魏晋以来的状态。因此，“胡族”政权要想长久持续，就必须同农耕社会发生更加紧密的联系，成为农耕社会有机组成部分，与农耕社会有机对接，符合农耕社会最高共同体的形成和功能原理。但从“胡族”政权的运行机制来看，这无疑需要很长的路要走。“胡族”政权的权力继承原则，与中原农耕社会中形成的中央权力嬗代原则严重相悖。换句话说，“胡族”政权没有扎根于农耕世界，以“五胡”中某一“胡族”为核心的军事共同体在内斗中很快就会因内耗而势力殆尽，让位于另一“胡族”势力；暂时取代前一“胡族”居于权力中心的“胡族”又会将前一政权历史重演。动荡的局势在连续时空的延续中，像冲击波一样，在北方一波一波的蔓延，北方农耕社会秩序、生产的整体恢复也就难以形成，真正持续统一北方的政权也就难以形成。

本章小结

综上所述，东汉在其难以避免的“经济管理循环”的危机中倒塌，造成向北方“五胡”的资源输出方式瓦解，农耕区北方资源边界也就不复存在。魏晋时期，对北方游牧部族的财物输出非常少见，而多封授内迁“五胡”首领以官爵，被迫让渡出更多的农地允许游牧人群从事畜牧业，承认他们在汉地生活的实事。西晋因内乱而衰微，匈奴乘势而起，灭亡了四分五裂的晋王朝，建立刘汉政权。自此之后，“五胡”在中国北方建立了诸多民族政权。对农耕区的占领，意味着这些南下的游牧人群生存地域得到了更为广阔的扩展：一是畜牧化的南移，二是对农业资源的依赖和支配。

“胡族”政权对畜牧、农业资源的双重直接依赖，使他们不但面临着如何继续他们的传统生业，又要面临如何驾驭并不熟悉的农耕世界。模仿汉制而建立的诸“胡族”政权，是一个非农业社会自然生长出的结构组织，因西晋的灭亡而暂时代行由农耕社会内部形成的最高共同体对内、对外维持边界的公共功能，维持局面，保证最基本的农业生产的展开。“胡族”政权中，汉制同胡制（大单于制）同时统御于皇帝之下，从意识形态和形式上完成一元建构，在现实中又以“胡汉二制”的二元体制运作。这种运作所形成的直接形态为“胡人当兵，汉人种地”，亦即“胡族”控制着汉地资源的分配权。“五胡”政权虽然建立了权力继替的太子制度，但游牧世界因资源控制需要而实行“强者得立”的部族权力继替原则仍然起支配作用。最终，“强者得立”的孪生形态，“强者争立”给“胡族”政权带来了灾难性后果，其结果是“胡族”政权的短祚。“胡族”政权并不是根植于农耕社会的自然力量，而是农耕社会以外的力量与农耕世界的“嫁接”，并不完全符合农业社会构造原理，也就不能长久主导北方的农耕世界。

第三章　北朝前期——北魏之权力嬗代

北魏是鲜卑人拓跋珪于公元 386 年淝水之战后趁前秦瓦解而建立的民族政权。北魏的前身是拓跋鲜卑建立的代国。公元 376 年，前秦灭代。因此，拓跋鲜卑建立北魏，实质上是代国的复活。公元 439 年，北魏灭北凉，北方再次统一。从拓跋鲜卑公元 386 年建立北魏至公元 534 年孝武帝元脩西奔，北魏享祚近 150 年；从北魏统一北方至公元 534 年元脩西奔算起，统一北方的时间也有 95 年。这同十六国“诸胡”建立政权短祚现象形成显明对比。拓跋鲜卑同匈奴、羯、氐、羌、慕容鲜卑一样，是北方的游牧民族。因此，拓跋鲜卑在其早期发展过程中，权力继承同其他游牧部族基本相同。不同的是，拓跋鲜卑建立北魏后，免走十六国匆匆覆灭的覆辙，其背后的历史动因和内在联系的过程，仍然是我们今天探寻的方向。本章在学习前人研究成果的基础上，秉承上章研究思路，试作进一步探讨。

第一节　拓跋鲜卑早期权力嬗代

一　“强者得立”与拓跋鲜卑的兴盛

按照传统史家的划分，北魏统一北方，历史进入了南北朝时期。北魏的前身是拓跋鲜卑建立的代国。如何弄清拓跋鲜卑权力继承的来龙去脉，还得从拓跋鲜卑早期部族说起。

拓跋氏是鲜卑部落联盟中的一个构成单位。对于拓跋鲜卑的早期历史，史书并没有详细的记录。《魏书·序纪》对拓跋鲜卑的记录是从拓跋毛开始的，至拓跋毛，拓跋鲜卑已经传“六十七世”了。拓跋毛以前的历史，《魏书》说“畜牧迁徙，射猎为业”①，如王明珂所说，拓跋鲜卑是以游牧为主业，而狩猎则是其资源获取的辅助生业。至拓跋诘汾时，拓跋鲜卑部族南移至匈奴故地。因此，拓跋鲜卑同匈奴等游牧民族在生存环境、资源获取方式等方面的类型基本相似，应没有大的问题。同样，权力继承等这样的制度原则，是在适应相应的环境、资源获取方式及分配的基础上形成。因此，拓跋鲜卑同匈奴、羌等游牧民族乃至慕容鲜卑在权力继承上并无大的分别。《魏书》说“皇帝讳毛立，聪明武略，远近所推，统国三十六，大姓九十九，威振北方，莫不率服”②。拓跋鲜卑酋长位经拓跋贷、观、楼、越、推寅、利、俟、肆、机、盖、侩、邻十二代，其中继承关系及继承细节史书并没有详细的叙述。拓跋邻开始，继承关系才有明文记载，拓跋邻将酋长位传于子诘汾。诘汾奉其父邻之命南迁而居于匈奴故地。史书说“其迁徙策略，多出宣、献二帝，故人并号曰‘推寅’，盖俗云‘钻研’之义”。这里所说推寅是被追尊的宣皇帝，曾率部南迁，如黄烈、王仲荦所述，可能迁到今天内蒙古呼伦贝尔盟的呼伦池（湖）。如果从上下文的联系来看，推寅、邻都因谋划部族迁徙到更有利于拓跋鲜卑部族生存发展的地方而被称为“推寅”，也就是“钻研”之意，那么可能说推寅、邻都是有智慧之人。前面说拓跋毛“武略”“威振北方”，由于资料所限，在此可以推想，“武略”“威振北方”，和十六国时期胡族首领“以力为雄”、“豪健”、“猿臂善射，臂力过人，姿仪魁伟，身长八尺”的先天强健优势为同一个意思。如果这个推想成立的话，那么在拓跋诘汾之前的部族首领之位的传承，也应遵循以血缘为纽带的核心部族中实行“强者得立”的继承原则。

诘汾子力微神奇降生，《魏书》记载说是诘汾与天女相合而生力微，所以有谚曰：“诘汾皇帝无妇家，力微皇帝无舅家。”《魏书》的记载在手法上同《晋书》对“五胡”首领奇异降生描述并无多大区别。力微“生而英睿”，并有“雄杰之度”，曾因“西部内侵，国民离散，依于没鹿回部大人窦宾”。后来，窦宾死后，力微杀其二子，“尽并其众，诸部大人，悉皆

---

① （北齐）魏收：《魏书》（卷一），中华书局1974年版，第1页。

② 同上。

款服，控弦上马二十余万”。十年后（公元258年），迁于定襄之盛乐（今内蒙古和林格尔北）。力微通过武力，将不来“助祭”的白部大人“征而戮之”，于是“远近肃然，莫不震慑”[①]。力微立子沙漠汗为“国太子”，公元261年，沙漠汗出使曹魏，留洛阳近七年后，以“父老求归”得到晋武帝允准。沙漠汗公元275年再次出使晋，并于本年折返，被留并州。公元277年，沙漠汗归拓跋部后不久就被害。史载沙漠汗“奇术绝世”、“才世非常”、“身长八尺，英姿瑰伟”[②]，晋卫瓘也说沙漠汗“为人雄异”[③]。这就可以肯定，沙漠汗的先天禀赋非常高，立其为“太子”，是符合“强者得立”原则的。沙漠汗被害后，力微“甚悔之”，但为时已晚，乌丸王库贤随后促动局势，放言“欲尽收诸大人长子杀之”[④]，使诸大人各各散走，力微也与世长辞。

力微之后继立的是力微的两个儿子悉鹿和绰。悉鹿在位九年，“诸部离叛，国内纷扰”[⑤]。绰“雄武有智略，威德复举”[⑥]，匈奴宇文部大人为其下所杀，绰曾更立莫槐弟普跋为大人。拓跋绰死后，拓跋部族权力又归沙漠汗之子拓跋弗。从拓跋力微至拓跋焘公元439年统一北方，权力继承关系如下图所示：

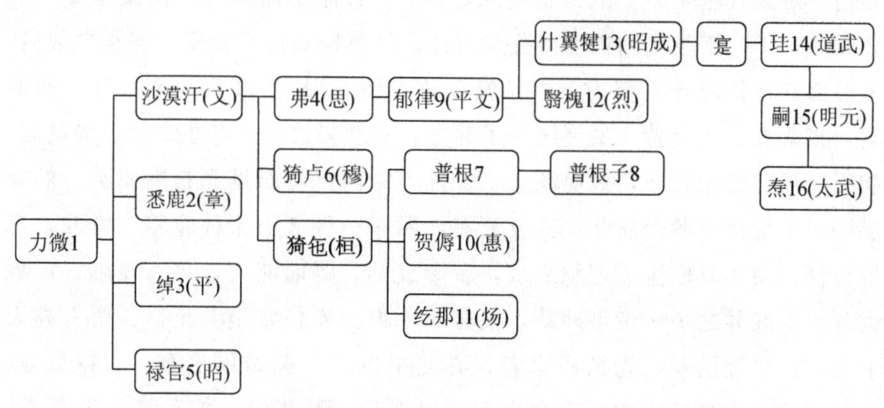

拓跋力微至拓跋焘的权力继承关系图

（图中阿拉伯数字表示部族权力的实际继承顺序）

---

① （北齐）魏收：《魏书》（卷一），中华书局1974年版，第3页。

② 同上书，第4—5页。

③ 同上书，第4页。

④ 同上书，第5页。

⑤ 同上。

⑥ 同上。

从上图可以看出，拓跋部族自力微后，酋长之位先是在力微诸子间传承，其间有短暂的沙漠汗之子弗继位，之后，力微之子禄官继酋长位。在禄官之后，部族权力在继承形式上，在沙漠汗子孙间，或子继或弟继，交叉进行。按照《魏书·序纪》所载，从拓跋弗至拓跋焘，大都是在前部族酋长的驾崩后继任。对于拓跋部族的权力继承是否有序不紊，在此暂先存而不论，先看《魏书》对拓跋部族酋长的记述。

拓跋弗是沙漠汗的少子，史载“聪哲有大度，为诸父兄所重。政崇宽简，百姓怀服”[①]。拓跋弗继位一年而亡，代其酋长位的是力微之子拓跋禄官。拓跋禄官之后继酋长位的是拓跋猗卢。史载拓跋猗卢“天姿英特，勇略过人，昭帝崩后，遂总摄三部，以为一统”[②]。拓跋猗卢之后继立的是拓跋普根及普根之子，都比较短暂。之后，继酋长位的是拓跋弗之子拓跋郁律。拓跋郁律“姿质雄壮，甚有威略”[③]。拓跋郁律之后继立的是拓跋翳槐。拓跋翳槐之后继部族权力的是什翼犍。史书对什翼犍的记述较为详细：“生而奇伟，宽仁大度，喜怒不形于色。身长八尺，隆准龙颜，立发委地，卧则乳垂至席。烈帝临崩顾命曰：‘必迎立什翼犍，社稷可安。’”[④]公元376年，拓跋代国被前秦苻坚灭亡，什翼犍被徙至长安。淝水之战后，拓跋部族在拓跋珪的努力下终于复国称“魏”。拓跋部族经拓跋珪、拓跋嗣、拓跋焘三代经营，最终统一了北方。史载拓跋珪：“母曰献明贺皇后。初因迁徙，游于云泽，既而寝息，梦日出室内，寤而见光自牖属天，然有感……生太祖于参合陂北，其夜复有光明……保者以帝体重倍于常儿，窃独奇怪。明年有榆生于埋胞之坎，后遂成林。弱而能言，目有光曜，广颡大耳，众咸异之……帝虽冲幼，而嶷然不群。库仁常谓其子曰：帝有高天下之志，兴复洪业，光扬祖宗者，必此主也。”[⑤] 拓跋嗣史载：“睿宽毅，非礼不动，太祖甚奇之。天兴六年，封齐王，拜相国，加车骑大将军。”[⑥]“明元抱纯孝之心，逢枭獍之祸，权以济事，危而获安，隆基固本，内和

---

① （北齐）魏收：《魏书》（卷一），中华书局1974年版，第5页。

② 同上书，第7页。

③ 同上书，第9页。

④ 同上书，第11页。

⑤ （北齐）魏收：《魏书》（卷二），中华书局1974年版，第19页。

⑥ （北齐）魏收：《魏书》（卷三），中华书局1974年版，第49页。

外辑。以德见宗，良无愧也。”[①] 拓跋焘史载：“天赐五年生于东宫，体貌瑰异，太祖奇而悦之，曰‘成吾业者，必此子也。’……太宗有疾，命帝总摄百揆，聪明大度，意豁如也。”[②] 对于拓跋焘，《魏书》史臣大加赞颂：“世祖聪明雄断，威灵杰立，藉二世之资，奋征伐之气，遂戎轩四出，周旋险夷。扫统万，平秦陇，翦辽海，荡河源，南夷荷担，北蠕削迹，廓定四表，混一戎华，共为功也大矣。”[③] 史书对于拓跋诸酋长“卡里斯玛”品质的记载，有神化和溢美之处是显而易见的，但是能被史书记载，则说明在当时已经形成了一种社会集体意识，那就是具有天赋能力的人，成为集体的支配人物，并被人们所普遍接受，在其带领下，让部族社会成功延续和扩展，久而久之，形成了魅力型人物崇拜，那么将其神化也是在所难免了。

从史书记载来看，拓跋鲜卑的兴盛与拓跋酋长的“强者”天赋有着明显的正相关性。北魏在统一北方之前，同匈奴、羯、氐、羌、慕容鲜卑一样，“强者得立”是其权力继承的主要原则，强者既是部族内部统一的主要凝聚力量，也是同外部族间竞争的有利因素。拓跋鲜卑从发源地不断西迁、南迁，从弱小到壮大，从部族到立国、国灭，至再次复国，最终统一北方，都是在拓跋鲜卑强者的一代又一代的努力下而实现的。

二　“强者争立”与拓跋鲜卑的衰落

拓跋鲜卑在其“强者”首领们的带领下，成为继羯人石勒、氐人苻坚之后，第三个统一北方的少数民族，但在其发展过程中，也历经曲折。同匈奴、羯、氐、羌、慕容鲜卑一样，拓跋鲜卑在部族成长过程中，同样出现“强者争立”的局面。如果单从《魏书》来看，拓跋部族权力继承如汉族王朝那样，是继替有序不紊的。对于《魏书·序纪》的真实性，史家多有疑问。我们先看崔浩“国史之案”。《资治通鉴》载“魏主以浩鉴秘书事，使与高允等共撰《国记》，曰‘务从实录。’……浩书魏之先世，事皆详实，列于衢路，往来见者咸以为言。北人无不忿恚，相与谮浩于帝，以

① （北齐）魏收：《魏书》（卷三），中华书局1974年版，第64页。

② （北齐）魏收：《魏书》（卷四上），中华书局1974年版，第69页。

③ （北齐）魏收：《魏书》（卷四下），中华书局1974年版，第109页。

为暴扬国恶。帝大怒，使有司按浩及秘书郎吏等罪状。”[①] 崔浩的死因，陈寅恪、吕思勉、周一良等史学大家都有论述，何为主因，各有其说，但“暴扬国恶”是其被诛的导火索，也是其被诛的原因之一应为不争之事实。因此，如周一良在《魏晋南北朝史札记》（中华书局1985年版）中所述，时人崔鸿因顾虑重重而不敢将《十六国春秋》公之于世。北齐魏收在叙述拓跋先世时，采取明哲保身的办法而多粉饰魏之先世，也并不难理解。因此，吕思勉认为“《魏书·序纪》讳饰之辞，自不难洞见也”[②]。《魏书·序纪》中什翼犍在与苻坚大司马苻洛的战争中战败，“乃率国人避于阴山之北。高车杂种尽叛，四面寇抄，不得刍牧。复渡漠南。坚军稍退，乃还。十二月，至云中，旬有二日，帝崩，时年五十七”[③]。《晋书·载记》中说“翼犍战败……退还阴山。其子翼圭缚父请降”[④]，什翼犍被解送长安。从目前史家研判来看，《晋书》所载为史实已成共识。因此，拓跋部族在统一北方前，其权力继承并不一定如《魏书·序纪》所述，继替有序，而是如同匈奴、氐、羌等民族一样，权力过渡中，存在着血雨腥风的弑杀，拓跋部族早期权力继替原则仍逃不出“强者争立”的“铁律”。

拓跋部族“强者争立”的局面在拓跋诘汾之前，由于史料的简略，难以做出判断。从拓跋力微开始，拓跋鲜卑先世的记述较为丰富。然如上所述，北魏害怕“国恶”被揭，在叙述先世的权力继替中，尽显有序而少武力争夺，有史家认为，这是拓跋鲜卑汉化后，认同汉族王朝权力继替观念而做出的反映。权力继承是自十六国以来，包括北魏政权都必须面对和思考的首要问题。北魏统治精英美化先世王位继承，从根源上认定其君位继承的合法性是大有益处的。拓跋历史虽然经过过滤，但从《魏书·序纪》中，我们仍然能寻找一些蛛丝马迹。关于《魏书·序纪》中的记述问题，史家们自古就有诸多疑问。周一良的《魏晋南北朝札记》（中华书局1985年版）、田余庆的《拓跋史探》（生活·读书·新知三联书店2003年版）等都有振聋发聩的论述，另外日本学者也有精到的见解。本书在先贤们的启

---

① （宋）司马光：《资治通鉴》（卷一百二十五），中华书局1956年版，第3941—3942页。

② 吕思勉：《两晋南北朝史》（上册），上海古籍出版社2005年版，第194页。

③ （北齐）魏收：《魏书》（卷一），中华书局1974年版，第16页。

④ （唐）房玄龄：《晋书》（卷一百十三），中华书局1974年版，第2898页。

发下，试图抓住一麟一爪，透视历史的本相。

拓跋部族自力微开始，有三个历史事件值得注意：一是沙漠汗被杀；二是拓跋禄官三分部族；三是拓跋郁律被害。

关于沙漠汗被害之事，《魏书》说："晋征北将军卫瓘，以帝为人雄异，恐为后患。"[①] 一方面挑拨乌桓与拓跋力微间的关系，另一方面又挑拨力微与沙漠汗间的关系，致使力微杀了沙漠汗，又使力微与贵族间产生矛盾，出现"诸部离叛，国内纷扰"[②] 的局面。现在我们根据《魏书》记载试分析其中的缘由。

> 五十八年，方遣帝。始祖闻帝归，大悦，使诸部大人诣阴馆迎之。酒酣，帝仰视飞鸟，谓诸大人曰："我为汝曹取之。"援弹飞丸，应弦而落。时国俗无弹，众咸大惊，乃相谓曰："太子风采被服，同于南夏，兼奇术绝世，若继国统，变易旧俗，吾等必不得志，不若在国诸子，习本淳朴。"咸以为然。且离间素行，乃谋危害，并先驰还。始祖问曰："我子既历他国，进德何如？"皆对曰："太子才艺非常，引空弓而落飞鸟，是似得晋人异法怪术，乱国害民之兆，惟愿察之。"自帝在晋之后，诸子爱宠日进，始祖年逾期颐，颇有所惑，闻诸大人之语，意乃有疑。因曰："不可容者，便当除之。"于是诸大人乃驰诣塞南，矫害帝。既而，始祖甚悔之。帝身长八尺，英姿瑰伟，在晋之日，朝士英俊多与亲善，雅为人物归仰。[③]

上面的材料中，对沙漠汗的评价有"奇术绝世"、"才世非常"、"身长八尺，英姿瑰伟"，这和晋卫瓘所说沙漠汗"为人雄异"类似。如上所述，立其为"太子"，是符合"强者得立"原则的。那么为什么会引起拓跋诸部大人的仇恨呢？难道仅是卫瓘"以金锦赂国之大人，令致间隙，使相危害"[④]

① （北齐）魏收：《魏书》（卷一），中华书局 1974 年版，第 4 页。

② 白寿彝主编：《中国通史：中古时代·三国两晋南北朝时期》（上册），上海人民出版社 1995 年版，第 266 页。

③ （北齐）魏收：《魏书》（卷一），中华书局 1974 年版，第 4—5 页。

④ 同上书，第 4 页。

这么简单吗？我们还是让上面的材料来说话。沙漠汗虽被力微定为法定继承人，但从公元 261 年至公元 277 年间，近一半以上时间都在魏晋做国宾。“自帝在晋之后，诸子爱宠日进，始祖年逾期颐，颇有所惑”，这说明沙漠汗的诸兄弟成为其竞争对手，并在沙漠汗长期不在部族的情况下，除取得力微信任外，培育自己的势力当为可能，这从诸部大人认为“吾等必不得志，不若在国诸子，习本淳朴”的想法可得证实。关于这点，我们可再援马克斯·韦伯的“卡里斯玛支配”研究类型来说明。拓跋部族“卡里斯玛”式首领支配方式是同“卡里斯玛共同体”联系在一起的。一个首领的英勇是先决条件，还得有一个执行其意志的共同体。对拓跋首领来说，就是各部大人。这个共同体又必须是“以感情性的‘共同体关系’（Vergemeinschaftung）为基础”[①]。沙漠汗长期留于魏晋，与诸大人关系紧密程度比起“在国诸子”（如后来继位的悉鹿、绰等）会弱得多。因此，沙漠汗之死很大程度归因于游牧民族内部“强者争立”的史实。

拓跋禄官是力微之子，其继位之前，是因“聪哲有大度，为诸父兄所重。政崇宽简，百姓怀服”的沙漠汗之子拓跋弗在位。拓跋弗在位一年而亡，田余庆认为很可能是非正常死亡，也不像权力正常交接[②]，而拓跋禄官又是拓跋弗的叔辈，很可能发生了弑君夺权之事。拓跋禄官继位后，“分国为三部”。从史载来看，“分”是个主动词，可以理解为拓跋禄官将拓跋部分成三部，那么从史书记载来看真是这样吗？还是另有原因？我们来分析史料：

> 昭皇帝讳禄官立，始祖之子也。分国为三部：帝自以一部居东，在上谷北，濡源之西，东接宇文部；以文帝之长子桓皇帝讳猗㐌统一部，居代郡之参合陂北；以桓帝之弟穆皇帝讳猗卢统一部，居定襄之盛乐故城。自始祖以来，与晋和好，百姓乂安，财畜富实，控弦骑士四十余万。是岁，穆帝始出并州，迁杂胡北徙云中、五原、朔方。又西渡河击匈奴、乌桓诸部。自杏城以北八十里，迄长城原，夹道立

① ［德］马克斯·韦伯：《经济与历史：支配的类型》，康乐等译，广西师范大学出版社 2004 年版，第 356—357 页。

② 田余庆：《拓拔史探》，生活·读书·新知三联书店 2003 年版，第 113 页。

碣，与晋分界。[①]

从上面史料我们可能读出以下信息：一是拓跋部分为东部、中部、西部；二是三部分别由拓跋禄官、拓跋猗㐌、拓跋猗卢各自统领；三是拓跋禄官、拓跋猗㐌、拓跋猗卢分别被追封为“昭”、“桓”、“穆”皇帝。从以上三个信息能否有这样的猜想：拓跋禄官篡夺了其侄的酋长位而立，但是沙漠汗的两子并不承认拓跋禄官的合法性而导致分裂，出现了拓跋禄官、拓跋猗㐌、拓跋猗卢各控一部。拓跋魏对自己的先世这种内乱讳莫如深，但历史的实事又难以掩盖，所以出现“禄官立”，尊为昭帝，但又同时追尊拓跋猗㐌、拓跋猗卢为帝。当然我们可以认为拓跋禄官去世后，拓跋猗卢统一三部，所以猗卢被追尊为帝是理所应当的，但拓跋猗㐌先于拓跋禄官去世，按此，拓跋猗㐌被追尊为帝又难以自圆其说。《魏书·序纪》中，拓跋三部的对外扩展中，各行其是，丝毫没有拓跋禄官的诏令。同时《魏书·序纪》对拓跋禄官记述非常简略，而对拓跋猗㐌、拓跋猗卢记述则分别为“（桓）帝英杰魁岸，马不能胜。常乘安车，驾大牛，牛角容一石。帝曾中蛊，呕吐之地仍生榆木。参合陂土无榆树，故世人异之，至今传记。帝统部凡十一年。后定襄侯卫操，树碑于大邗城，以颂功德”[②]，“穆皇帝天姿英特，勇略过人，昭帝崩后，遂总摄三部，以为一统”[③]。对拓跋禄官记述的简略是史官有意为之，还是拓跋禄官本来没有能力控制拓跋部族呢？如果是北魏统治精英授意下，史官有意为之，其解释则可归为北魏的君位由拓跋禄官之兄沙漠汗后人继承，存在偏见。沙漠汗之弟拓跋绰继拓跋悉鹿之后继位，被追尊为平帝。对拓跋悉鹿的记载只有“章皇帝讳悉鹿立，始祖之子也。诸部离叛，国内纷扰。飨国九年而崩”[④]，而对拓跋绰的记述则有：“平皇帝讳绰立，章帝之少弟也。雄武有智略，威德复举。七年，匈奴宇文部大人莫槐为其下所杀，更立莫槐弟普拨为大人。帝以女

① （北齐）魏收：《魏书》（卷一），中华书局1974年版，第5—6页。

② 同上书，第7页。

③ 同上。

④ 同上书，第6页。

妻拨子丘不勤。帝飨国七年而崩。”[1] 同是沙漠汗的两个弟弟先后继立，但对其记述却有不同，所以从存在偏见这一解释来说，仍然难以让人信服。所以我们可以推测，自拓跋弗至拓跋猗卢，出现了强者争立的局面，使得拓跋部族出现了长达十四年的分裂。同时，通过通读《魏书·序纪》发现，拓跋酋长个人能力的大小，同拓跋部兴衰成正相关性，且拓跋部族对强者的崇拜显而易见。对于游牧民族这种政治社会现象，在第二章“十六国权力乱象”一节中已经作了详细阐释，在此不再详述。如上所述，西方学者研究权力，从起源上着手，意指“能力”。那么我们可不可以说：拓跋部落中，核心部族成员，具有能力、魅力的人物成为拓跋部族权力的支配者以及拓跋部民天然服从这种支配，是一种社会必然。所以可以大胆推测，拓跋禄官阴谋弑夺了酋长之位，但由于个人能力、魅力欠缺，在拓跋部族中无法实现“卡里斯玛”支配（魅力统治），而出现三部分裂的局面。

拓跋郁律被害，《魏书·序纪》说他：“姿质雄壮，甚有威略。”[2] “治兵讲武，有平南夏之意。桓帝后以帝得众心，恐不利于已子，害帝，遂崩，大人死者数十人。”[3] 桓帝后是指祁氏。拓跋郁律被害后，祁氏立已子——拓跋猗㐌之子拓跋贺傉为拓跋酋长。从贺傉被立开始至拓跋什翼犍被迎立前的十八年中，拓跋部政局处于动荡之中。拓跋贺傉死后，继其位的是其弟拓跋纥那。拓跋纥那在位时，贺兰及诸部大人立拓跋郁律之子拓跋翳槐为拓跋酋长。纥那与翳槐争立，且贺傉、纥那都相继东奔于东部，翳槐曾避难于后赵。关于这些史实的细节，田余庆先生的《拓跋史探》、张小虎的《拓跋鲜卑早期的权力继承》（《西北师范大学学报》2000 年 7 月）等文都有详尽的研说。他们一致的观点认为，这一时期，拓跋权力的继承是受到东部势力及母系社会传统遗留下来的政治继承习惯的影响。这些研究结论可以说是真知灼见，值得充分重视。从郁律、贺傉、纥那、翳槐都分别借助于外力：郁律与后赵修好；贺傉依仗祁氏而立，依仗东部；纥那曾借助于宇文部、避祸于宇文部；翳槐被贺兰部所立，曾避难于后赵。贺傉、纥那、翳槐，《魏书·序纪》都没有对其自身禀赋及功绩的评价。笔者认为

---

① （北齐）魏收：《魏书》（卷一），中华书局 1974 年版，第 5 页。

② 同上书，第 9 页。

③ 同上书，第 10 页。

这并不是拓跋魏及史家的有意为之。从郁律、贺傉、纥那到翳槐，是一个“强者争立”的时期。郁律“姿质雄壮，甚有威略”，符合拓跋首领的强者支配的条件，但遭到祁氏的谋害，贺傉、纥那、翳槐的居于拓跋酋长之位，并不是依靠自身的禀赋，而是依靠外力。因此，他们这种“强者”并不能服众，得到部族的完全支持。翳槐死时，并未将酋长位指定给自己的儿子，而是临崩顾命曰：“必迎立什翼犍，社稷可安。”① 部族迎立什翼犍，果然拓跋部族重新走上振兴之路，建立了代国。至于什翼犍时期，代国被前秦苻坚所灭，则并不是什翼犍之能力问题。如格尔哈斯·伦斯基所说，“强力（武力、暴力）是政治统治权的基础”②，“它成了人类事务中的终审法庭；在一个给定的情景下，强力不会再提出上诉，除非有更大的强力起作用”③。那么，我们是不是可以说，什翼犍通过自身能力而支配着拓跋鲜卑部族，但遇到前秦这样更加强大的势力时，代国存亡，已经不是什翼犍所能左右得了的事了。

第二节　拓跋的新生

从以上梳理拓跋鲜卑早期权力继承来看，拓跋部族的权力继承同十六国中的匈奴、羯、氐、羌、慕容鲜卑并无不同，“强者得立”仍然是拓跋部族权力嬗代的主要形式；同样，“强者得立”的孪生形态“强者争立”的一幕幕历史剧同十六国权力争夺的现象并无大的不同。从拓跋历史来看，拓跋鲜卑在拓跋珪建立北魏后，其权力继替并未按照十六国“诸胡”政权的老路滑行下去。拓跋珪推行了“子贵母死”、“离散部族”等一系列改革措施。这些措施对拓跋鲜卑来讲，意义重大，深刻地影响了以游牧生产为主要方式的拓跋鲜卑人群。

一　“子贵母死”

“子贵母死”最早见于史料的是《魏书·皇后传》：

---

① （北齐）魏收：《魏书》（卷一），中华书局1974年版，第11页。

② ［美］格尔哈斯·伦斯基：《权力与特权：社会分层的理论》，关信平等译，浙江人民出版社1988年版，第66页。

③ 同上书，第65页。

> 史臣曰：始祖生自天女，克昌后叶。灵后淫恣，卒亡天下。倾城之戒，其在兹乎？钩弋年稚子幼，汉武所以行权，魏世遂为常制。子贵母死，矫枉之义不亦过哉。高祖终革其失，良有以也。①

从上面的材料不难看出，“子贵母死”之制到高祖孝文帝时终止。但有史家认为是孝文帝之子宣武皇帝元恪没有处死太子之母胡太后时才算终止。其实，孝文帝曾要求冯太后废除“子贵母死”旧法，但被否决。因此，宣武帝没有执行“子贵母死”旧法是执行了孝文帝的遗志，“高祖终革其失”还是较为准确。按照上面材料“始祖生自天女，克昌后叶。灵后淫恣，卒亡天下。倾城之戒，其在兹乎？”来看，灵后（胡太后）因宣帝没有执行“子贵母死”而干政达十三年之久，结果是“卒亡天下”。“卒亡天下”是指胡太后的垂帘听政，没有处理好六镇问题，导致亡国。综合“史臣曰”，能否这样解读：可能史家认为“子贵母死”是起到避免后宫干政之弊，废除了“子贵母死”制度后，出现了胡后干政之事；预防这种情况发生，“子贵母死”并不是唯一的办法，所以对“矫枉之义不亦过哉。高祖终革其失，良有以也”持肯定态度。对于“子贵母死”的价值判断我们暂且存而不论，先看其实例。

拓跋珪立拓跋嗣为继统之人，将拓跋嗣之母刘贵人赐死：

> 初，帝母刘贵人赐死，太祖告帝曰：“昔汉武帝将立其子而杀其母，不令妇人后与国政，使外家为乱。汝当继统，故吾远同汉武，为长久之计。”帝素纯孝，哀泣不能自胜，太祖怒之。帝还宫，哀不自止，日夜号泣。太祖知而又召之。帝欲入，左右曰：“孝子事父，小杖则受，大杖避之。今陛下怒盛，入或不测，陷帝于不义。不如且出，待怒解而进，不晚也。”帝惧，从之，乃游行逃于外。②

从上面史料可知，拓跋珪赐死刘贵人是效法汉武帝，避免后宫干政、

① （北齐）魏收：《魏书》（卷十三），中华书局1974年版，第341页。

② （北齐）魏收：《魏书》（卷三），中华书局1974年版，第49页。

“外家作乱”。拓跋嗣生母被赐死后，哀不自胜。从史书记述来看，是因拓跋嗣“素纯孝”才出现这种情况。但从上面记述“汝当继统，故吾远同汉武，为长久之计”是拓跋珪向其子解释为何赐死刘贵人的疑问。周一良认为“拓跋氏入中原前之旧制，凡其子之立太子者，母妃先赐死，至孝文帝母犹因此而被杀。但北方其他少数民族未闻有此风俗，且游牧部落亦不如封建王朝之易于发生母后专权之例，其来源尚待研究”①。田余庆在《拓跋史探》中引周氏的观点而展开论述。“子贵母死”是否是拓跋旧制，始于何时也是史家探寻的问题。史料中关于旧制说还见于《魏书》：

道武宣穆皇后刘氏，刘眷女也。登国初，纳为夫人，生华阴公主，后生太宗。后专理内事，宠待有加，以铸金人不成，故不得登后位。魏故事，后宫产子将为储贰，其母皆赐死。太祖末年，后以旧法薨。②

上面材料说刘皇后之死是因“魏故事……旧法”，这与前面引述的刘贵人死于拓跋珪远同“汉武”故事记述不同。对于这些记述的不同，田余庆《拓跋史探》有精辟的阐述，让人有高山仰止之感。

拓跋部到什翼犍时建立代国。政权建立不久，就被强大的前秦所灭。淝水之战后，前秦四分五裂，拓跋珪乘机复国。拓跋珪建立北魏后，追尊其父至先世力微为帝。因此，在拓跋珪之前，拓跋部族还处于松散的部落联盟阶段。拓跋部族如前述，还是实行强者得立的权力传承原则。“子贵母死”说明，在权力继承方面已经有明确的指向，也就是已经确定了法定继承人的情况下才可能实行。前面引的两则史料很清楚说明拓跋珪实行“子贵母死”是援引汉武帝故事。汉代帝位传承早已经形成定制。汉武帝采取“立幼杀母”是在不得已的情况下发生，并非常态。拓跋鲜卑在拓跋珪之前，其组织形式、建国、治国理念远未达到汉帝国的文明程度。因此，“子贵母死”不太可能发生在拓跋珪之前，以“强者得立”为原则的

① 周一良：《魏晋南北朝札记》，中华书局1985年版，第380页。

② （北齐）魏收：《魏书》（卷十三），中华书局1974年版，第325页。

权力继承情况之下。如上所述，拓跋猗㐌被北魏追尊为桓帝，桓帝之后祁氏之子拓跋普根在拓跋猗卢去世后接替酋长位。但祁氏并未被赐死，并且还先后推立自己孙子普根子、侄子郁律、儿子拓跋贺傉为酋长。拓跋郁律之后王氏，史载“昭成初欲定都于灅源川，筑城郭，起宫室，议不决。后闻之，曰：‘国自上世，迁徙为业。今事难之后，基业未固。若城郭而居，一旦寇来，难卒迁动。’乃止”①。这有力说明，王氏在其子拓跋什翼犍为拓跋酋长时，仍然健在并参与部落事务。因此，从上面的个案来分析，“子贵母死”为拓跋鲜卑旧制是站不住脚的。拓跋部在建立北魏前曾建立代国，但代国并不十分强大，被前秦所灭。因此，拓跋珪建立北魏前，拓跋部落势力还较弱，而作为母族，是拓跋首领的重要依靠力量之一。如果及早进行“子贵母死”，势必会引起母族势力的离心。所以，拓跋部族早期就实行“子贵母死”的支持条件并不充分。如田余庆先生所言，“魏故事”“很可能是《刘皇后传》为图简易，省去道武‘远同汉武’之说而径以故事、旧法解释其死”②，更合乎历史的真实。

从以上的论述可以推定，“子贵母死”之制始于拓跋珪而止于孝文帝应该合乎历史的实事。那为什么到了拓跋珪就要执行“子贵母死”之制呢？田余庆认为，在“子贵母死”前曾形成过“母强子立”之制。当然，也有史家认为“母强子立”是母系社会的遗迹。“母强子立”的含义可以有不同的解释：其一，前部落酋长之妻有强大的母家部落作为后盾，从而能左右拓跋家族权力继承人的选立。这种情况应为多数。如上所述，乌桓“则杀父兄，而终不害其母，以母有族类，父兄无相仇报故也”，史书说“鲜卑俗与乌桓同”。从拓跋鲜卑历史来看，同贺兰部、独孤部、慕容部等联姻较为频繁。部族联姻，是通常部落男子婚配的常态。但选择哪一个部落为联姻对象却并不简单。尤其是部落核心家族中的男性成员娶妻，具有两性婚姻和政治婚姻的双重意义。拓跋首领娶强大部落之女子为配偶，婚姻关系的纽带起到稳定两个部落关系的重要作用，同时也成为拓跋首领加强部落支持乃至取得部落联盟支配权的重要力量之一。当拓跋酋长年老或

① （北齐）魏收：《魏书》（卷十三），中华书局1974年版，第323页。

② 田余庆：《拓拔史探》，生活·读书·新知三联书店2003年版，第14页。

者病亡后，选择权力继承人时，母族的作用就会显而易见。这样的例子在拓跋历史中时有出现。如拓跋珪就是得到其妻族慕容部的支持而统一了诸部。其二，指前部落酋长之妻个人禀赋较强或者机遇较好，在部落中享有较高的支配权。如前面提到的拓跋猗㐌（桓帝）之后祁氏。据田余庆先生考证，祁氏应出于乌桓。《魏书》对祁氏记述简单。根据《魏书·皇后传》，拓跋皇后或者被追尊为皇后的大都有部落出处。可以推断，祁氏应出于并不显赫的部落，《魏书》忌讳而故意隐去。祁氏曾执掌拓跋部权力数年，并推立过三代拓跋酋长继承人。如前所述，祁氏所推立的酋长继承人的统治，多出现部落联盟分裂的状态。拓跋珪既得到了北燕慕容垂的支持统一代北，同时又成为后燕讨伐的对象。拓跋魏的强大，成为后燕在北方重要威胁力量。后燕两次伐魏，都被拓跋珪粉碎。《魏书》记载，拓跋魏强大起来后，拓跋珪常与汉士谋臣讨论治天下之策。这有可能借鉴刘汉、前赵、后赵、前燕等民族政权强者争立败亡教训，制定长久之策。同时，拓跋珪总结拓跋早期"母强子立"的乱局，引入汉例，实行"子贵母死"来遏制母族因素在拓跋魏权力运行中的干扰作用。同时，拓跋魏自身的强大，已经不再依靠母族作为外援而巩固统治权力，实行"子贵母死"的条件已经全面成熟。

那么实行"子贵母死"的效果是怎样的呢？我们继续通过《魏书》的记述接着分析。如上所提及，灵后（胡太后）因宣武皇帝元恪没有执行"子贵母死"之制，而执政达13年之久。我们来看史书对胡皇后的记述中胡氏初被召入宫的一段叙述：

……后姑为尼，颇能讲道，世宗初，入讲禁中。积数岁，讽左右称后姿行，世宗闻之，乃召入掖庭为承华世妇。而椒掖之中，以国旧制，相与祈祝，皆愿生诸王、公主，不愿生太子。唯后每谓夫人等言："天子岂可独无儿子，何缘畏一身之死而令皇家不育冢嫡乎?"及肃宗在孕，同列犹以故事相恐，劝为诸计。后固意确然，幽夜独誓云："但使所怀是男，次第当长子，子生身死，所不辞也。"既诞肃宗，进为充华嫔。先是，世宗频丧皇子，自以春秋长矣，深加慎护。为择乳保，皆取良家宜子者。养于别宫，皇后及充华嫔皆莫得而抚视焉。①

从上面的材料中可以得出以下几组信息：其一，宣武帝元恪时期，皇帝的诸妃因“子贵母死”之制，希望生公主，即使是生男，也愿意被封为王，避免因生男孩被立为太子而引杀身之祸；其二，胡太后因愿生男，并希望被立为太子而“育冢嫡”不惧身死；其三，胡氏有孕（肃宗），与胡氏地位相仿的妃子们劝胡氏早作“子生身死”的应对之策；其四，宣武帝元恪在胡氏生肃宗前“频丧皇子”；其五，皇家为了子嗣延续，采取了一系列措施，选择合适的乳母，并且使皇子与其母分离养于别宫，即使是皇后或生母都不得抚养和探视。综合以上信息，我们可以描述宣武帝元恪时期后宫的景象：嫔妃们因“子贵母死”之制，害怕生男孩，即使是生男孩，也千方百计想办法不被立为太子。宣武帝元恪在肃宗降生之前，“频丧皇子”，到底是“天灾”还是人祸？从诸嫔妃惧死的心态来看，在求生的欲望驱使下，做出杀子的事情也并不是不可能。嫔妃们即使不忍心害死自己的骨肉，也可能幼子因欠缺悉心照料而夭折。后宫嫔妃们因嫉妒或相互算计不让对方之子有继统的机会也是可能的。要不，难以理解宣武帝元恪对肃宗的看护已经到了登峰造极之势。肃宗能够存活下来，首先是因胡氏愿生皇子而不惧身死的心理意识和价值观念，使得皇子安然降生，其次才是皇家严密的看护。那么，从拓跋珪开始至孝文帝废除“子贵母死”之制，是否都或多或少地存在着宣武帝元恪时的这种情况呢？从史书记载来看，难以有确切的史料来佐证。历史研究，是一个严肃而又需要丰富历史史料作为论点佐证的工作。然而，由于诸多原因，这些史料要么尘封于地下，要么因战争等因素被毁，要么因各种原因而不被记录等，使得后世研究前世历史时存在诸多难题。如田余庆先生所言，探寻史迹，在史料缺乏的情况下，提出问题，即使是被证伪也是值得的。受田氏的鼓舞，本书自不量力，尝试做些推定和假设，盼求抛砖引玉。

王家范在《中国历史通论》（“传统统治恩威并用的官僚运作机制”）

① （北齐）魏收：《魏书》（卷十三），中华书局1974年版，第337页。

中说，中国古代君主体制控制官僚系统无非两大原则：一是利益分享原则；二是无限褫夺原则。无限褫夺原则中有一条就是“死亡恐惧”①。这里所说的“死亡恐惧”还是在犯法条件下才可以使用的。如王氏所言，皇帝治臣下的死罪理由不充分时，还可以“莫须有”。北魏“子贵母死”是赤裸裸的死亡恐惧，生下皇子本是有功之人，而却要死于非命。从“同列犹以故事相恐，劝为诸计”来看，能同胡氏不惧死的嫔妃能有几人？从人们对死亡的恐惧感的社会实事来推断，从拓跋珪立“子贵母死”之制开始，到宣武帝元恪时，“频丧皇子”这种情况就早有发生。史书不记载，有诸多可能。太子或皇帝位置在一个走上常规的王朝来说是唯一的。当有皇子的母亲为此而献身，“子贵母死”恐惧自然解除。当然我们也可推断这是“国恶”，史官在当时情况下只能隐去，也是可能的。但历史的真实又不能隐而不记，于是史官通过为显胡太后“天子岂可独无儿子，何缘畏一身之死而令皇家不育冢嫡乎?”的大义而巧妙将“子贵母死”所产生的普遍负面效应记载下来，也是可以理解的。

如果上面的梳理和分析正确的话，“子贵母死”客观上杜绝了母后干政的可能，同时，“强者争立”也就难以形成。其一，在死亡威胁下，君王之嫔妃为了自保，不愿生男孩，即使是生男孩，也只希望被封王，这使得强者产生的数量优势下降。同时，强者的产生除先天禀赋外，还得有后天社会的培育，在这种情况下，嫔妃们在培养皇子的“能力”和强者意识方面就会大打折扣。其二，即使皇子有“卡里斯玛”式强者品质，并在后天的社会努力中占有优势，觊觎皇位也会因“子贵母死”的死亡威胁，得不到亲母的支持而作罢。其三，皇太后或者皇后是“外家”对皇家产生影响的中枢桥梁，是强者产生的皇族外部支持力量。“子贵母死”虽然残忍，但客观上却斩断了“外家”影响皇权的纽带。

二　离散部族

离散部族是拓跋鲜卑自拓跋珪开始的一项改造部族的重大措施。从目前史家研究来看，主要有唐长孺先生的《拓跋国家的建立及封建化》（《魏

① 王家范：《中国历史通论》，华东师范大学出版社2000年版，第310页。

晋南北朝史论丛》，商务印书馆 2010 年版），周一良先生的《领民酋长与六州都督》（《魏晋南北朝史论集》，中华书局 1963 年版），田余庆先生的《拓跋史探》（生活·读书·新知三联书店 2003 年版），古贺昭岑的《论北魏部族的解散》（刘世哲译，《民族译丛》1991 年第 5 期），李凭的《北魏离散诸部问题考实》（《历史研究》1990 年第 2 期），洪淑玲的《由离散诸部看北魏政权的扩张与强化》（《北朝研究》1994 年第 4 期），张小虎的《论北魏专制皇权的形成》（《西北师范大学学报》2002 年第 3 期），宋艳梅的《拓跋鲜卑"七分国人"述论》（《内蒙古社会科学》（汉文版）2006 年第 5 期），杨恩玉的《北魏离散部落与社会转型——就离散的时间、内涵及目的与唐长孺、周一良、田余庆诸名家商榷》（《文史哲》2006 年第 6 期），梁丽红的《也谈北魏离散部落的问题——与杨恩玉同志商榷》（《晋阳学刊》2009 年第 2 期），吴松岩的《从考古学视野看北魏初期离散部落政策》[《内蒙古大学学报》（哲学社会科学版）2012 年第 1 期] 等诸多文章。日本学者胜畑冬、直江直子、松下宪一、太田稔，韩国学者赵晟佑等对"离散部族"都有专文论述。除古贺昭岑的《论北魏部族的解散》一文被译为汉文外，其他日文、韩文文章，由于语言之隔，在研究分析中不能拜读学习，很是遗憾。唐长孺认为北魏离散部族"并不是一时之事，但大规模的执行必在破燕之后"①。周一良认为，"太祖之分散诸部固有例外，且粗犷不列为编民者又不止于边徼之高车而已。如并、肆、汾、晋、冀、安定诸州之山胡、蜀、丁零莫不皆尔，其变叛史不绝书"②。田余庆认为，"即令道武帝曾在某个时候有过离散部落的号令，即令有些具有定居条件的小部落俯首接受过这一号令，所谓离散部落也不只是这样的奉命行事的内容。离散部落首先是拓跋部对被征服部落的一种暴力强制，是一个持续的对抗过程。道武帝为建立帝业而奋斗，重要的对手是几家强大的后族，即贺兰部、独孤部，还有慕容部，他们的部落离散都不是简单的遵令而行。也许贺兰部、独孤部终于被分割离散了，才促使一些较小的、有定居条件的、驻牧地与拓跋接近的部落接受离散的处置。而且，还有不少部落由于不具

① 唐长孺：《魏晋南北朝史论丛》，商务印书馆 2010 年版，第 202 页。

② 周一良：《魏晋南北朝史论集》，中华书局 1963 年版，第 177—178 页。

备定居条件，或者北魏对之无力强制，终北魏之世未被离散”①。古贺昭岑认为，北魏在拓跋珪刚建立政权之初局势并不稳定，因此在登国年间不可能离散部族，离散部族是在“整顿国家体制的皇始之后”。古氏认为“所谓的部族离散，我认为就是为了集中兵力、强化帝权而重编部族，对于旧部族成员，使其在限定的范围内从事游牧，并且作为生活基础给予一定数量的土地和佃户。而对于汉族，起用豪族，照搬过去的政治组织。汉人，则为了摆脱征服者的掠夺，维护自己的生活，主动地与北魏朝接近，并希望其汉化”②。李凭认为，“道武帝一共推行了三次离散诸部措施。其中，第一次的规模较小，实际上是一次不成功的尝试；第二次的规模较第一次大，而且取得了一定的成就，但只是局部的推行；第三次却是大规模的，比较全面的运动，它波及了北魏统治下的大部分游牧部落”。“它促使北魏统治下的大部分游牧部落的组织分解，加速了由游牧向农耕的转化的进程。它剥夺了部落贵族统领部落的权力，将他们与部民一起编为国家的‘编民’，把拓跋鲜卑社会纳入了封建统治的轨道。”同时也要看到，“由于这一措施的推行直接侵害了大量部落贵族的经济和政治利益，因而不断地受到他们的激烈反对而被迫中断。”③ 张小虎基本认同李凭的观点，并认为所谓“始同为编民”、“皆同编户”不一定就是农耕生活的表现，而应理解为将原来松散、间接地对部民的统治，置于国家、皇权直接控制之下，来加强皇权的力量。而对于离散诸部后的部落贵族，像贺讷一样，虽“甚见尊崇，然无统领”，他们的力量已大大地削弱了。④ 宋艳梅认为，“八部或八国，当是对当时未参与部落离散的八族后裔的一种称谓，并不是一个具体的行政区划”⑤，也就是认同离散部族并不是在所有部族中执行。杨恩玉认为，北魏离散部落开始于登国元年（公元 386 年）的记载是可信的。被离散的对象包括被征服部落、降附部落和原有部落，其范围基本上是北魏境内所有的游牧部族。离散部族削弱了部族大人的权力，加强了国家对各

① 田余庆：《拓跋史探》，生活·读书·新知三联书店 2003 年版，第 31 页。

② 古贺昭岑：《论北魏部族的解散》，刘世哲译，《民族译丛》1991 年第 5 期。

③ 李凭：《北魏离散诸部问题考实》，《历史研究》1990 年第 2 期。

④ 张小虎：《论北魏专制皇权的形成》，《西北师范大学学报》2002 年第 3 期。

⑤ 杨恩玉：《北魏离散部落与社会转型——就离散的时间、内涵及目的与唐长孺、周一良、田余庆诸名家商榷》，《文史哲》2006 年第 6 期。

部族的统治，增强了国家的经济和军事力量。梁丽红从史料的运用、分析推理以及学术史的角度指呈了对杨恩玉文章中的诸多疑问，实为一种讨论的深入。吴松岩从北魏建立之前和拓跋鲜卑遗存和北魏初期遗存做对比研究，从考古角度印证了部分史家认为大规模的离散部族是从灭燕之后开始的。同时认为部族由游牧改变为农耕方式在北魏初期已经开始了。日、韩学者的文章由于语言障碍不能全部通读，在此不能窥其全部，只能一叶障目，斗胆说自己的想法和认识了。

从以上文献梳理来看，离散部族这一史实并没有多大分歧，分歧主要集中在：一是离散部族的时间；二是离散部族的范围；三是离散部族的形式。

离散部族之所以有如此多的分歧，主要原因在于史书记载的简略。北魏的建立、发展，在军事共同体结构上同十六国时期有着很大的不同。十六国时期，刘汉、前赵、后赵、前秦、前凉、后凉、北凉、南凉、西秦、夏等诸政权的主要特征是以某一个“胡族”为主要核心，在争战中逐渐演变为联合其他“胡族”为主要军事力量而形成的军事共同体。这些“胡族”多来自不同的地域，远离自己的发源地，深入中原地区。当某一“胡族”以自身能力不足以维持自己势力边界，维持主要以获取农业资源而生存和统治时，就被纳入强大的“胡族”序列中来，受其支配。当然，这样的好处是被收编的“胡族”仍然可以获取农业社会资源的分配。当某一核心“胡族”因君位继替中发生内乱，力量因内耗损失殆尽，或者核心“胡族”力量不占有绝对优势时，其他“胡族”便乘机取而代之或者分裂割据。在东部建立的“胡族”政权，前燕、后燕、西燕、南燕、北燕，其核心部族主要是慕容鲜卑，其军事力量也主要以慕容鲜卑为主。但其衰败原因同前述的刘汉、前赵、后赵等并无多大分别。拓跋部族的兴起后，于公元 338 年建立代国。公元 376 年，代国被前秦灭亡。苻坚灭代后，令独孤、铁弗二部分统拓跋部众，令贺讷总摄东部防务，也就是贺兰部扼守通向东部幽州地境通道。公元 386 年，长期奔逃在外的拓跋珪得到贺兰部贺讷等部大人的支持，在牛川大会诸部，继代王位、年号登国，后迁都盛乐，改国号为魏，史称北魏。北魏建立时，北有贺兰部，南有独孤部，东有库莫奚部，西边在河套一带有铁弗部，阴山以北为柔然部和高车部，太行山以东为慕容垂建立的后燕及以西的慕容永统治的西燕。拓跋内部又出现争位局面。拓跋窟咄是代王什翼犍之子，前秦灭代后迁长安，前秦瓦解后随慕容永东迁为西燕新兴太守。拓跋窟咄得到独孤部刘显的支持，争夺拓跋部族权力。拓跋珪得到贺兰部、后燕慕容垂的支持，最终拓跋窟咄被打败，逃往铁弗部，被刘卫辰所杀，拓跋珪尽收拓跋窟咄部众。因此，拓跋部族立国除了统一拓跋部族内部诸力量之外，不得不面对代北这一共同广大地域的贺兰部、独孤部、铁弗部等族的挑战。虽然代北仍有一定规模的农业，但传统畜牧业仍是各部主要的生业。诸部族具有很大的独立性，因此，拓跋部族建立的北魏在很大程度上是一个松散的共同体。此时的拓跋部族同十六国时深入中原建立诸政权的结构有很大不同。拓跋部族虽然是共同体的核心部族，但军事上并不占有绝对优势。从一个部族的自身的生存与发展本能上来讲，是有很大的危机感。因此，据《魏书》所载："凡此四方诸部，岁时朝贡。登国初，太祖散诸部落，始同为编民。"[①] 离散部族是在北魏建立之初就已经开始。如田余庆先生所说，"离散部落首先是拓跋部对被征服部落的一种暴力强制，是一个持续的对抗过程"，是通过战争完成的。本书认为，离散部族就是拓跋部族统一诸部的过程，也就是削弱贺兰部、独孤部等势力，使得拓跋部族在共同体中占有绝对军事优势的过程。

《魏书》载："太祖时，分散诸部，唯高车以类粗犷，不任使役，故得别为部落。"[②] 史家多引此史料认为拓跋魏并未将所有部族都离散，拓跋珪离散部族范围有限。那么如何来看这一问题呢？如有的史家将《魏书·官氏志》"登国初，太祖散诸部落，始同编民"理解为一个号令或者制度是不准确的。如上所述，拓跋魏在建立时，仍然是一个松散的共同体。"胡族"建立政权，本族兵为核心的军事共同体起着主导作用。此时的拓跋魏还未形成一个如汉晋那样的王朝，甚至同南方的东晋都有很大不同，不太可能通过行政方式实行离散部族。因此，即便是治国理政之政策，也必须依靠强大的部族武力作为后盾，逐渐推行。离散强大部族即便是国策，也

① （北齐）魏收：《魏书》（卷一百一十三），中华书局1974年版，第3014页。
② （北齐）魏收：《魏书》（卷一百三），中华书局1974年版，第2309页。

是针对不同部族，一个一个地通过战争手段推进。田余庆《拓跋史探》中“贺兰部落离散问题——北魏‘离散部落’个案考察之一”和“独孤部落离散问题——北魏‘离散部落’个案考察之二”能给我们很大的启示。下面通过梳理《魏书·帝纪》拓跋魏统一诸部年表，作进一步分析。

北魏登国二年（公元387年）

帝亲征刘显于马邑南，追至弥泽，大破之，显南奔慕容永，尽收其部众。[①]

北魏登国三年（公元388年）

五月癸亥，北征库莫奚。六月，大破之，获其四部杂畜十余万。[②]

秋七月庚申，库莫部帅鸠集遗散，夜犯行宫。纵骑扑讨，尽杀之。[③]

十有二月辛卯，车驾西征。至女水，讨解如部，大破之，获男女杂畜十数万。[④]

北魏登国四年（公元389年）

春正月甲寅，袭高车诸部落，大破之。[⑤]

二月癸巳，至女水，讨叱突邻部，大破之。戊戌，贺染干兄弟率诸部来救，与大军相遇，逆击走之。[⑥]

登国五年（公元390年）

春三月甲申，帝西征。次鹿浑海，袭高车袁纥部，大破之，虏获

① （北齐）魏收：《魏书》（卷二），中华书局1974年版，第21—22页。

② 同上书，第22页。

③ 同上。

④ 同上。

⑤ 同上。

⑥ 同上书，第22—23页。

生口、马牛羊二十余万。[①]

夏四月丙寅，行幸意辛山，与贺驎讨贺兰、纥突邻、纥奚诸部落，大破之。[②]

六月，还幸牛川。卫辰遣子直力鞮寇贺兰部，围之。贺讷等请降，告困。秋七月丙子，帝引兵救之，至羊山，直力鞮退走。[③]

九月壬申，讨叱奴部于囊曲河，大破之。[④]

冬十月，迁云中，讨高车豆陈部于狼山，破之。[⑤]

十有一月，纥奚部大人库寒举部内属。[⑥]

十有二月，纥突邻大人屈地鞬举部内属。帝还次白漠。[⑦]

登国六年（公元391年）

春二月，幸纽垤川。三月，遣九原公元仪、陈留公元虔等西讨黜弗部，大破之。[⑧]

六月，慕容贺驎破贺讷于赤城。帝引兵救之，驎退走。[⑨]

秋七月……其月，卫辰遣子直力鞮出棝杨塞，侵及黑城。九月，帝袭五原，屠之。收其积谷，还纽垤川。于棝杨塞北，树碑记功。[⑩]

冬十月戊戌，北征蠕蠕。追之，及于大碛南床山下，大破之。班赐从臣各有差。其东西二部主匹候跋及缊纥提，斩别帅屋击于。[⑪]

十有一月戊辰，还幸纽垤川。戊寅，卫辰遣子直力鞮寇南部。己卯，车驾出讨。壬午，大破直力鞮军于铁歧山南，获其器械辎重。牛

① （北齐）魏收：《魏书》（卷二），中华书局1974年版，第23页。
② 同上。
③ 同上。
④ 同上。
⑤ 同上。
⑥ 同上。
⑦ 同上。
⑧ 同上。
⑨ 同上书，第24页。
⑩ 同上。
⑪ 同上。

羊二十余万。戊子，自五原金津南渡河。辛卯，次其所居悦跋城，卫辰父子奔遁。壬辰，诏诸将追之，擒直力鞮。[①]

十有二月，获卫辰尸，斩以徇，遂灭之。卫辰少子屈丐，亡奔薛干部。车驾次于盐池。自河已南，诸部悉平。簿其珍宝畜产，名马三十余万匹，牛羊四百余万头。班赐大臣各有差。收卫辰子弟宗党无少长五千余人，尽杀之。山胡酋大幡颓、业易于等率三千余家降附，出居于马邑。[②]

登国七年（公元392年）

三月甲子……西部泣黎大人茂鲜叛走，遣南部大人长孙嵩追讨，大破之。[③]

登国八年（公元393年）

春正月，帝南巡。二月，幸羖羊原，赴白楼。三月，车驾西征侯吕邻部。夏四月，至苦水，大破之。[④]

六月，车驾北巡。永来告急，遣陈留公元虔、将军庾岳率骑五万东渡河救之。破类跋部帅刘曜等，徙其部落。元虔等因屯秀容，慕容垂遂围长子。[⑤]

八月，帝南征薛干部帅太悉佛于三城，会其先出击曹覆，帝乘虚屠其城，获太悉佛子珍宝，徙其民而还。太悉佛闻之，来赴不及，遂奔姚兴。[⑥]

登国九年（公元394年）

---

① （北齐）魏收：《魏书》（卷二），中华书局1974年版，第24页。

② 同上。

③ 同上书，第25页。

④ 同上。

⑤ 同上。

⑥ 同上。

冬十月，蠕蠕社仑等率部落西走。[1]

登国十年（公元395年）

春正月，太悉佛自长安还岭北，上郡以西皆应之。[2]

从以上北魏拓跋珪登国年间（公元387年至公元395年，近九年）的重大事件来看，拓跋部族的历史就是一个武力征服史，与此同时，其他部族就是一个被征服的过程。因此，离散部族是拓跋部族征服其他部族而集中权力之后，如何将这些部族进行改造的问题。离散部族以法令或者制度形式来实施，并不符合拓跋魏这一时期政权行使权力的实际，更不符合“胡族”政权形成的发生学上的特点。离散部族就是拓跋部族征服其他部族后对强大部族原来结构形态的分割与重组。那么对一些小的部族，因不能形成对拓跋部族的威胁，而自然存在，或者从贺兰部或独孤部离散，只是必然之事。对于一些在漠北的部族，如高车等族鞭长莫及，所以“不任使役”，也就无离散的实际了。

如果以上北魏离散部族开始时间和范围不错的话，被离散诸部又以何种形态继续存在呢？《魏书·贺讷传》载：

讷从太祖平中原，拜安远将军。其后离散诸部，分土定居，不听迁徙，其君长大人皆同编户。讷以元舅，甚见尊重，然无统领。以寿终于家。[3]

以此记述，引起诸史家的不同解读。如有史家认为拓跋珪平定中原是自皇始元年至天兴元年，即公元396年至公元398年，因此，离散诸部为皇始元年，也就是公元396年。如上分析，拓跋部族在拓跋珪登国年间对诸部族进行征伐说明，此时的拓跋魏并不是一个实质统一代北诸部的共同

① （北齐）魏收：《魏书》（卷二），中华书局1974年版，第26页。
② 同上。
③ （北齐）魏收：《魏书》（卷八十三上），中华书局1974年版，第1812页。

体。统一诸部是在拓跋武力推进的过程中实现的。如果没有对某一部族的军事征服，离散部族就只能是镜中花、水中月。因此，离散部族是在拓跋珪征服诸部后，对被征服部族的分割与改造。从某种角度上来说，军事征服和离散部族是拓跋部族统一诸部这一过程中的两阶段，军事征服是离散部族的前提条件，而离散部族又是对军事征服这一结果的巩固，这有效地抑制了被征服部族之后的重新反叛。“分土定居，不听迁徙”，就是将被征服部众固定在土地上，不允许随意迁徙。但对此的理解上，史家又会出现不同解读。有史家认为“分土定居”只和农耕相联系是片面的。拓跋部族强力征服诸部，他的一个强大职能就是维持诸部间的边界。游牧部族从事畜牧生产，逐水草而徙，就认为可以在草原随处游走，这种理解是有偏差的。《史记·匈奴传》中对游牧部族是这样记述：“逐水草迁徙，毋城郭常处耕田之业，然亦各有分地。”这就是说，游牧部族相互间是有边界的。因此，此处的分土定居可能会有两层含义：其一，在没有农业条件的地域，将原来征服的强大部族离散为更小的部族，划定彼此的牧场边界，不允许随意越界。其二，在有农业条件的地域，则是将被征服部族离散为各个小的部族，划定边界，从事农耕，或者半农半牧。以强大的拓跋部族军事强力作为后盾，划定边界的手段，就是将各君长控制的资源进行了“肢解”，并且通过拓跋统治体制将原先部族“君长大人”的权威剥夺，亦即“皆成编户”。如第一章中游牧人群的“生存地域与权力关系”所论及，资源控制、分配是权力关系形成的关键。北方游牧人群中的核心部族宗族控制了一定区域草原资源及支配权，而其他部族部落又会因渴望得到这些资源形成依赖，在没有其他摆脱手段的可能性下，直接导致了服从关系的产生。因此，资源的控制与分配权是游牧人群权力产生的核心。“分土定居”是北方游牧人群权力产生的逆过程。这种过程也如西汉时期的“推恩令”，也就是要达到贾谊“众建诸侯而少其力”效果。拓跋珪能效仿汉武帝实行“子贵母死”，“分土定居”办法的灵感来自“推恩令”启示也不是没有可能的。所以“讷以元舅，甚见尊重，然无统领”是诸部被离散后，诸部族首领被削去支配部族权力的典型结果。因此，在拓跋珪“平中原”时，拓跋魏已经形成了以拓跋部族为核心的绝对优势的军事共同体。作为诸部来说，因其传统牧地、耕地已经不属于各部君长直接控制，而分属于更小部族群体拥有，也就失去了统领原部落的物质基础和领袖权威。被划定边界的小部族、部落也将会努力维持自己的“分土”，以保住自己拥有的草地资源。至登国末年，强大部族问题已经被基本解决，“平中原”也就没有后顾之忧了。

小结：“离散部族”和“子贵母死”是拓跋鲜卑历史上的大事，也是继“五胡十六国”以来前所未有的壮举。拓跋鲜卑同匈奴、羯、氐、羌、慕容鲜卑一样，权力嬗代的基本法则是“强者得立”。这一权力继替法则的孪生形态“强者争立”又是权力乱象的根源。“五胡十六国”大多没有逃出这一乱源的厄运而匆匆灭亡。拓跋鲜卑早期权力继替过程中，也不能逃出“强者争立”的“铁律”。拓跋魏在武力统一诸部的过程中，实行“离散部族”，从根本上解除了各部族对以拓跋部族为核心的权力体系挑战的可能。“子贵母死”制度，虽然残忍，却有力遏制了拓跋君权嬗代中“强者争立”的乱局出现，为君权有序继替创造了条件。同时，离散部族，使得拓跋部族以外，如拓跋珪的母族贺兰部、妻族独孤部等影响拓跋部族内部君权的能力大大降低。“子贵母死”有力地从拓跋内部遏制“强者”的产生，也从外部割断了母族或后族通过皇太后或皇后干涉、影响拓跋内部继统问题。因此，“强者争立”的“铁律”被打破，阻止了拓跋鲜卑重蹈十六国诸政权的覆辙，从此跳出了“五胡十六国”短祚的怪圈。拓跋部族君权有序继替，使得北魏政治周期相对变长，为解决自十六国以来“胡族”政权所面临的共同问题的有序展开提供了时间保证，谓其为“拓跋部族的新生”，具有相当的适恰性。

第三节　太和改制——北魏政权与农耕世界的全面对接

公元 409 年，北魏的缔造者，也是北魏权力继承制度的设计者和执行者拓跋珪被其次子拓跋绍弑亡。拓跋绍弑父引起朝局混乱，很快就被太子拓跋嗣平定。拓跋珪之后，北魏经拓跋嗣、拓跋焘两代经营，公元 439 年统一北方。拓跋焘死后是拓跋余、拓跋濬先后继位。拓跋濬辞世后，拓跋弘以太子位继统，7 年后传位给太子拓跋宏，也就是孝文帝。孝文帝太和八年，公元 484 年开始改革，史称太和改制。从拓跋珪公元 409 年去世到公元484年太和改制前的75年左右时间里，拓跋魏权力继承并不是一帆风顺。拓跋绍虽然带有些许“强者争立”的余绪，但终因自己势力的孱弱和得不到大臣、部落势力的支持而失败。拓跋焘死于宫廷政变，拓跋余和拓跋濬都是权臣先后拥立的君主，拓跋余只在位8个月就被杀，拓跋濬执政达16年之久。拓跋魏权力继替之路并不平坦，但也并未引起大的朝局动荡。从拓跋珪后的6位帝王继统来看，基本看不到部落部族势力干政、“强者争立”的影子，基本上实现了拓跋珪“不令妇人后与国政，使外家为乱”的设想。从拓跋珪去世至太和八年，北魏统治周期比十六国中享祚最长的西秦（公元46年）相比，已经超出近30年，这本身就是一个巨大的进步。拓跋魏政治周期变长，拓跋珪的“离散部族”、“子贵母死”等政策对北魏权力稳定继承起到了根本性作用。拓跋魏解决了自身权力继承问题，但并不意味着北魏王朝从此可以安枕无忧了。《魏书·食货志》说：

> 太祖定中原，接丧乱之弊，兵革并起，民废农业。方事虽殷，然经略之先，以食为本，使东平公仪垦辟河北，自五原至于棝阳塞外为屯田……既定中山，分徙吏民及徒何种人、工伎巧十万余家以充京都，各给耕牛，计口授田。天兴初，制定京邑，东至代郡，西及善无，南极阴馆，北尽参合，为畿内之田。其外四方四维置八部帅以监之，劝课农耕，量校收入，以为殿最。又躬耕籍田，率先百姓。自后比岁大熟，匹中八十余斛。是时戎车不息，虽频有年，犹未足以久赡矣。①

“太祖定中原”后，注重农业生产是在北魏基本平定华北后的基础上，形成较为稳定社会秩序的条件下展开。拓跋部族君权有序继替，使得拓跋珪时期形成的有利于农业社会稳定的环境并未因此而中断。北魏军事共同体具备了农耕社会原理下形成的最高共同体维持内外边界的最基本的职能。农业社会是比牧业社会更为复杂的社会系统，北魏权力基本平稳继承，仅仅为北魏政权全面同农耕世界对接提供了最基本的社会政治条件。因此，北魏要建

① （北齐）魏收：《魏书》（卷一百一十），中华书局1974年版，第2849—2850页。

立起完全符合农耕社会原理的政权，还有相当长的路要走。

一　北魏前期的农牧业与民间生存状况

刘静夫《中国魏晋南北朝经济史》认为："北魏前期的经济，是一个较为复杂的混合体：掠夺经济、畜牧经济、屯田及郡县农业构成了北魏经济的四大支柱。"[①] 北魏统一北方后，掠夺经济已经不占有重要位置，而畜牧业则有较大扩张之势。

公元429年，北魏太武帝拓跋焘神䴥二年十月将降附的柔然、高车等部族，"列置新民于漠南，东至濡源，西暨五原、阴山，竟三千里"[②]。这些列置的部族主要从事畜牧业。公元445年8月，"徙诸种杂人五千余家于北边。令民北徙畜牧至广漠，以饵蠕蠕"[③]。漠南牧场的畜牧业很繁荣，据史书记载，漠南高车：

> 逐水草，畜牧蕃息，数年之后，渐知粒食，岁致献贡，由是国家及牛羊遂至于贱，毡皮委积。[④]

足见漠南牧场畜牧业之规模。

西部夏、西秦、北凉等控制的西部地区主要以畜牧业为主，盛产畜牧牲畜。拓跋焘平定这些地区后，仍以河西为牧地：

> 世祖之平统万，定秦陇，以河西水草善，乃以为牧地。畜产滋息，马至二百余万匹，橐驼将半之，牛羊则无数。[⑤]

孝文帝迁都洛阳后，派遣宇文福"检行牧马之所"，史载：

---

① 刘静夫：《中国魏晋南北朝经济史》，人民出版社1994年版，第89页。

② （北齐）魏收：《魏书》（卷四上），中华书局1974年版，第75页。

③ （北齐）魏收：《魏书》（卷四下），中华书局1974年版，第99页。

④ （北齐）魏收：《魏书》（卷一百三），中华书局1974年版，第2309页。

⑤ （北齐）魏收：《魏书》（卷一百一十），中华书局1974年版，第2857页。

> 时仍迁洛，敕福检行牧马之所。福规石济以西、河内以东，拒黄河南北千里为牧地。事寻施行，今之马场是也。及从代移杂畜于牧所，福善于将养，并无损耗，高祖嘉之。寻补司卫监。从驾豫州，加冠军将军、西道都将、假节、征虏将军。领精骑一千，专殿驾后。未几，转骁骑将军，仍领太仆、典牧令。①

宇文福规划以汲郡为中心，“石济以西、河内以东，拒黄河南北千里为牧地”，规模大，范围广。这里因居太行山之南，故称河阳。史书载，这次是“复以河阳为牧场”，就说明河阳曾经为北魏牧场，此后可能因民饥而恢复农业。北魏都城南迁洛阳，粮食问题有所缓解，又恢复河阳为牧场。河阳牧场主要以战马为主，史载：

> 高祖即位之后，复以河阳为牧场，恒置戎马十万匹，以拟京师军警之备。②

可见河阳牧场之重要，也是经营畜牧业的重地之一。

除以上地区为主要牧业之地，北魏起家之地——代北，也是主要的牧场之一。代北牧场在北魏统一北方、迁洛之前，为北魏提供大量的战马，发挥了重要作用。迁都洛阳后，河阳牧场取代了代北牧场，但代北的私人畜牧业可能更加发达了。对于河西牧场的戎马利用，也并不是直接转徙河阳牧场，而是采取循序南移之法：

> 每岁自河西徙牧于并州，以渐南转，欲其习水土而无死伤也，而河西之牧弥滋矣。正光以后，天下丧乱，遂为群寇所盗掠焉。③

从北魏各地牧场来看，战马是拓跋魏的重要战略物资，而这种战略物资的使用，又依畜牧生产及牲畜的适应特点而有序展开。因此，至北魏，

① （北齐）魏收：《魏书》（卷四十四），中华书局 1974 年版，第 1000—1001 页。

② （北齐）魏收：《魏书》（卷一百一十），中华书局 1974 年版，第 2857 页。

③ 同上。

畜牧生产技术及对畜牧业生产的认识已经有了更大的提高。除了这些带有官办性质的大型牧场外，北方小块、零星的畜牧生产也有存在。因此，官方、私人畜牧业除了为北魏提供军需物资外，也提供了一定的生存资源。《洛阳伽蓝记》说王肃由齐归降北魏：

> 肃初入国，不食羊肉及酪浆等物，常饭鲫鱼羹，渴饮茗汁。京师士子道肃一饮一斗，号为漏卮。经数年以后，肃与高祖殿会，食羊肉酪粥甚多。高祖怪之，谓肃曰："卿中国之味也，羊肉何如鱼羹。茗饮何如酪浆？"肃对曰："羊者是陆产之最，鱼者乃水族之长。所好不同，并各称珍。以味言之，甚是优劣。羊比齐鲁大邦，鱼比邾莒小国，唯茗不中与酪作奴。"高祖大笑，因举酒曰："三三横，两两纵，谁能辨之赐金锺。"御史中尉李彪曰："沽酒老妪瓮注瓨，屠儿割肉与秤同。"尚书右丞甄琛曰："吴人浮水自云工，妓儿掷绳在虚空。"彭城王勰曰："臣始解此字是习字。"高祖即以金锺赐彪。朝廷服彪聪明有智，甄琛和之亦速。彭城王谓肃曰："卿不重齐鲁大邦，而爱邾莒小国。"肃对曰："乡曲所美，不得不好。"彭城王重谓曰："卿明日顾我，为卿设邾莒之食，亦有酪奴。"因此复号茗饮为酪奴。[①]

这是记述元宏与群臣宴饮的场面，以南北饮食不同作为主要话题。从中可以看出，畜牧品仍然是北魏上层的重要食物来源之一。南方人王肃的饮食变化可能受交往群体中普遍的"食羊肉、酪浆"之习的影响，同时也是由当时当地可食的食物种类所决定的。因交换的原因，无论是从事畜牧还是农业的百姓，畜牧产品都可能或多或少在北方人中普遍食用。因此，畜牧业是北魏的重要依赖资源之一。

我们再来进一步思考孝文帝"复以河阳为牧场"的记述。北魏前期大规模的牧场有代北、漠南、河西、河阳等地，如果加上各地零星小块牧场，畜牧业的规模可能超过了十六国时期。代北、漠南、河西虽为传统从

① 杨衒之：《洛阳伽蓝记校释》，周祖谟校释，中华书局2010年版，第109—111页。

事畜牧业的主要区域，但都有份额不等的农业间落其中。如果畜牧业不断地扩展，可能会侵害当地农业。孝文帝“复以河阳为牧场”，透露出两层意思：其一，河阳曾经为北魏牧场，或者在十六国时期就是以牧为主；其二，在孝文帝将河阳设为牧场之前，河阳是农还是牧呢？河阳应是传统的农业区。北魏在平城时，可能因民饥而恢复了农业，而在北魏南迁洛阳之后，因对战略物资——战马的需求，又将河阳辟为牧场。但无论是哪种情况，北魏前期，都有畜牧扩大化的倾向。

那么发达的北魏畜牧业图景下，北魏民间整体生存状况又是一个什么样子呢？

我们来梳理一下太和改制前的史料：

拓跋嗣时期：

> （神瑞二年）是后，京师比岁霜旱，五谷不登，诏人就食山东，以粟帛赈乏，语在《崔浩传》。[①]

拓跋焘时期：

> 至真君元年，州镇十五尽饥。[②]

拓跋濬时期：

> （太安五年）十二月，六镇、云中、高平、雍、秦饥旱。明年，改年为和平。[③]

拓跋弘时期：

---

① （北齐）魏收：《魏书》（卷一百五之三），中华书局 1974 年版，第 2396 页。

② 同上书，第 2404 页。

③ 同上书，第 2408 页。

（天安元年）是岁九月，州镇十一旱饥。①

（皇兴元年）后岁夏，旱，河决，州镇二十七皆饥，寻又天下大疫。②

拓跋宏时期：

（延兴）四年，州镇十三饥。又比岁蝗旱。③

太和元年，云中又饥，开仓赈之。④

（太和五年）是岁，京师大霖雨，州镇十二饥。⑤

（太和八年）冬，州镇十五水旱，人饥。⑥

（太和九年）是岁，冀定数州大水，人有鬻男女者，京师及州镇十三水旱伤稼。明年，大赦。⑦

根据史书记载，从拓跋嗣神瑞二年（公元415年）到太和九年（公元485年），平均每6—7年就会有一次大饥荒；其中献文帝拓跋弘和孝文帝拓跋宏时期最为频繁；有三次都发生在京师。神瑞二年京师大饥荒引发了朝野强烈震动，甚至有大臣劝拓跋嗣迁都：

神瑞二年，秋谷不登，太史令王亮、苏垣因华阴公主等言谶书国家当治邺，应大乐五十年，劝太宗迁都。浩与特进周澹言于太宗曰："今国家迁都于邺，可救今年之饥，非长久之策也。东州之人，常谓国家居广漠之地，民畜无算，号称牛毛之众。今留守旧都，分家南徙，恐不满诸州之地。参居郡县，处榛林之间，不便水土，疾疫死伤，情见事露，则百姓意沮。四方闻之，有轻侮之意。屈丏、蠕蠕必提挈而来，云中、平城则有危殆之虑。阻隔恒代千里之险，虽欲救

① （北齐）魏收：《魏书》（卷一百五之三），中华书局1974年版，第2411页。

② 同上。

③ 同上书，第2413页。

④ 同上。

⑤ 同上书，第2415页。

⑥ 同上书，第2416页。

⑦ 同上。

援，赴之甚难。如此则声实俱损矣。今居北方，假令山东有变，轻骑南出，耀威桑梓之中，谁知多少。百姓见之，望尘震服。此是国家威制诸夏之长策也。至春草生，乳酪将出，兼有菜果，足接来秋。若得中熟，事则济矣。”太宗深然之，曰：“唯此二人，与朕意同。”复使中贵人问浩、澹曰：“今既糊口无以至来秋，来秋或复不熟，将如之何?”浩等对曰：“可简穷下之户，诸州就谷。若来秋无年，愿更图也。但不可迁都。”太宗从之，于是分民诣山东三州食，出仓谷以禀之。来年遂大熟。赐浩、澹妾各一人，御衣一袭，绢五十匹，绵五十斤。①

这次大饥荒，北魏用崔浩、周澹之策而得以化解。二人的应对之策从国内安定、北方边防、农牧结构诸方面进行全面奏述，最后以“迁民山东就谷”的具体方案而化了解燃眉之急。关于粮食问题，拓跋焘时期，汉人高允有一番高论：

世祖引允与论刑政，言甚称旨。因问允曰：“万机之务，何者为先?”是时多禁封良田，又京师游食者众。允因言曰：“臣少也贱，所知唯田，请言农事。古人云：方一里则为田三顷七十亩，百里则田三万七千顷。若勤之，则亩益三斗，不勤则亩损三斗。方百里损益之率，为粟二百二十二万斛，况以天下之广乎。若公私有储，虽遇饥年，复何忧哉?”世祖善之。遂除田禁，悉以授民。②

北魏太子拓跋晃监国，重视农耕：

初，恭宗监国，曾令曰：“《周书》言：任农以耕事，贡九谷。任圃以树事，贡草木；任工以余材，贡器物；任商以市事，贡货贿；任牧以畜事，贡鸟兽；任嫔以女事，贡布帛；任衡以山事，贡其材。任

① （北齐）魏收：《魏书》（卷三十五），中华书局1974年版，第808页。

② （北齐）魏收：《魏书》（卷四十八），中华书局1974年版，第1069页。

虞以泽事，贡其物。”其制有司课畿内之民，使无牛家以人牛力相贸，垦殖锄耨。其有牛家与无牛家一人种田二十二亩，偿以私锄功七亩，如是为差。至与小、老无牛家种田七亩，小、老者偿以锄功二亩。皆以五口下贫家为率。各列家别口数，所劝种顷亩，明立簿目。所种者于地首标题姓名，以辨播殖之功。”又禁饮酒、杂戏、弃本沽贩者。垦田大为增辟。[①]

综合以上史料，在北魏太和改制以前，饥荒频仍。北魏统治者为解决生存资源缺乏问题，甚至提出了迁都的办法。有识之士，汉人高允、太子晃都已经意识到问题的严重性。各州镇出现大面积饥荒，主要是粮食这一中心性资源短缺而引发的问题。因此，北魏的社会主要症结是生产出现了问题。汉代农业社会解决诸类问题的方式是精耕农业和不断垦荒。精耕农业可以提高单位面积的亩产量。但通过提高亩产量对粮食总产量的贡献比较有限，在当时，如果平均一亩有20—30斤增产，已经是一个非常了不起的增量了，并且随着亩产增加，农人投入成本也会大大增加。大量的开荒比起增加亩产来说，是一个质的飞跃。多增一亩耕地的产量，如果按照一亩300斤计算，相当于精耕10亩地的增量。一亩的产量至少可维持1人10个月的口粮。古代社会，至少在工业社会以前，粮食这一中心性生存资源处于短缺状态是社会的常态。北魏前期出现畜牧扩大化，将大量的耕地辟为牧地，大大地降低了单位面积土地生产资源的量，必然会导致生存资源原本紧缺而又雪上加霜。汉代解决饥荒问题除了民间储备，还有政府的仓储，以备不时之需，北魏到太和十一年，“建立仓储制度仍未落实”[②]。总之，北魏前期，农业生产粗犷，加上大量土地的畜牧化，耕地数量萎缩，可能生产的生存资源勉强够生产者的生存和部分上缴的租赋，建立仓储可能更谈不上了。

二　北魏前期的官俸

北魏前期，土地畜牧化严重，造成粮食生产量的减少，从而导致民间

① （北齐）魏收：《魏书》（卷四下），中华书局1974年版，第108—109页。

② 李培栋：《北魏太和改制前胡汉形势论》，《上海师范大学学报》1994年第2期。

社会抗风险能力下降，一遇到天灾，就容易形成饥馑局面。生产出现问题所形成的社会饥馑，最先波及的是直接劳动生产者，那么作为分配领域的中枢，地方官员的情况又是怎样的呢？我们仍然从梳理史料入手：

拓跋珪时期：

崔玄伯（吏部尚书，通署三十六曹）

俭约自居，不营产业，家徒四壁；出无车乘，朝晡步上；母年七十，供养无重膳。太祖尝使人密察，闻而益重之，厚加馈赐。时人亦或讥其过约，而玄伯为之逾甚。①

拓跋嗣时期：

(1) 苟孤（曾任并州刺史）

不治产业，死之日，家无余财，百姓追思之。②

(2) 张恂（历任广平太守、常山太守等）

恂性清俭，不营产业，身死之日，家无余财。太宗悼惜之，赠征虏将军、并州刺史、平皋侯，谥曰宣。③

拓跋焘时期：

张蒲

世祖即位，以蒲清贫，妻子衣食不给，乃出为相州刺史。扶弱抑强，进善黜恶，教化大行。始光三年卒于州，年七十二。④

① （北齐）魏收：《魏书》（卷二十四），中华书局1974年版，第621页。

② （北齐）魏收：《魏书》（卷四十四），中华书局1974年版，第995页。

③ （北齐）魏收：《魏书》（卷八十八），中华书局1974年版，第1900页。

④ （北齐）魏收：《魏书》（卷三十三），中华书局1974年版，第779页。

拓跋濬时期：

（1）陆馛（任相州刺史）

在州七年，家至贫约。[①]

（2）高允

“高允虽蒙宠待，而家贫布衣，妻子不立。”高宗怒曰：“何不先言！今见朕用之，方言其贫。”是日幸允第，惟草屋数间，布被缊袍，厨中盐菜而已。高宗叹息曰：“古人之清贫岂有此乎！”即赐帛五百匹、粟千斛，拜长子忱为绥远将军、长乐太守。允频表固让，高宗不许。初与允同征游雅等多至通官封侯，及允部下吏百数十人亦至刺史二千石，而允为郎二十七年不徙官。时百官无禄，允常使诸子樵采自给。[②]

拓跋弘时期：

贾秀（贾彝之子）

自始及终，历奉五帝，虽不至大官，常掌机要。而廉清俭约，不营资产。[③]

拓跋宏时期：

（1）高允

允年涉危境，而家贫养薄。[④]

① （北齐）魏收：《魏书》（卷四十），中华书局1974年版，第904页。
② （北齐）魏收：《魏书》（卷四十八），中华书局1974年版，第1076页。
③ （北齐）魏收：《魏书》（卷三十三），中华书局1974年版，第793页。
④ （北齐）魏收：《魏书》（卷四十八），中华书局1974年版，第1088页。

（2）张应

延兴中，为鲁郡太守。应履行贞素，声绩著闻。妻子樵采以自供。[①]

（3）平恒（历任中书博士、幽州别驾）

安贫乐道，不以屡空改操。征为中书博士。久之，出为幽州别驾。廉贞寡欲，不营资产，衣食至常不足，妻子不免饥寒。[②]

分析以上史料，不难得出以下结论：其一，史书记载的这些股肱之臣，生存状况堪忧；其二，造成“家徒四壁”的境况与“不营资产”有着高度相关性；其三，“廉清俭约”、“廉贞寡欲”是他们的共同特点。北魏的中枢官、地方官数目不在少数，除以上提到的“廉清俭约”、“廉贞寡欲”之官外，多数官吏则采取种种手段另觅生财之道：

如太宗朝的凉州镇大将叔孙建与镇副将奚牧，世祖朝的定州刺史拓跋纂、北镇都将长孙敦、相州刺史许彦、高宗朝尚书谷洪、四部尚书李顺、和龙镇将拓跋万寿，显祖朝平州刺史常英、洛州刺史常伯夫，高祖承明至太和初的定州刺史拓跋长乐、雍州刺史拓跋目辰、长安镇都大将拓跋太兴、梁州刺史拓跋提等等，都有贪赃续货的劣迹。[③]

多数官员通过各种方式另觅生存之道，严重威胁着朝廷府库和社会政治风气。对此，北魏下诏治理：

显祖诏诸监临之官，所监治受羊一口、酒一斛者，罪至大辟，与

① （北齐）魏收：《魏书》（卷八十八），中华书局1974年版，第1901页。
② （北齐）魏收：《魏书》（卷八十四），中华书局1974年版，第1845页。
③ 杨际平：《论北魏太和八年的班禄酬廉》，《厦门大学学报》1994年第1期。

者以从坐论。纠告得尚书以下罪状者，各随所纠官轻重而授之。[①]

从史书记述来看，北魏对官员贪腐的惩罚可谓严刑峻法，登峰造极。对此，雍州刺史白泽上表：

“伏见诏书，禁尚书以下受礼者刑身，纠之者代职。伏惟三载考绩，黜陟幽明，斯乃不易之令轨，百王之通式。今之都曹，古之公卿也，皆翊扶万几，赞徽百揆，风化藉此而平，治道由兹而穆。且周之下士，尚有代耕，况皇朝贵仕，而服勤无报，岂所谓祖袭尧舜，宪章文武者乎？羊酒之罚，若行不已，臣恐奸人窥望，忠臣懈节。而欲使事静民安，治清务简，至于委任责成，下民难辨。如臣愚量，请依律令旧法，稽同前典，班禄酬廉，首去乱群，常刑无赦。苟能如此，则升平之轨，期月可望，刑措之风，三年必致矣。”显祖纳之。[②]

白泽祖上曾为辽东太守、昌黎太守，祖父张衮曾任代王拓跋珪左长史。白泽好学博通，敏于当世，这封上表也是鉴古喻今。白泽说“周之下士，尚有代耕”，而“皇朝贵仕”辅助北魏治理国家，却“服勤无报”，“百官无禄”，官员生存之资没有保障，是造成北魏官吏贪赃续货的根源。如果行“羊酒之罚”，会造成“奸人窥望，忠臣懈节”的政治风气，会影响社会政治安定。因此，应该行周代以来律令旧法，“常刑无赦”，“班禄酬廉”，才能标本兼治。那么官吏“服勤无报”、贪污成风的政治风气为什么会在拓跋弘时期突出，要用这样严厉的措施来进行矫正呢？早在拓跋珪时期有这样一道诏书，《魏书·太祖纪》称“丙申复诏”：

上古之治，尚德下名，有任而无爵，易治而事序，故邪谋息而不起，奸慝绝而不作。周姬之末，下凌上替，以号自定，以位制禄，卿世其官，大夫遂事，阳德不畅，议发家陪，故衅由此起，兵由此作。

① （北齐）魏收：《魏书》（卷二十四），中华书局1974年版，第616页。

② 同上。

> 秦汉之弊，舍德崇侈，能否混杂，贤愚相乱，庶官失序，任非其人。于是忠义之道寝，廉耻之节废，退让之风绝，毁誉之议兴，莫不由乎贵尚名位，而祸败及之矣。古置三公，职大忧重，故曰“待罪宰相”，将委任责成，非虚宠禄也。而今世俗，佥以台辅为荣贵，企慕而求之。夫此职司，在人主之所任耳，用之则重，舍之则轻。然则官无常名，而任有定分，是则所贵者至矣，何取于鼎司之虚称也。夫桀纣之南面，虽高而可薄；姬旦之为下，虽卑而可尊。一官可以效智，荜门可以垂范。苟以道德为实，贤于覆餗蔀家矣。故量己者，令终而义全；昧利者，身陷而名灭。利之与名，毁誉之疵竞；道之与德，神识之家宝。是故道义，治之本；名爵，治之末。名不本于道，不可以为宜；爵无补于时，不可以为用。用而不禁，为病深矣。能通其变，不失其正者，其惟圣人乎？来者诚思成败之理，察治乱之由，鉴殷周之失，革秦汉之弊，则几于治矣。[①]

这道诏书是在拓跋珪天赐三年颁布的，在此之前，还有一诏，大概内容是察汉之得失。从这两诏的内容来看，无非是察上古至周秦汉官禄、名爵、任使之间的利害得失关系，以达“诚思成败之理，察治乱之由”的目的。诏书将拓跋珪时期“用之则重，舍之则轻”，“官无常名，而任有定分”的用人实际，同“上古之治”附会。因此，史书载：“自太祖至高祖初，其内外百官屡有减置，或事出当时，不为常目”[②]，“百官无禄”也就成为常态。从诏书内容来看，应该不会出自自小处于代北游牧社会中的拓跋珪，一定是汉族仕人之作。那么汉族仕人的“思成败之理，察治乱之由”为何能以诏书的形式出现，并代表着拓跋魏的认识和意志呢？在此，这样的推测可能适于当时的具体情况：拓跋珪对于游牧世界的认识，是从跟随其母贺氏辗转流离于独孤部、贺兰部之间开始的。最终在贺兰部贺讷的支持下，重振拓跋部族复代称魏。因此，游牧社会是拓跋珪最为熟悉的世界，对于事务的判别与处置方式必然来自游牧经验和游牧社会逻辑。拓

① （北齐）魏收：《魏书》（卷二），中华书局1974年版，第37—38页。

② （北齐）魏收：《魏书》（卷一百一十三），中华书局1974年版，第2976页。

跋部族的游牧生产方式，决定着每一个部落都直接根植于游牧社会生产。游牧社会结构较为简单，虽有专门的政权结构，但从事专门供职员额必然会较为稀少。即便是专职人员，可能仍由自己的畜牧产业提供生存资源。因此，其生产与分配紧密地联结在一起，并不需要较多额外贡赋。拓跋部族建立政权后，拓跋部族普通成员是构成北魏军事共同体的主体，其生存资源的满足在政权结构中处于优先位置。除了中央政权收取租赋专供外，还有军户、营户类似于屯垦的专门生产供给。同时，拓跋部族中的上层，同牧业社会有着千丝万缕的联系。如上提到的北魏汉族官员“不营资产”不就说明拓跋部族上层都大小不等地控制着牧地或耕地，维持自身贵族生活。因此，诏书中“有任而无爵”，是一种重“事”轻“位”的做事原则，这和游牧社会组织结构简单、事务较少、“事出当时，不为常目”正好契合。因此，诏书是拓跋珪同汉族士人交流中产生共鸣的产物，抑或汉族士人按照拓跋珪的意图用农耕社会经验加以附会的产物。这和近代中国官员以中国传统思维方式格义西方世界的方式并没有什么两样。换句话说，“有任而无爵”可能就是拓跋部族传统生产方式在其政权结构中的真实反映。“事出当时，不为常目”是说，有事则委任于一人，必有酬劳，事毕，则酬终，才可以理解《高允传》中说“百官无禄”本意。即便是拓跋政权常设机构中的官员，可能也因机构同质而多无分化，并没有明确职权与分工，官员临时差遣、任事是一种常态，所以官俸不常也在情理之中。如上例中，高宗得知高允的清贫后，斥臣下“何不先言。今见朕用之，方言其贫”，并亲视属实后进行赏赐，难道不正是以上分析的注脚！杨际平《论北魏太和八年的班禄酬廉》一文认为：百官的收入来自“不定期班赏”、“依靠私家经济收入”、“官司的廪给”①，以上提到的官员如果“不治产业”，其生活来源只能靠“不定期班赏”和“官司的廪给”了。“不定期班赏”主要发生在北魏统一战争过程中，“班赏”是战争掠夺品。北魏统一北方后，这种情况就较少发生了。因此，“不治产业”的官员生存资源的正当来源就只有“官司的廪给”一条途径了。“官司的廪给”能否经常及多少，要根据北魏政权的府库充盈情况而定。随着北魏控制地域的扩大，

① 杨际平：《论北魏太和八年的班禄酬廉》，《厦门大学学报》1994年第1期。

深入中原，对农业社会的资源依赖性增强，组织生产、收取租赋、钱粮运输、军需、朝官供给等成为常态，政权结构组织变得复杂，“内外百官”人数增加，自然会成为经常之态，百官的生存资源供给便成为了朝廷的大问题。因此，拓跋弘时期，“百官无禄”同官员贪腐的矛盾集中爆发，北魏的“羊酒之罚”，引出了“班禄酬廉”的解决之道。

三　太和改制

太和改制，是北魏孝文帝太和八年起实施的一系列改革。此项改革自公元484年至公元499年，先后由冯太后、孝文帝主持，历时16年之久。太和改制首先从解决官吏的官俸开始。公元484年，北魏颁布了俸制诏：

> 六月丁卯，诏曰：“置官班禄，行之尚矣。《周礼》有食禄之典，二汉著受俸之秩。逮于魏晋，莫不聿稽往宪，以经纶治道。自中原丧乱，兹制中绝，先朝因循，未遑厘改。朕永鉴四方，求民之瘼，夙兴昧旦，至于忧勤。故宪章旧典，始班俸禄。罢诸商人，以简民事。户增调三匹、谷二斛九斗，以为官司之禄。均预调为二匹之赋，即兼商用。虽有一时之烦，终克永逸之益。禄行之后，赃满一匹者死。变法改度，宜为更始，其大赦天下，与之惟新。”
>
> 九月甲午，萧赜遣使朝贡。戊戌，诏曰：“俸制已立，宜时班行，其以十月为首，每季一请。”于是内外百官，受禄有差。①

至此，始于显祖拓跋弘时期的“班禄酬廉”动议终于以俸制的形式固定下来。继太和八年实行俸禄制之后，太和九年颁布了均田制，太和十年颁布了三长制。从太和八年、九年、十年的三年中，密集颁布的俸禄制、均田制、三长制是关乎北魏政权的重大制度，它上涉拓跋贵族、朝廷官员，中涉州镇官员、从属，下层关乎黎民百姓的生计问题，是牵一发而动全身的大事。因此，史家对太和改制的研究十分重视，成果颇丰。随着史家研究的深入，各种争论也在所难免。那么俸禄制、均田制、三长制内在

① （北齐）魏收：《魏书》（卷七上），中华书局1974年版，第153—154页。

发生逻辑是什么样的呢？从研究分歧来看，均田制与三长制在实行时间上孰先孰后最具争议。看似是一个时间上的争议，但却包含着重大历史信息。从目前史家的研究来看，并未有详细的研究和注意。从本书研究的视角来看，这三者有着直接的因果关系。为了便于分析，我们先来看均田制与三长制实行年代之争。

（一）太和九年均田制诏：

冬十月丁未，诏曰："朕承乾在位，十有五年。每览先王之典，经纶百氏，储蓄既积，黎元永安。爰暨季叶，斯道陵替。富强者并兼山泽，贫弱者望绝一廛，致令地有遗利，民无余财，或争亩畔以亡身，或因饥馑以弃业，而欲天下太平，百姓丰足，安可得哉。今遣使者，循行州郡，与牧守均给天下之田，还受以生死为断，劝课农桑，兴富民之本。"①

（二）太和十年（公元486年）立三长制有关史料：

（1）李冲书奏：

魏初不立三长，故民多荫附。荫附者皆无官役，豪强征敛，倍于公赋。十年，给事中李冲上言："宜准古，五家立一邻长，五邻立一里长，五里立一党长，长取乡人强谨者。邻长复一夫，里长二，党长三。所复征戍，余若民。三载亡愆则陟用，陟之一等。其民调，一夫一妇帛一匹，粟二石。民年十五以上未娶者，四人出一夫一妇之调。奴任耕，婢任绩者，八口当未娶者四。耕牛二十头当奴婢八。其麻布之乡，一夫一妇布一匹，下至牛，以此为降。大率十匹为公调，二匹为调外费，三匹为内外百官俸，此外杂调。民年八十以上，听一子不从役。孤独癃老笃疾贫穷不能自存者，三长内迭养食之。"②

① （北齐）魏收：《魏书》（卷七上），中华书局1974年版，第156页。

② （北齐）魏收：《魏书》（卷一百一十），中华书局1974年版，第2855页。

(2) 三长诏：

书奏，诸官通议，称善者众。高祖从之，于是遣使者行其事。乃诏曰："夫任土错贡，所以通有无；井乘定赋，所以均劳逸。有无通则民财不匮，劳逸均则人乐其业。此自古之常道也。又邻里乡党之制，所由来久。欲使风教易周，家至日见，以大督小，从近及远，如身之使手，干之总条，然后口算平均，义兴讼息。是以三典所同，随世洿隆。贰监之行，从时损益。故郑侨复丘赋之术，邹人献盍彻之规。虽轻重不同，而当时俱适。自昔以来，诸州户口，籍贯不实，包藏隐漏，废公罔私。富强者并兼有余，贫弱者糊口不足。赋税齐等，无轻重之殊。力役同科，无众寡之别。虽建九品之格，而丰埆之土未融；虽立均输之楷，而蚕绩之乡无异。致使淳化未树，民情偷薄。朕每思之，良怀深慨。今革旧从新，为里党之法，在所牧守，宜以喻民，使知去烦即简之要。"初，百姓咸以为不若循常，豪富并兼者尤弗愿也。事施行后，计省昔十有余倍。于是海内安之。①

(3) 太和十年二月，初立三长：

十年春正月癸亥朔，帝始服衮冕，朝飨万国。壬午，蠕蠕犯塞。二月甲戌，初立党、里、邻三长，定民户籍。②

(三) 均田、三长制相关史料：

(1) 李安世疏：

时民困饥流散，豪右多有占夺，安世乃上疏曰："臣闻量地画野，经国大式。邑地相参，致治之本。井税之兴，其来日久；田莱之数，制之以限。盖欲使土不旷功，民罔游力。雄擅之家，不独膏腴之美。

① (北齐) 魏收：《魏书》(卷一百一十)，中华书局 1974 年版，第 2855—2856 页。

② (北齐) 魏收：《魏书》(卷七下)，中华书局 1974 年版，第 161 页。

单陋之夫，亦有顷亩之分。所以恤彼贫微，抑兹贪欲，同富约之不均，一齐民于编户。窃见州郡之民，或因年俭流移，弃卖田宅，漂居异乡，事涉数世。三长既立，始返旧墟，庐井荒毁，桑榆改植。事已历远，易生假冒。强宗豪族，肆其侵凌，远认魏晋之家，近引亲旧之验。又年载稍久，乡老所惑，群证虽多，莫可取据。各附亲知，互有长短，两证徒具，听者犹疑，争讼迁延，连纪不判。良畴委而不开，柔桑枯而不采，侥幸之徒兴，繁多之狱作。欲令家丰岁储，人给资用，其可得乎！愚谓今虽桑井难复，宜更均量，审其径术。令分艺有准，力业相称，细民获资生之利，豪右靡余地之盈。则无私之泽，乃播均于兆庶；如阜如山，可有积于比户矣。又所争之田，宜限年断，事久难明，悉属今主。然后虚妄之民，绝望于觊觎；守分之士，永免于凌夺矣。”高祖深纳之，后均田之制起于此矣。[①]

（2）韩麒麟奏言：

寻除冠军将军、齐州刺史，假魏昌侯。……太和十一年，京都大饥，麒麟表陈时务曰：

“古先哲王经国立治，积储九稔，谓之太平。故躬籍千亩，以励百姓，用能衣食滋茂，礼教兴行。逮于中代，亦崇斯业，入粟者与斩敌同爵，力田者与孝悌均赏，实百王之常轨，为治之所先。

今京师民庶，不田者多，游食之口，三分居二。盖一夫不耕，或受其饥，况于今者，动以万计。故顷年山东遭水，而民有馁终。今秋京都遇旱，谷价踊贵。实由农人不劝，素无储积故也。

伏惟陛下，天纵钦明，道高三、五，昧旦忧勤，思恤民弊，虽帝虞一日万几，周文昃不暇食，蔑以为喻。上垂覆载之泽，下有冻馁之人。皆由有司不为明制，长吏不恤其本。自承平日久，丰穰积年，竞相矜夸，遂成侈俗。车服第宅，奢僭无限；丧葬婚娶，为费实多；贵富之家，童妾袨服；工商之族，玉食锦衣。农夫餔糟糠，蚕妇乏短

① （北齐）魏收：《魏书》（卷五十三），中华书局1974年版，第1176页。

祸。故令耕者日少，田有荒芜。谷帛罄于府库，宝货盈于市里；衣食匮于室，丽服溢于路。饥寒之本，实在于斯。愚谓凡珍玩之物，皆宜禁断，吉凶之礼，备为格式，令贵贱有别，民归朴素。制天下男女，计口受田。宰司四时巡行，台使岁一按检。勤相劝课，严加赏赐。数年之中，必有盈赡，虽遇灾凶，免于流亡矣。

往年校比户贯，租赋轻少。臣所统齐州，租粟才可给俸，略无入仓。虽于民为利，而不可长久。脱有戎役，或遭天灾，恐供给之方，无所取济。可减绢布，增益谷租，年丰多积，岁俭出赈。所谓私民之谷，寄积于官，官有宿积，则民无荒年矣。”①

(3)《南齐书·魏虏传》：

（永明）三年，初令邻里党各置一长，五家为一邻，五邻为里，五里为党。四年造户籍。②

(4) 高闾表曰：

淮南王他奏求依旧断禄，文明太后令召群臣议之。闾表曰：

“天生烝民，树之以君，明君不能独理，必须臣以作辅。君使臣以礼，臣事君以忠。故车服有等差，爵命有分秩；德高者则位尊，任广者则禄重。下者禄足以代耕，上者俸足以行义。庶民均其赋，以展奉上之心；君王聚其材，以供事业之用。君班其俸，垂惠则厚；臣受其禄，感恩则深。于是贪残之心止，竭效之诚笃。兆庶无侵削之烦，百辟备礼容之美。斯则经世之明典，为治之至术。自尧舜以来，逮于三季，虽优劣不同，而斯道弗改。自中原崩否，天下幅裂，海内未一，民户耗减，国用不充，俸禄遂废。此则事出临时之宜，良非久长之道。

① （北齐）魏收：《魏书》（卷六十），中华书局1974年版，第1332—1333页。

② （梁）萧子显：《南齐书》（卷五十七），中华书局1972年版，第989页。

大魏应期绍祚，照临万方，九服既和，八表咸谧。二圣钦明文思，道冠百代，动遵礼式，稽考旧章，准百王不易之胜法，述前圣利世之高轨，置立邻党，班宣俸禄，事设令行，于今已久。苛慝不生，上下无怨，奸巧革虑，窥觎绝心，利润之厚，同于天地。以斯观之，如何可改？

又洪波奔激，则堤防宜厚；奸悖充斥，则禁网须严。且饥寒切身，慈母不保其子；家给人足，礼让可得而生。但廉清之人，不必皆富；丰财之士，未必悉贤。今给其俸，则清者足以息其滥窃，贪者足以感而劝善；若不班禄，则贪者肆其奸情，清者不能自保。难易之验，灼然可知，如何一朝便欲去俸？淮南之议，不亦谬乎？”①

（5）“三长”朝议：

旧无三长，惟立宗主督护，所以民多隐冒，五十、三十家方为一户。冲以三正治民，所由来远，于是创三长之制而上之。文明太后览而称善，引见公卿议之。中书令郑羲、秘书令高祐等曰：“冲求立三长者，乃欲混天下一法。言似可用，事实难行。”羲又曰：“不信臣言，但试行之，事败之后，当知愚言之不谬。”太尉元丕曰：“臣谓此法若行，于公私有益。”咸称方今有事之月，校比民户，新旧未分，民必劳怨。请过今秋，至冬闲月，徐乃遣使，于事为宜。冲曰：“民者，冥也，可使由之，不可使知之。若不因调时，百姓徒知立长校户之勤，未见均徭省赋之益，心必生怨。宜及课调之月，令知赋税之均。既识其事，又得其利，因民之欲，为之易行。”著作郎傅思益进曰：“民俗既异，险易不同，九品差调，为日已久，一旦改法，恐成扰乱。”太后曰：“立三长，则课有常准，赋有恒分。苞荫之户可出，侥幸之人可止。何为而不可。”群议虽有乖异，然惟以变法为难，更无异议。遂立三长，公私便之。②

---

① （北齐）魏收：《魏书》（卷五十四），中华书局1974年版，第1199页。

② （北齐）魏收：《魏书》（卷五十三），中华书局1974年版，第1180页。

从以上资料（一）、（二）来看，均田制颁行于太和九年十月，三长制颁行于太和十年，并在同年二月初立三长。《魏书》、《北史》、《资治通鉴》的记载均为均田制在前、三长制在后。高敏就此有文《北魏三长制与均田制的实行年代问题辨析》，大致归纳了史学界的争论：其一，三长制创立于太和八年以前，主要以朱绍侯为代表；其二，认为太和十四年才有均田制实行，主要以唐长孺为代表；其三，以高敏为代表，认为三长制实行在均田制之前，但时间应确定为太和九年初。引起此番分歧，主要源于史家对上引的资料（三）中诸条史料的解读不同。朱绍侯《魏晋南北朝土地制度与阶级关系》[①]一书认为，三长制创立于太和八年前。朱先生提此说的理由是根据上引资料（三）中第（3）条《南齐书·魏虏传》、第（1）条“李安世疏”以及第（4）条“高闾表曰”等。通过《南齐书·魏虏传》、“李安世疏”，朱氏确定了三长制应在均田制之前，又因“高闾表曰”的“置立邻党，班宣俸禄，事设令行，于今已久”之语，朱绍侯确定三长制应在太和八年颁布俸禄制之前。唐长孺《均田制度的产生及其破坏》[②]一文认为，太和十四年才有均田制实行。唐氏提出此说的主要依据上引材料（三）中第（2）条“韩麒麟奏言”以及《魏书·李彪传》中相关内容[③]。高敏《北魏三长制与均田制的实行年代问题辨析》一文根据《南齐书·魏虏传》记述，认为三长制实行应与均田制同年，只是太和九年初实行三长制，十月实行均田制。高氏认为：

> 要解释这个问题，关键在于要把均田制的实行看作一个过程，也要把三长制、创新的租调制以及均田制当作一个不可分离的整体去看待。太和九年十月颁行均田令，并不等于说从这年十月起全国各地都同时实行了此制。太和九年十月，只能说是颁行均田令的起点，均田制的真正实行，还需要创造许多条件。其中必要的条件之一，就是必须建立三长制，清查户口和重新造户籍。单讲确立三长，从三长的担任者“取乡人强谨者”为之这一点看，就需要考察、推举和权衡、确

① 朱绍侯：《魏晋南北朝土地制度与阶级关系》，中州古籍出版社 1988 年版。

② 唐长孺：《均田制度的产生及其破坏》，《历史研究》1956 年第 2 期。

③ 李彪传中内容并未提及均田制，因此，本书不特引李彪传内容。

> 定的过程；再从清查户口来说，更需要“校比户贯”，区分“新旧”，也得要一个过程，最后拿登记造籍来说，要确定户主姓名、性别、年龄、身份、身体健康状况及耕牛数量等等，更非一朝一夕之事。户籍造好了，还需要在宽乡与狭乡之间进行迁徙和调配，土地的好坏、亩积、远近及“桑田”、“露田”的区分等等都需要弄明白，然后才有可能统筹规划，进行具体均田工作。[①]

高敏在两个方面给我们研究北魏均田制与三长制方面有益的启示：其一，将太和改制放在一个全景式实施过程中考察；其二，过程考察，就能理解以上引的（一）、（二）、（三）材料出现的矛盾问题。如高氏所说，正是因为均田制、三长制从颁布至实施是一个过程，而在具体实施过程中，不同地域又有先后之分，因此，不同地区官员的奏疏就当地、当时情况进行奏疏，才会使后人根据不同材料，在均田制和三长制实行先后上有不同解读，产生分歧。高氏的“过程论”给我们考察历史有方法论上的指导。历史发展是一个过程，任何历史事件总会有一个标志性时间点。时间点只能标明事件的时间坐标，而发生在此坐标之前和之后的事件发展脉络和实质，才是我们要寻找的历史本相。看似是均田制与三长制实行具体年代之争，实则是均田制与三长制这一历史事件实行过程中不同时间、不同地点以及相同时间不同地点、同一地方不同时间的历史信息的记述。正因此，我们可以还原太和改制在时空中的发展脉络。就均田制与三长制实行先后问题，本书认为：《魏书》、《北史》、《资治通鉴》正史中记述的时间并不存在问题，且史书记述非常明确，均田制为太和九年十月，三长制为太和十年二月。魏收是北齐人，离北魏年代不远的时人，如果怀疑他将均田制、三长制这样关乎北魏王朝重大事件的时间不能记述清楚，就有矮化史家之嫌了。

太和九年均田制是北魏通过正式的诏令形式颁布的。诏令中语：“今遣使者，循行州郡，与牧守均给天下之田，还受以生死为断，劝课农桑，兴富民之本。”从这句诏语，我们可以解读以下信息：其一，均田令是由

① 高敏：《北魏三长制与均田制的实行年代问题辨析》，《史学月刊》1992年第5期。

朝廷所遣使者与牧守共同来执行。其实，朝廷所遣之使最多是传达朝廷诏令，督促地方实施均田，其实际执行者仍为地方牧守为代表的地方官员。其二，均田以生、死为断限，其目的是“劝课农桑，兴富民之本”。也就是说，北魏均田制的执行者一定是原有体制内的州郡体制。州郡执行均田制的主体一定是州郡下的地方基层组织。那么北魏州郡下的地方基层组织是一个什么样的呢？上引材料（三）中第（5）条说，文明太后同众臣议及李冲所创三长制，众臣意见不一。李冲创三长制是因“旧无三长，惟立宗主督护，所以民多隐冒，五十、三十家方为一户。冲以三正治民，所由来远”之故。宗主督护、坞堡垒主自西晋末、十六国战乱时期开始规模较大的盛行。如前所述，北方的汉族在西晋王朝内乱后，中央政权衰败，王朝体系内的臣民失去了佑护，尤其是北方的官民，要么选择逃离，要么选择以堡、壁作为掩护体，聚集在宗主或垒主的旗下，从事农业生产以自存，并且形成了坞、垒的武装组织。北魏统一北方后，除被圈禁为牧场的农业之地外，其他农业区仍然延续十六国以来的地方基层组织。一些坞堡组织规模一度非常强大，如十六国时，石勒就曾委以势力较大的垒主为将军、地方官。李冲所言“五十、三十家方为一户”估计是普遍现象，比这样规模更大的宗主应不在少数。“李安世疏”说“豪右”、“强宗豪族”都占有较多的土地也正是这一现象的描述。这些“强宗豪族”同“百官无禄”的地方官员又有着千丝万缕的联系，形成资源分割体系。因此，靠原有体制执行均田制，不是流于形式，就是难以执行。北魏均田制对于朝廷来说，是为了掌握更多的民户，从而收取更多的租赋。旧的基层组织由于利益的原因无法达到王朝目的，迫切需要改革基层组织，来执行均田制。因此，李冲等人提出三长制，也就在所难免了。如上资料（三）中第（5）条“三长”朝议，文明太后有一个总结式的议定：“立三长，则课有常准，赋有恒分。苞荫之户可出，侥幸之人可止。何为而不可”，既是三长制设立的目的，也是均田制所要达到的目的。均田制、三长制是太和改制实践过程中形成的体系，并不是北魏朝廷原先就设计好的原有模式。三长制是北魏朝廷在执行均田制的过程中遇到了困难才提出改组基层组织的办法。如史家魏明孔先生《北魏立三长、行均田孰先孰后》一文中说“如果说均田令颁布与三长制设置时间顺序，一定是均田令在前；若论均田制推行和三长制创置的时间顺序，则是三长制先于均田制”① 的论述是很有道理的。因此，我们不能以现代理念，高估北魏朝廷具有很高的前瞻性，在均田制前就设计好三长制。当然，我们也不能认为北魏王朝会坐以待毙，他总能在现实和历史的总结中推进自己的改革。今天的社会改革有人说是“摸着石头过河”，那么远在近1500年前的北魏又何尝不是这样呢！

解释了均田制与三长制的确立时间，并不意味着就解决了所有问题。如果能够回答史书中造成均田制与三长制在时间上产生矛盾的史料成因，可能对问题的解决才会圆满。“三长制”是李冲创立，有其创新的部分，但这些创新又是有其历史原型的。从以上材料中：“魏初不立三长”、“三长既立”、“邻里乡党之制，所由来久”诸语所包含的历史背景是汉代的“乡、亭、里”基层组织设置。北魏大臣在奏疏时，将“乡、亭、里”与北魏的“党、里、邻”齐举等同，所以才会让后人产生理解上的分歧。李冲书奏建立“五家立一邻长，五邻立一里长，五里立一党长，长取乡人强谨者”时，开首就说“宜准古”，应该就是“乡、亭、里”之“古”。如果以上所述无错的话，均田制与三长制的逻辑关系应该从逻辑推理至史料的语境方面得到较为全面的释读。

以上分析了均田制与三长制发生的内在逻辑，那么均田制的提出又源于一个什么样的逻辑呢？西方学者涂尔干（有译迪尔凯姆）在他的《社会学方法的规则》中这样写道：“某个社会事实的决定性原因应该到先行的社会事实中去寻找，而不是到诸多个人的意识状态中去寻找。”② 这一社会学研究原则对史学研究颇具启发。均田制是北魏王朝改制的历史实事，那么它的决定性原因应该到先行的历史事实中去寻找。史家根据史籍的载述，归因于均田诏中所述的“兴富民之本”、“时民困饥流散，豪右多有占夺”、“今京师民庶，不田者多，游食之口，三分居二”，也就是今天所说的“民生”问题。所以，诸大臣的奏章中所述理由逃不过为民请命，因为这关系着朝廷的长治久安。北魏的汉族士人中有治理国家远大理想的不乏其人，但对于朝廷来说，眼前的难关却更为紧迫。上面

① 魏明孔：《北魏立三长、行均田孰先孰后》，《西北师范大学学报》1991年第2期。

② ［德］涂尔干：《社会学方法的规则》，转引自贾春增《外国社会学史》，中国人民大学出版社2000年版，第133页。

材料（三）中的“高闾表曰”中说：“自中原崩否，天下幅裂，海内未一，民户耗减，国用不充，俸禄遂废”，应该值得充分重视。如前我们说“百官无禄”与拓跋部族的生产方式所形成的观念有着直接关联，那么“民户耗减，国用不充”可能是“百官无禄”的物质原因。“国用不充”，充分说明北魏府库不丰。随着北魏统一北方，朝廷因事务变得越来越繁杂，很多机构由临时设置变为常设机构，各机构分工逐渐趋于明显，官员、吏员成为常职。“百官无禄”使多数官员不得不采取他法获取生存资源乃至枉法聚财，“不治资产”的少数官员只能清贫如洗。献文帝时相州刺史李訢：

> 乃受纳民财及商胡珍宝。兵民告言……显祖闻訢罪状，槛车征訢，拷劾抵罪……未几而复为太仓尚书，摄南部事。用范摽、陈端等计，令千里之外，户别转运，诣仓输之。所在委滞，停延岁月，百姓竞以货赂各求在前，于是远近大为困弊。道路群议曰：“畜聚敛之臣，未若盗臣。”①

孝文帝时的崔宽：

> 时清河崔宽……出为弘农太守……后袭爵武陵公、镇西将军，拜陕城镇将……时官无禄力，唯取给于民。宽善抚纳，招致礼遗，大有受取，而与之者无恨。又弘农出漆蜡竹木之饶，路与南通，贩贸来往。家产丰富，而百姓乐之。②

从以上两例官员的情况来看，官员的盘剥最低限度一定是不引起地方民变。但并不是所有官员都能如李訢、崔宽那样，有收取财物之便利。如上引白泽上表“班禄酬廉”就是针对“显祖诏诸监临之官，所监治受羊一口、酒一斛者，罪至大辟，与者以从坐论。纠告得尚书以下罪状者，各随

① （北齐）魏收：《魏书》（卷四十六），中华书局1974年版，第1040—1041页。

② （北齐）魏收：《魏书》（卷二十四），中华书局1974年版，第624—625页。

所纠官轻重而授之”的严刑俊法而提出的，可见，多数官员通过不同渠道获取财富。从农牧资源生产来看，一定时期的生产量是一定的，官员“受取”百姓之财，必须以不引起民变为底线，那么只有通过各种名目侵蚀北魏的租赋，这必然导致府库受损。正是因此，才会有献文帝的严刑俊法。“班禄酬廉”是在献文帝时提出，但以皇帝诏书的形式出现是在孝文帝时期。官禄发放开始时间为“十月为首”，发放俸禄时间间隔为“每季一请”，“内外百官，受禄有差”。从史书记载来看，俸禄制从诏令颁布后就开始执行了。如上所述，“俸禄遂废”是因“民户耗减，国用不充”，那么此时又“班禄酬廉”，对于北魏的府库来说岂不是雪上加霜吗？也就是说，给百官的俸禄从哪里来呢？俸制诏中规定：“户增调三匹、谷二斛九斗，以为官司之禄。均预调为二匹之赋，即兼商用”，就是要从生产单位的户中来收取。如上“李冲书奏”提出设立三长制方案，其中重要内容就有“大率十匹为公调，二匹为调外费，三匹为内外百官俸，此外杂调”。“俸制诏”、三长制都提及抽取租、调为“百官俸”，从表面上看，并没有大的问题，但仔细推敲，其中必有因果。三长制的实行是为了推行均田制，且均田制在三长制之前的太和九年颁行，而此前太和八年实行“班禄酬廉”，这一系列的改革措施就成为历史因果的线索。如上所述，北魏的府库并不很充裕。“班禄酬廉”之前是“百官无禄”，官员合法收入是“官司的廪给”。但这要看府库的情况，量入为出，“官司的廪给”并不是常例。颁行“班禄酬廉”之后，官员俸禄变为常例，并且有量的规定。这项官俸开支不但是不小的数目，并且变为常制，考验着北魏的府库。从文献记载来看，只有“淮南王他奏求依旧断禄”，并没有其他臣僚提出异议。那么如此重大的决定为何就只有淮南王一个武将提出异议，朝廷众臣为什么没有反对？难道就没有了解北魏府库的臣僚？我想可能原因有二：其一，“百官无禄”确实影响到官员的生存状况。有资产的官员，并不会排斥朝廷所发的俸禄，而无资产的官员可谓雪中送炭，即使是掌握府库情况的官员，也不会因此而提出异议。其二，可能北魏此时的府库并未有准确的数额，也就没有办法为“班禄酬廉”提供数额上的依据，这对于北魏来说是极有可能的。太和八年十月开始给百官发放俸禄，太和九年十月颁行均田令，这正好是发放俸给的一个周期，此间经过了租赋收取的一个周期。虽然俸制诏中规定征收官俸的租调，但由于户口的大量隐冒，收取的实物必然会大打折扣。估计此时，北魏府库如果没有出现入不敷出的情况，至少也是府库告急。目前来看，并未有此记述，这也是正常，因为这会涉及北魏政权稳定的大计，不会允许书奏留世。因此，本书认为，“班禄酬廉”是导致实施均田制的直接原因。

小结：综上所述，拓跋部族统一北方，畜牧业较十六国更向南推移，与此相反，同十六国诸政权一样，北魏对农业资源的依赖与日俱增。一个从游牧社会脱胎的北方人群，从观念上转化为对农业全面重视，并不容易，推动拓跋贵族向这一方向发展的直接原因是对生存资源的需求。从“百官无禄”到“班禄酬廉”，至均田制、三长制，是北魏上层因资源需求的“倒逼”形成的一系列措施。这些措施的实施，并不是北魏在孝文帝时全面设计，有条不紊推出的改革措施。如果没有北魏府库的紧张就不会有“班禄酬廉”措施的推出，没有“班禄酬廉”就没有均田制的创立，没有均田制的创立，也就没有改革地方基层组织的三长制设立动因。可以说，北魏太和改制就是“摸着石头过河”。同时也应看到，北魏胡、汉上层精英在应对生存资源如何获取上，发挥着能动性和创造性，这对后世改革有着很大的启发。如前章所述，农业社会中各共同体乃至帝国，在政治周期结束后，只要是从农业社会中生出的力量，不管是农民起义，还是宫廷政变，通过军事力量将自己的统治体系与农业社会中的资源再生体系按照原生机理“有机对接”（也就是原来体制的修复），新的共同体乃至帝国又会重现生机。同样，北魏最高统治层是来自北方的游牧人群，他们通过自己的军事力量控制北方后，通过改造自己的统治体系，与农业社会中的资源再生体系，按照农业社会的原生机理“有机对接”，新的北魏帝国又重现生机。北魏新的统治体系上至中枢机构，下至基层组织的改造，无不体现着对农耕社会机理的全面适应。因此，北魏太和改制，从更大的意义上来讲，是北魏政权与农耕社会的全面对接。

第四节　资源分配与北魏末年的内乱

拓跋部族从复代建魏，“离散部族”，统一北方，建立较为有序的君权继替秩序，才使得北魏较十六国有了更长的时间来学习、探索经营广大的以农业为主的中国北方地区。生存资源的生产与需求是“逼迫”北魏改制的原因，也是农业社会能够延续的根本。北魏政权与农业社会的全面对接过程，就是将农业社会所形成的从生产至分配、从基层组织到中央政权结构的全面恢复与修复。然而，在中原地区建立政权，做到以上诸方面并未万事大吉，还有更多的重大事情——如仓储问题、救灾问题、边防问题都会蜂拥而至，考验着拓跋魏。鉴于本书研究的范畴，就边防问题，在先哲、史家研究的基础上管窥一斑。如学者李培栋《北魏太和改制前胡汉形势论》所述：

> 不管拓跋政府是否当时就意识到一旦“入主中原”就成了“中国”，事实上，他们一旦成了“中国”也就面临着由三代到秦汉的“老”中国所面临过的北疆边防问题。这是个极为难处的老问题。正因为没解决好，汉族政府落得个“永嘉之乱”、“五胡乱华”、“神州陆沉”、“偏安江左”！现在，不管他们怎么想，他们必须保卫中原国土、必须保卫大片农业生产区，他们必须出发去对付过去的伙伴——游牧部落的袭击，这真令人穷于应付呵。他们开始只知道用老办法回击，然而，你“渡漠击之”，他便“绝迹北走”，何胜其扰？于是：“和亲”，“以西海公主妻柔然敕连可汗，又纳其妹为夫人”，然而，何尝靠得住，“柔然与魏绝和亲，犯魏边”；倘稍疏忽，“魏主轻山胡”，便遭偷袭，“魏主坠马，几为所禽”；甚至，正当北魏发兵灭北凉之际，柔然“乘虚入寇”，“平城大骇”，多么可怕！“中国”的皇帝是好当的吗？这就是往日游牧在草原上的拓跋部所从未体尝过的新挑战。[①]

李培栋这段议论不可谓不精妙。但将汉族政府落得个“永嘉之乱”、“五胡乱华”、“神州陆沉”、“偏安江左”的现实全部归因于北疆问题或者“五胡乱华”并不公允。如上所述，汉族政权是产生于农业社会原理上的政权组织，按照马克思的说法，就是上层建筑。汉族政权这个上层建筑从

① 李培栋：《北魏太和改制前胡汉形势论》，《上海师范大学学报》1994年第2期。

农业社会生产中获取营养，又以其强大的组织能力、军事能力维持着农业社会的内部、外部边界。维护内部秩序是汉政权维护内部边界的重要内容之一；维持农业社会边界，就是佑护农业社会内所有臣民的安全。在这里，内部秩序的有序良好运转是维护外部边界的基础或者说是根本。西晋“八王之乱”，使得汉族政权的内部功能紊乱，耗尽了国力，丧失了从物质到组织的对外维持外部边界的功能，才会有“永嘉之乱”、“五胡乱华”、“神州陆沉”、“偏安江左”的局面出现。当然，“五胡”崛起，打乱了汉族王朝内部调整、重组的可能，加速了汉族王朝的灭亡，但绝不是主因。即便如此，李培栋所提到的“不管拓跋政府是否当时就意识到一旦‘入主中原’就成了‘中国’，事实上，他们一旦成了‘中国’也就面临着由三代到秦汉的‘老’中国所面临过的北疆边防问题”以及拓跋魏重新上演“老”中国对付北方游牧人群的全部政策和策略值得我们深思。然而，致使拓跋魏倒塌的直接因素仍然不是北方的柔然，而是拓跋魏边界内的六镇。那么这里又藏有什么逻辑因果呢？下面从北魏的北防线、边镇的边缘化两个方面来述说。

一　北魏的北防线

谈北魏的北防线，就绕不开在北方同北魏产生竞争、争夺的北方部族柔然。起初，柔然只是北方“冬则徙渡漠南，夏则还居漠北”的游牧人群，在拓跋猗卢时称柔然。同北方先后兴盛的游牧部族一样，柔然也经过了一个统一诸部的过程。起先柔然依附于拓跋部族，代国被后秦灭后，依附于刘卫辰。拓跋珪复代建魏后，在登国年间曾多次讨伐柔然。登国九年后，柔然首领社仑北侵高车之地，西并匈奴余种，形成了“随水草畜牧，其西则焉耆之地，东则朝鲜之地，北则渡沙漠，穷瀚海，南则临大碛”[①]的草原帝国。柔然兴起后，曾多次南下犯北魏边界，一度使北魏西讨、南征受到极大的牵制。北魏在统一中原前后与柔然有过多次战争，尤其是在统一中原后，拓跋焘曾在太平真君四年、五年、十年三次大举亲征柔然。其中太平真君十年九月，大破柔然，北魏“尽收其人户畜产百余万。自是

① （北齐）魏收：《魏书》（卷一百三），中华书局1974年版，第2290—2291页。

吐贺真遂单弱，远窜，边疆息警矣……世祖征伐之后，意存休息，蠕蠕亦怖威北窜，不敢复南”[①]。北魏同柔然的战争总体上呈优势，但柔然不时的南侵给北魏造成了非常大的麻烦，出现如上所述的“魏主坠马，几为所禽”、“平城大骇”等危机形势。北魏同柔然并非总是战争。拓跋焘在神䴥二年曾大破柔然，柔然可汗大檀疾发而死，部众衰落，大檀子吴提继立。神䴥四年，柔然遣使朝献，延和三年二月，“以吴提尚西海公主，又遣使纳吴提妹为夫人，又进为左昭仪。吴提遣其兄秃鹿傀及左右数百人来朝，献马二千匹，世祖大悦，班赐甚厚”[②]。但好景不长，“至太延二年，乃绝和犯塞”[③]，战争又起。面对北方强敌柔然的不时袭扰掠边，北魏同秦汉王朝一样，开始修筑长城，以防边患。史载北魏最早筑长城是在明元帝拓跋嗣时期。史载：

（泰常八年）蠕蠕犯塞。二月戊辰，筑长城于长川之南，起自赤城，西至五原，延袤二千余里，备置戍卫。[④]

《魏书·天象志》亦载：

（泰常）八年春，筑长城，距五原二千余里，置守卒，以备蠕蠕。[⑤]

泰常八年所筑长城，史家多称为北魏的北长城西段。[⑥] 拓跋焘太平真君七年：

丙戌，发司、幽、定、冀四州十万人筑畿上塞围，起上谷，西至于河，广袤皆千里……九年……二月……罢塞围作。[⑦]

① （北齐）魏收：《魏书》（卷一百三），中华书局 1974 年版，第 2295 页。
② 同上书，第 2294 页。
③ 同上。
④ （北齐）魏收：《魏书》（卷三），中华书局 1974 年版，第 63 页。
⑤ （北齐）魏收：《魏书》（卷一百五之三），中华书局 1974 年版，第 2400 页。
⑥ 艾冲：《北朝诸国长城再探索——兼与朱大渭先生商榷》，《烟台大学学报》2007 年第 4 期。
⑦ （北齐）魏收：《魏书》（卷四下），中华书局 1974 年版，第 101—102 页。

“畿上塞围”主要是为了捍卫京畿的防御工程，史家多将其称为北魏的南长城。此后，至孝文帝太和八年，汉族老臣高闾又提出筑长城御敌之策：

北狄悍愚，同于禽兽，所长者野战，所短者攻城。若以狄之所短，夺其所长，则虽众不能成患，虽来不能内逼。又狄散居野泽，随逐水草，战则与家产并至，奔则与畜牧俱逃，不赍资粮而饮食足。是以古人伐北方，攘其侵掠而已。历代为边患者，良以倏忽无常故也。六镇势分，倍众不斗，互相围逼，难以制之。昔周命南仲，城彼朔方；赵灵、秦始，长城是筑；汉之孝武，踵其前事。此四代之君，皆帝王之雄杰，所以同此役者，非智术之不长，兵众之不足，乃防狄之要事，其理宜然故也。《易》称天险不可升，地险山川丘陵，王公设险以守其国，长城之谓欤？今宜依故于六镇之北筑长城，以御北虏。虽有暂劳之勤，乃有永逸之益，如其一成，惠及百世。即于要害，往往开门，造小城于其侧。因地却敌，多有弓弩。狄来有城可守，其兵可捍。既不攻城，野掠无获，草尽则走，终必惩艾。

宜发近州武勇四万人及京师二万人，合六万人为武士，于苑内立征北大将军府，选忠勇有志干者以充其选。下置官属，分为三军，二万人专习弓射，二万人专习戈盾，二万人专习骑矟。修立战场，十日一习，采诸葛亮八阵之法，为平地御寇之方，使其解兵革之宜，识旌旗之节，器械精坚，必堪御寇。使将有定兵，兵有常主，上下相信，昼夜如一。七月发六部兵六万人，各备戎作之具，敕台北诸屯仓库，随近作米，俱送北镇。至八月征北，部率所领，与六镇之兵，直至碛南，扬威漠北。狄若来拒，与之决战，若其不来，然后散分其地，以筑长城。计六镇东西不过千里，若一夫一月之功，当三步之地，三百人三里，三千人三十里，三万人三百里，则千里之地，强弱相兼，计十万人一月必就，运粮一月不足为多。人怀永逸，劳而无怨。

计筑长城，其利有五：罢游防之苦，其利一也；北部放牧，无抄掠之患，其利二也；登城观敌，以逸待劳，其利三也；省境防之虞，息无时之备，其利四也；岁常游运，永得不匮，其利五也。

又任将之道，特须委信，遣之以礼，恕之以情，阃外之事，有利辄决，赦其小过，要其大功，足其兵力，资其给用，君臣相体，若身之使臂，然后忠勇可立，制胜可果。是以忠臣尽其心，征将竭其力，虽三败而逾荣，虽三背而弥宠。①

高闾之策是自秦汉以来对北方游牧人群认识、对策的集大成者。其中既有对秦汉、北魏御敌实际措施的总结，又有针对北魏军镇设防缺点的认识。然则孝文帝"览表，具卿安边之策。比当与卿面论一二"②，就再无下文提及是否动工。有史家引《通典·边防第十二·蠕蠕》说，上引高闾之奏疏为征南将军刁雍之奏，并且以"帝从之，边境获利"而认为孝文帝时曾修长城。③《水经注》载：

大榆河又东南出峡，迳安州旧渔阳郡之滑盐县南，左合县之北溪水。水出县北广长堑南，太和中，掘此以防北狄。④

如此看来，北魏太和年间高闾建议修筑长城，可能是接着明元帝拓跋嗣时修建的北长城西段继续向东修筑，也就是史家所称的北魏北长城东段。⑤

除北魏的长城防御体系外，还有北魏的军镇防御体系。如上所述，北魏北长城西段在北魏明元帝拓跋嗣时期筑建很明确，军镇设防，也就是北方六镇设置时间，史家多有争论。鲍桐《北魏北疆几个历史地理问题的探索》⑥ 中认为六镇设置应在延和二年（公元 433 年）。其主要史料论据来自《魏书·来大千传》：

延和初，车驾北伐，大千为前锋，大破虏军。世祖以其壮勇，数有战功，兼悉北境险要，诏大千巡抚六镇，以防寇虏。经略布置，甚

① （北齐）魏收：《魏书》（卷五十四），中华书局 1974 年版，第 1201—1202 页。

② 同上书，第 1202 页。

③ （北魏）郦道元：《水经注》，转引自张敏《论北魏长城——军镇防御体系的建立》，《中国边疆史地研究》2003 年第 2 期。

④ （北魏）郦道元：《水经注》（三）（卷十四），王云五主编，商务印书馆 1935 年版，第 29 页。

⑤ 艾冲：《北朝诸国长城再探索——兼与朱大渭先生商榷》，《烟台大学学报》2007 年第 4 期。

⑥ 鲍桐：《北魏北疆几个历史地理问题的探索》，《中国历史地理论丛》1999 年第 3 期。

得事宜。①

鲍桐又考证了六镇的设置时间以及延和二年前北魏在漠南任命官员、驻屯军队、防御柔然的情况，进一步证实六镇设置于延和二年。鲍桐的研究很有见地，但如果将六镇设置时间定为延和二年，我认为还应慎重。《北史·来大千传》：

> 太武践祚，与襄城公卢鲁元等七人俱为常侍，常持仗侍卫，昼夜不离左右。累从征伐，以战功赐爵庐陵公，镇云中，兼统白道军事。太武以其壮勇，数有战功，兼悉北境险要，诏使巡抚六镇，以防寇虏。经略布置，甚得事宜。②

此记述并未提及来大千“巡抚六镇”是“延和初”年。《绥乘》认为，“太武帝始光中（公元425年或公元426年）置怀朔、武川、抚冥、柔玄九镇于云中北境”。《魏书·地形志》说肆州时“治九原。天赐二年为镇，真君七年置州”③；六镇叛乱时，北魏征讨之军失利后，元渊在上奏中说：“昔皇始以移防为重，盛简亲贤，拥麾作镇。”④ 这两则史料中，第一则史料说北魏在道武帝天赐二年设置“肆镇”，真君七年改镇为州，这就是一个北魏很早就置镇的例子；第二则史料说道武帝皇始年间就开始设置镇，是说置镇时间更早。更为重要的是，后则材料说“拥麾作镇”，非常形象地说出镇的发生原因为“拥麾”，也就是说驻军之地形成军镇。因此，本书认为，六镇是一个因北魏军事防御需要而逐渐设置的军镇，其形成是一个过程。文献明文记述朔州“本汉五原郡，延和二年置为镇，后改为怀朔，孝昌中改为州”⑤。从史家的论述及文献记载综合来看，沃野、怀朔、武川、抚冥、柔玄、怀荒六镇设置齐备的最晚时间应在鲍桐先生所述的延

① （北齐）魏收：《魏书》（卷三十），中华书局1974年版，第725页。
② （唐）李延寿：《北史》（卷二十五），中华书局1974年版，第917页。
③ （北齐）魏收：《魏书》（卷一百六上），中华书局1974年版，第2473页。
④ （北齐）魏收：《魏书》（卷十八），中华书局1974年版，第429页。
⑤ （北齐）魏收：《魏书》（卷一百六上），中华书局1974年版，第2498页。

和二年（公元433年）。可能诸镇部署，至延和初年已经成为体系，所以以六镇统称之，胡玉春《北魏六镇起义的原因和启示》中论述六镇设置时间的论据虽与本文有所不同，但其说“将北魏以六镇为基础的军镇防御体系粗具规模的时间系于神䴥年间至延和二年之间（公元428年—公元433年）较为妥当”[①]是很有道理的。我想，拓跋魏虽然善于征战，但设防六镇，起初就有此战略意图，并在延和二年一年中就置署停当，是值得怀疑的。六镇军镇体系的形成，是北魏与北方柔然等游牧部族长期战争中根据防御需要而逐渐形成的。以上只是从发生学的视角及一些史料作为佐证来推测，证实仍然需要史料的继续寻找和考古发掘证据。

有史家认为，北魏的长城与众多的军镇“构成统一有效的长城——军镇防御体系”[②]，仍然值得商榷。当然，长城作为北魏的物理屏障，与六镇相互依托，作用肯定是有的，但如果说构成统一有效的防御体系还应以史料说话。《魏书·源贺传》载，献文帝、孝文帝之际，御北名将源贺有一则上言：

> 又诏都督三道诸军，屯于漠南。是时，每岁秋冬，遣军三道并出，以备北寇，至春中乃班师。贺以劳役京都，又非御边长计，乃上言：“请募诸州镇有武健者三万人，复其徭赋，厚加赈恤，分为三部。二镇之间筑城，城置万人，给强弩十二床，武卫三百乘。弩一床，给牛六头；武卫一乘，给牛二头。多造马枪及诸器械，使武略大将二人以镇抚之。冬则讲武，春则种植，并戍并耕，则兵未劳而有盈蓄矣。又于白道南三处立仓，运近州镇租粟以充之，足食足兵，以备不虞，于宜为便。不可岁常举众，连动京师，令朝廷恒有北顾之虑也。”事寝不报。[③]

有史家认为，源贺之奏是建议北魏修长城之策。[④]从《魏书》记述来

---

① 胡玉春：《北魏六镇起义的原因和启示》，《内蒙古社会科学》2011年第3期。

② 张敏：《论北魏长城——军镇防御体系的建立》，《中国边疆史地研究》2003年第2期。

③ （北齐）魏收：《魏书》（卷四十一），中华书局1974年版，第922页。

④ 李培栋：《北魏太和改制前胡汉形势论》，《上海师范大学学报》1994年第2期。

看，“筑城”和“筑长城”并不能等同。上文中提到泰常八年“筑长城”，高闾建议也明确说“筑长城”。源贺所述的是“二镇之间筑城”，并且“城置万人”，是筑城、募兵、屯垦、仓储、运输五者结合起来的设想。因此，源贺奏疏中所筑之城是镇守驻兵的城，并不是长城。这从实现源贺设想的源怀筑城可知：

> 怀旋至恒代，案视诸镇左右要害之地，可以筑城置戍之处，皆量其高下，揣其厚薄，及储粮积仗之宜，犬牙相救之势，凡表五十八条。表曰：“蠕蠕不羁，自古而尔。游魂鸟集，水草为家，中国患者，皆斯类耳。历代驱逐，莫之能制。虽北拓榆中，远临瀚海，而智臣勇将，力算俱竭。胡人颇遁，中国以疲。于时贤哲，思造化之至理，推生民之习业。量夫中夏粒食邑居之民、蚕衣儒步之士，荒表茹毛饮血之类、鸟宿禽居之徒，亲校短长，因宜防制。知城郭之固，暂劳永逸。自皇魏统极，都于平城，威震天下，德笼宇宙。今定鼎成周，去北遥远。代表诸蕃北固，高车外叛，寻遭旱俭，戎马甲兵，十分阙八。去岁复镇阴山，庶事荡尽，遣尚书郎中韩贞、宋世量等检行要险，防遏形便。谓准旧镇东西相望，令形势相接，筑城置戍，分兵要害，劝农积粟，警急之日，随便翦讨。如此则威形增广，兵势亦盛。且北方沙漠，夏乏水草，时有小泉，不济大众。脱有非意，要待秋冬，因云而动。若至冬日，冰沙凝厉，游骑之寇，终不敢攻城，亦不敢越城南出，如此北方无忧矣。”世宗从之。今北镇诸戍东西九城是也。①

源怀是源贺次子，是继其父之后又一御北名将。源怀深谙游牧部族习性，又常在代北戍守，深得其父御敌之法。源怀表奏世宗前，先进行了实地测量与调查，也就是上引的“案视诸镇左右要害之地，可以筑城置戍之处，皆量其高下，揣其厚薄，及储粮积仗之宜，犬牙相救之势”。筑城并不是一件容易的事，既要众多的人力投入，又要粮食供给，也不是一朝一

① （北齐）魏收：《魏书》（卷四十一），中华书局1974年版，第927—928页。

夕之功，所以，源怀在筑城之前，先做了大量的可行性调查才上奏世宗。为了能让世宗同意其筑城建议，源怀分析了游牧部族习性、北魏防御形势及北防线的实际情况，并且与北魏南防线进行了比较，认为“淮旧镇东西相望，令形势相接，筑城置戍，分兵要害，劝农积粟，警急之日，随便翦讨”，就是得益于“筑城置戍”。“世宗从之”，也就是按照源怀的建议调拨人马钱粮进行修筑，于是才有“今北镇诸戍东西九城是也”。因此，源贺所提到的“筑城”以及源怀所筑之城都是具体驻兵的防御工事，并没有筑长城。北魏的北防线至源怀时，已经全面形成。历时而观，北魏的北长城可能起到一定的阻挡作用，但仍然多次被柔然突破，因此，北魏的北防线主要以六镇等诸军镇为中心，同时又以“北镇诸戍东西九城”为补充，形成了有效的整体防御系统。自源怀正始元年修筑“北镇诸戍东西九城”之后，柔然大举南侵的事件就很少发生，有史家认为，此时柔然逐渐衰弱分裂，南侵之事也就少了，但这并不能否认北魏北防线的震慑作用。

二　边镇的边缘化

北魏的北防线对维持北方安定、抗击柔然南侵起到了积极而重要的作用。因此，边镇，尤其是北方六镇更具有特殊位置。说其特殊，除其提供维持北方边界的“公共产品”功能外，就是它的军镇建置。虽然军镇的主要功能是军事防御，但作为长期防守北方的重镇，它又和北魏的地方州郡一样，同样具有领民、生产的职能。这就意味着，北方军镇同州郡一样，是北魏地方建制的重要组成部分。为了进行深入剖析，我们还是从梳理州、镇关系入手。

周一良《北魏镇戍制度考及续考》说：

> 北魏置镇始于何年，史无明文。《地形志》肆州下注云：“天赐二年为镇。”此史书所见建置最早之镇。《太武五王传》载广阳王深上书谓“昔皇始以移防为重，盛简亲贤，拥麾作镇”，是镇之设立始自皇始。
>
> 镇虽与州并称，然非如州之统辖郡县。镇之种类约有二别：或设于全不立州郡之地；或设于州郡治所，易言之，即州郡与镇并立于一

地。前者镇将兼理军民政务；后者则镇将缩军而刺史治民，然多以镇将兼刺史之任。[①]

虽然史书记述简陋，但周氏以举例的方式详细考证了北魏州、镇设置时间及由镇改州等地方建置的变换。大概在北魏孝明帝时，除北边六镇等少数军镇外，其余的军镇都改为州郡了。也就是说，至正光三年时，北方六镇依然是“镇将兼领军民政务”。当然，六镇较其他普通镇还更为复杂，后文还会涉及。孝明帝正光四年，柔然阿那瓌“驱掠良口二千，公私驿马牛羊数十万北遁”[②]，北魏先是遣使讨要不成后，命李崇等帅十万骑征讨柔然。这次征讨基本上无功而返，但李崇却给北魏朝廷上表要求将六镇改州。李崇奏疏史书并无明文记述，只是在孝明帝（实为胡太后听政）的诏书里有这样记述：

去岁（正光四年）阿那瓌叛逆，遣李崇令北征，崇遂长驱塞北，返旆榆关，此亦一时之盛。崇乃上表求改镇为州，罢削旧贯。朕于时以旧典难革，不许其请。寻李崇此表，开诸镇非异之心，致有今日之事。但既往难追，为复略论此耳。朕以李崇国戚望重，器识英断，意欲还遣崇行，总督三军，扬旌恒朔，除彼群盗。诸人谓可尔以不。[③]

阿那瓌抄掠北魏边镇财物，又执押北魏使者，知道北魏并不会善罢甘休，于是向漠北深处逃窜，以至李崇出塞三千余里都难追及。在这种情况下，李崇返京后上表改镇为州，是值得思考的问题。那么李崇上表由镇改州的理由是什么呢？我们从《北齐书·魏兰根传》可窥一二：

正光末，尚书令李崇为本郡都督，率众讨茹茹，以兰根为长史。因说崇曰：“缘边诸镇，控摄长远。昔时初置，地广人稀，或征发中

① 周一良：《魏晋南北朝史论集》，北京大学出版社 2010 年版，第 172 页。
② （北齐）魏收：《魏书》（卷一百三），中华书局 1974 年版，第 2302 页。
③ （北齐）魏收：《魏书》（卷六十六），中华书局 1974 年版，第 1473 页。

原强宗子弟，或国之肺腑，寄以爪牙。中年以来，有司乖实，号曰府户，役同厮养，官婚班齿，致失清流。而本宗旧类，各各荣显，顾瞻彼此，理当愤怨。更张琴瑟，今也其时，静境宁边，事之大者。宜改镇立州，分置郡县，凡是府户，悉免为民，入仕次叙，一准其旧，文武兼用，威恩并施。此计若行，国家庶无北顾之虑矣。”崇以奏闻，事寝不报。①

李崇求改镇为州的理由可能不止魏兰根所言，估计其基本思想与魏兰根大体相同。从魏兰根所言，军镇镇将“兼理军民政务”必然造成假公济私，而军镇兵民必然会因租役过重，生无着落。魏兰根认为这些情况已经是“静境宁边”的大事了。魏兰根的办法是将租役于军镇的府户身份改为同州郡民一样为编户。北魏府户是杂户之一。北魏诸征镇大将依品开府，边防诸镇所辖兵户即为府户。北魏初留北镇的“中原强宗子弟”、“国之肺腑”的高门子弟处境有些也逐渐同于府户。魏兰根、李崇并不是向北魏朝廷奏疏实情的第一人，孝文帝太和二十一年，源怀奉诏“巡行北边六镇”等地时就有详闻：

又诏为使持节，加侍中、行台，巡行北边六镇、恒燕朔三州，赈给贫乏，兼采风俗，考论殿最，事之得失，皆先决后闻。自京师迁洛，边朔遥远，加连年旱俭，百姓困敝。怀衔命巡抚，存恤有方，但宜运转，有无通济。时后父于劲势倾朝野，劲兄于祚与怀宿昔通婚，时为沃野镇将，颇有受纳。怀将入镇，祚郊迎道左，怀不与语，即劾祚免官。怀朔镇将元尼须与怀少旧，亦贪秽狼藉，置酒请怀，谓怀曰：“命之长短，由卿之口，岂可不相宽贷？”怀曰：“今日之集，乃是源怀与故人饮酒之坐，非鞫狱之所也。明日公庭，始为使人捡镇将罪状之处。”尼须挥泪而已，无以对之。怀既而表劾尼须。其奉公不挠，皆此类也。

怀又表曰：“景明以来，北蕃连年灾旱，高原陆野，不任营殖，

① （唐）李百药：《北齐书》（卷二十三），中华书局1972年版，第329—330页。

唯有水田，少可菑亩。然主将参僚，专擅腴美，瘠土荒畴给百姓，因此困敝，日月滋甚。诸镇水田，请依地令分给细民，先贫后富。若分付不平，令一人怨讼者，镇将已下连署之官，各夺一时之禄，四人已上夺禄一周。北镇边蕃，事异诸夏，往日置官，全不差别。沃野一镇，自将以下八百余人，黎庶怨嗟，佥曰烦猥。边隅事鲜，实少畿服，请主帅吏佐五分减二。”诏曰：“省表具恤民之怀，已敕有司一依所上，下为永准。如斯之比，不便于民，损化害政者，其备列以闻。”时细民为豪强陵压，积年枉滞，一朝见申者，日有百数。所上事宜便于北边者，凡四十余条，皆见嘉纳。①

孝文帝太和末年，北镇已经是镇将“兼理军民政务”而弊端丛生了。更为重要的是“沃野一镇，自将以下八百余人”都不同于“黎庶”，而是主帅的“吏佐”，具有较高身份，由他人供奉，其他各镇，估计情形也不出沃野镇之左右。因此，至宣武帝元恪正始四年，魏兰根、李崇所见北镇之况也就不足为奇了。李崇、元渊镇压沃野镇破六韩跋陵反叛，在白道失利后，元渊给朝廷的奏疏更能说明北镇的问题：

边竖构逆，以成纷梗，其所由来，非一朝也。昔皇始以移防为重，盛简亲贤，拥麾作镇，配以高门子弟，以死防遏，不但不废仕宦，至乃偏得复除。当时人物，忻慕为之。及太和在历，仆射李冲当官任事，凉州土人，悉免厮役，丰沛旧门，仍防边戍。自非得罪当世，莫肯与之为伍。征镇驱使，但为虞候白直，一生推迁，不过军主。然其往世房分留居京者得上品通官，在镇者便为清途所隔。或投彼有北，以御魑魅，多复逃胡乡。乃峻边兵之格，镇人浮游在外，皆听流兵捉之。于是少年不得从师，长者不得游宦，独为匪人，言者流涕。

自定鼎伊洛，边任益轻，唯底滞凡才，出为镇将，转相模习，专事聚敛。或有诸方奸吏，犯罪配边，为之指踪，过弄官府，政以贿

① （北齐）魏收：《魏书》（卷四十一），中华书局1974年版，第936—937页。

立，莫能自改。咸言奸吏为此，无不切齿憎怒。

及阿那瑰背恩，纵掠窃奔，命师追之，十五万众渡沙漠，不日而还。边人见此援师，便自意轻中国。尚书令臣崇时即申闻，求改镇为州，将允其愿，抑亦先觉。朝廷未许。而高阙戍主率下失和，跋陵杀之，敢为逆命，攻城略地，所见必诛。王师屡北，贼党日盛。此段之举，指望销平。其崔暹只轮不反，臣崇与臣逡巡复路。今者相与还次云中，马首是瞻，未便西迈，将士之情，莫不解体。今日所虑，非止西北，将恐诸镇寻亦如此，天下之事，何易可量。

时不纳其策。东西部敕勒之叛，朝议更思渊言，遣兼黄门侍郎郦道元为大使，欲复镇为州，以顺人望。会六镇尽叛，不得施行。渊后上言："今六镇俱叛，二部高车，亦同恶党。以疲兵讨之，不必制敌。请简选兵，或留守恒州要处，更为后图。"①

元渊为继源贺、源怀之后又一智略兼备的拓跋将帅。有史家认为，元渊等为败退云中进行辩解。本书认为，虽有此嫌疑，但元渊奏疏是继源怀、魏兰根、李崇以来梳理北镇问题的集大成者。结合源怀、魏兰根、李崇、元渊奏疏内容归纳如下：其一，六镇将兵的来源有四：以鲜卑为主体的高门子弟；中原强宗子弟；罪犯；从六镇叛乱的酋长结构来看，还有敕勒、柔然等部族的降民。其二，边镇的鲜卑子弟在仕途晋升方面被排除在鲜卑优待之外，也就是史家所说的地位下降。其三，北镇出现了官将聚敛枉法、兵民游于世、罪犯贿吏弄政，引起普遍不满。其四，改镇置州，以防诸镇齐乱。北魏朝廷并未理会元渊之奏，东西部敕勒也开始反叛，才急忙派黄门侍郎郦道元实施改镇为州，此时，叛乱已经蔓延到北方六镇，无法实施。

那么触发六镇暴动的深层原因到底是什么呢？要弄清这样的问题，本书以为仍然与太和改制有很大的关系。如前所述，太和改制，从根本上讲是同农耕社会的全面对接，但在施行上，出现了北镇同其他地方不同步，造成了北镇生产上出现了问题；北镇在资源分配上也出现了严重扭曲；

① （北齐）魏收：《魏书》（卷十八），中华书局1974年版，第429—431页。

北镇部族组织普遍存在，为六镇埋下了动乱的祸根。这些同农耕社会格格不入的因素普遍存在，相互促动，造成了六镇之变。有学者认为北魏改革步伐太快，造成南北差距，终酿乱局；也有学者从文化角度认为是主观加快了民族融合的进程，违背事物发展规律而造成内乱等。这些论点似是而非。本书认为，北魏正光乱局同改革快慢没有关系，而同北魏改革不同步有着极大关系。如果没有太和改制的不断推进，也可能乱局早就出现。当然，民族观念可能在乱局发展上起到推波助澜的作用，但也绝不是主因。

如前所述，北魏是依靠以鲜卑部族为核心的北方游牧人群军事共同体，倚仗强大的武力统一拓跋部族、代北后，继而又以武力统一中国北方而建立的政权。随着北方的统一，虽然军队这样的强力工具仍然是北魏统治的基础，但仍然免不了要改弦更张，退据后台。如伦斯基所言："不论一个新政权的目的是什么，一旦有组织的反对党被摧毁后，它为了其自身的利益就会越来越多地运用其他的控制技术和控制手段，而让强力退居后台，只有当其他技术失败时才重新使用。如果新精英阶层有着实利主义的目标，仅仅关注于自我扩展，那么很快就会发现，强权的统治是既无效而又代价太大了。"[①] 伦斯基认为强力虽居于后台，但它仍然是一切权力的基础。于是制度化的权力便会成为政权普遍使用的技术和控制手段，具体来说，就是拓跋魏权力由过去掌握在具有"卡里斯玛"式能力的拓跋部族战将手中，向占据一定角色、官位、职位，或者拥有一定财产的人的手中过渡。如果按照韦伯的权力定义：即使遇到他者反对也能执行其意志的可能性，那么战争中拓跋部族权力的保持依靠其"卡里斯玛"品质，也就是部族战将能征善战的超强能力征服对手，从而拥有一切支配的权力。当拓跋魏统一北方后，这些通过战争获得权力的北方诸游牧首领、汉族士人必须将他们权力通过某种方式固定下来，也就是权力的固化。显然，占据一定的角色、官位、职位成了北魏精英集团固化权力的最有效的方式，尤其是当这些占据官位、职位能获取更多的资源时，这种固化权力的形式便有加

① ［美］格尔哈斯·伦斯基：《权力与特权：社会分层的理论》，关信平等译，浙江人民出版社1988年版，第66页。

速发展之势。其实，北魏在建立时就在向权力固化方向发展。这一典型例子就是道武帝天赐年间颁行的“天赐品制”：

> 天赐元年八月，初置六谒官，准古六卿，其秩五品。属官有大夫，秩六品。大夫属官有元士，秩七品。元士属官有署令长，秩八品。令长属官有署丞，秩九品。
>
> 九月，减五等之爵，始分为四，曰王、公、侯、子，除伯、男二号。皇子及异姓元功上勋者封王，宗室及始蕃王皆降为公，诸公降为侯，侯、子亦以此为差。于是封王者十人，公者二十二人，侯者七十九人，子者一百三人。王封大郡，公封小郡，侯封大县，子封小县。王第一品，公第二品，侯第三品，子第四品。又制散官五等：五品散官比三都尉，六品散官比议郎，七品散官比太中、中散、谏议三大夫，八品散官比郎中，九品散官比舍人。文官五品以下，才能秀异者总比之造士，亦有五等。武官五品以下堪任将帅者，亦有五等。若百官有阙者，则于中擢以补之。[①]

从“品制”阶序来看，共分为九品。其中爵位分为王、公、侯、子四等，并且依次居于一、二、三、四前四品；爵位之下有散官、文官、武官三类，每类又分为五等，按品分为五、六、七、八、九品。从“品制”结构来看，前四品都是具有爵位的王、公、侯、子；后五品的则称为官。“王封大郡，公封小郡，侯封大县，子封小县。”也就是被封为王、公、侯、子的皇子、功臣、宗室、始蕃王都有封地。根据史家研究，这一时期，北魏还未统一北方，很多被封爵的臣子并未有实际封地。因此，孝文帝之前的封爵位是否有食邑，仍然没有定论，史家多有分歧，但可以肯定，爵位是资源分配的标尺。爵位可以世袭，而官则不可以世袭，因此，“爵是官的目标，这是天赐品制运行的真正方式”[②]。“天赐品制”中说，“又制散官五等：五品散官比三都尉，六品散官比议郎……九品散官

① （北齐）魏收：《魏书》（卷一百一十三），中华书局1974年版，第2973页。

② 胡鸿：《北魏初期的爵本位社会及其历史书写——以〈魏书·官氏志〉为中心》，《历史研究》2012年第4期。

比舍人”，这些“比”又有何意呢？我们再看史书对“天赐品制”又有以下记述：

> 初，帝欲法古纯质，每于制定官号，多不依周汉旧名，或取诸身，或取诸物，或以民事，皆拟远古云鸟之义。诸曹走使谓之凫鸭，取飞之迅疾；以伺察者为候官，谓之白鹭，取其延颈远望。自余之官，义皆类此，咸有比况。又制诸州各署都尉以领兵。①

起初，道武帝“欲法古纯质，每于制定官号，多不依周汉旧名”，故“拟远古云鸟之义”，“义皆类此，咸有比况”，因此，《资治通鉴》说：“百官有阙，则取于其中以补之。其官名多不用汉、魏之旧，仿上古龙官、鸟官。”② 道武帝这套“鸟官”名《魏书》并没有记录下来，但确实存在过。因此，“五品散官比三都尉”可能是这一真实情况的记录。对此，郑钦仁《北魏官僚机构研究》中说，《魏书·官氏志》所见的“比官”大体有两种意义：“其一，即所设的制度与中国过去官制比况，但实际上当时还没有被用以比况的中国官制。其次，所设的官制与中国官制比况，而两者并存。”③ 张庆捷指出，这种“比”的方式，“是为了建立鲜卑官号与汉族官号之间的关联”④。胡鸿认为，这是一种“攀附的华夏官僚制”⑤。并且认为北魏历史是经过李彪直至魏收数代史臣不断剪裁、润饰与攀附的结果，以一些不存在的汉晋官名替代那些“鸟官”名称，从而造就了拓跋政权从一开始就是华夏式政权的形象。天赐元年十二月又诏赐：

> 十二月，诏始赐王、公、侯、子国臣吏，大郡王二百人，次郡王、上郡公百人，次郡公五十人，侯二十五人，子十二人，皆立典

① （北齐）魏收：《魏书》（卷一百一十三），中华书局1974年版，第2973—2974页。

② （宋）司马光《资治通鉴》（卷一百一十三），中华书局1956年版，第3575页。

③ 郑钦仁：《北魏官僚机构研究》，台湾稻禾出版社1995年版，第162页。

④ 张庆捷、郭春梅：《北魏文成帝〈南巡碑〉所见拓跋职官初探》，《中国史研究》1999年第2期。

⑤ 胡鸿：《北魏初期的爵本位社会及其历史书写——以〈魏书·官氏志〉为中心》，《历史研究》2012年第4期。

师，职比家丞，总统群隶。[①]

从天赐元年八月定品制中，官无前四品，爵无后五品，封爵者甚众。天赐元年十二月再次大规模封爵，所以马端临说："元魏时，封爵所及者尤众，盖自道武兴于代北以来，凡部落之大人与邻境之降附者，皆封以五等之爵，令其世袭，或赐以王封。"[②] 胡鸿认为："爵制成为北族政治体从部落联盟走向官僚制国家的一条捷径。"[③] 如果从体制演进过程来看，爵制就是拓跋游牧部族体制下诸酋长、大人的进化结果，而这一进化结果其实质是酋长、大人随着生存资源、环境的变迁而将自己身份固化的另一种形式。爵由亲和功两个因素获得，这对于部落体制下的酋长、大人的形成是具有高度的同质性。"天赐品制"是拓跋部族爵位与官位的混合体制，也就是爵本位与官本位之间的中间形态。史家认为，北魏初期是爵本位社会，这一论点的提出不是史家为北魏初期量身打造的体制外衣，而是北魏初期社会的本真写照，对认识北魏社会发展具有认识论的意义。我们可以设想北魏体制的更多形态：完全的部落制和爵位混合体、爵本位、爵本位辅以官位职能、爵官混合体制、官本位辅以爵本位，最终转化为官本位。如果将以上拓跋魏体制不同时期的不同形态连成一纵线，就能通观历史演进过程，关注历史研究过程可能是探寻历史本相的最为真实有效的方式。"天赐品制"之后，天赐二年、天赐四年、神瑞元年、泰常二年、神䴥元年、真君五年、兴安二年又多次置官职、封官。至孝文帝延兴二年，朝廷颁诏：

诏曰："非功无以受爵，非能无以受禄，凡出外迁者皆引此奏闻，求乞假品。在职有效，听下附正，若无殊称，随而削之。旧制诸镇将、刺史假五等爵，及有所贡献而得假爵者，皆不得世袭。"[④]

---

① （北齐）魏收：《魏书》（卷一百一十三），中华书局1974年版，第2974页。

② （宋）马端临：《文献通考》（卷二百七十三）。

③ 胡鸿：《北魏初期的爵本位社会及其历史书写——以〈魏书·官氏志〉为中心》，《历史研究》2012年第4期。

④ （北齐）魏收：《魏书》（卷一百一十三），中华书局1974年版，第2975页。

从明元帝、太武帝、文成帝以来，屡置官职，至孝文帝延兴二年，"旧制诸镇将、刺史假五等爵，及有所贡献而得假爵者，皆不得世袭"，意味着爵本位已经让位于官本位，且爵本位已经退居辅位。此时，已经离太武帝统一北方（太延六年，公元439年）有33年之久了，因功受爵之途已经基本断绝，基本上只有因亲受爵这一途了。官职是因职能、功能的需要而设置，而选官、任官相对于个人或者特定群体而言，则是拥有了职能所赋有的权力。但此时，如史载："自太祖至高祖初，其内外百官屡有减置，或事出当时，不为常目。"[①] 也就是官员仍然是处于"有任而无爵"的状态，也就是如上所述的"百官无禄"。至太和八年，"百官无禄"弊端丛生，于是出现了"班禄酬廉"之法。当占据官位、职位能获取更多的资源时，这种固化权力的形式便有加速发展之势，"太和中高祖诏群僚议定百官，著于令"[②] 的必要性也就显而易见了。北魏从爵本位向官本位过渡时，"旧制诸镇将、刺史假五等爵，及有所贡献而得假爵者，皆不得世袭"，将镇将爵位世袭也给剥夺了。《魏书·张彝传》中有记载：

（张彝）第二子仲瑀上封事，求铨别选格，排抑武人，不使预在清品。由是众口喧喧，谤讟盈路，立榜大巷，克期会集，屠害其家。彝殊无畏避之意，父子安然。神龟二年二月，羽林虎贲几将千人，相率至尚书省诟骂，求其长子尚书郎始均，不获，以瓦石击打公门。上下畏惧，莫敢讨抑。遂便持火，掳掠道中薪蒿，以杖石为兵器，直造其第，曳彝堂下，捶辱极意，唱呼嗷嗷，焚其屋宇。始均、仲瑀当时逾北垣而走。始均回救其父，拜伏群小，以请父命。羽林等就加殴击，生投之于烟火之中。及得尸骸，不复可识，唯以髻中小钗为验。仲瑀伤重走免。彝仅有余命，沙门寺与其比邻，舆致于寺。远近闻见，莫不惋骇。[③]

这次上言要求"铨别选格，排抑武人，不使预在清品"引起"羽林虎

① （北齐）魏收：《魏书》（卷一百一十三），中华书局1974年版，第2976页。

② 同上。

③ （北齐）魏收：《魏书》（卷六十四），中华书局1974年版，第1432页。

贲几将千人”的滋事反抗，终以始均丧命而结束。陈寅恪认为：“洛阳羽林虎贲起来发难，实际是六镇起兵的前奏。”① 这种排抑武人肯定不会因羽林虎贲的发难而终止，并且连边镇的兵将也不例外。如上引自元渊奏疏中说，“在镇者便为清途所隔”，更为重要的是附着在清品之上的“仕宦”、“复除”的优崇也付诸东流，边镇的兵将完全被边缘化了。然而六镇的镇将“兼理军民政务”，因此，新的资源获取体系便会逐渐形成。其具体情况如源怀上表中所述：“主将参僚，专擅腴美，瘠土荒畴给百姓，因此困敝，日月滋甚。”主将为北魏朝廷任命，而参僚资格则为竞争的对象，只要能够挤进这一序列，便可以“专擅腴美”，才会有“沃野一镇，自将以下八百余人”的“主帅佐吏”局面。如上元渊奏疏里我们曾总结过六镇将兵的来源有四：以鲜卑为主体的高门子弟；中原强宗子弟；罪犯；从六镇叛乱的酋长结构来看，还有敕勒、柔然等部族的降民。这些构成六镇从将至兵的体系中，又会有新的层别出现。在前节中，我们提到道武帝拓跋焘在征服诸部后“分散诸部，惟高车以类粗犷，不任使役，故得别为部落”②。因此，北镇中的敕勒、柔然等部族降民仍然保有原有的部落组织，并受命于诸大小部落的酋长、酋帅。薛海波《北魏末年镇民暴动新探——以六镇豪强酋帅为中心》一文认为：“由于镇官员对当地军政具有绝对的支配权，拥有一定的政治地位的六镇豪强酋帅为维护自家产业，就必须取得军镇官僚身份，利用权力来占有有限的经济资源。”③ 如上所述，在沃野镇将以下的“主帅吏佐”就有八百多人，虽然进行了裁撤，但数目仍旧不少。能挤进“主帅吏佐”会受到三个方面的限制：其一，受朝廷节制，必然不能无限制地扩充军镇官僚队伍；其二，当地的农牧资源有限，不可能无限制地让更多的人享有官僚身份来分享资源；其三，拥有官僚身份的人必然会设置门槛阻止更多的人进入这一序列。因此，北镇资源有限及人为因素造成北镇这一相对独立系统内部的官僚身份始终处于一个稀缺状态。这必然将导致“毫无政治地位，备受欺压，在经济上遭到严重损失，却得不到丝毫救助，面临生存危机的高车、匈奴等胡族酋帅只能为求生存，掀

① 陈寅恪：《魏晋南北朝史讲演录》，黄山书社 1987 年版，第 279 页。

② （北齐）魏收：《魏书》（卷一百三），中华书局 1974 年版，第 2309 页。

③ 薛海波：《北魏末年镇民暴动新探——以六镇豪强酋帅为中心》，《文史哲》2011 年第 2 期。

起反抗担任军镇官员的豪强酋帅及军镇压迫的暴动”①。同时，以鲜卑为主体的高门子弟、中原强宗子弟在经年累月的活动中，估计有一些人可能因其他原因而出现地位下降，“号曰府户”。如果将北魏六镇兵民分层，会有三层：最顶层的无疑是镇将；第二层则为“参僚”，包括豪强酋帅；第三层则为兵户，也就是府户，还包括地位下降的部分高门子弟、中原强宗子弟，高车、匈奴酋帅及其部落民。第三层的这部分人处于资源生产的最底部。由于六镇所在的地域本身就处于农牧交错带，农业较为脆弱，而单位面积牧业的生产能力有限，难以供养北镇兵民生存资源需求。同时，自拓跋魏南迁洛阳之后，北魏的资源都主要满足以洛阳为中心的朝廷需求，北部防务地位下降，对边镇的补给也就大打折扣。同时，北镇城民人口却在增长，加速了这一地区生存资源的紧张。如前引用伦斯基理论，“资源分配是按照看起来矛盾的原则为基础来进行分配，这就是需要和权力”。分配的第一个规律：“人们分享劳动产品所需要达到的程度，要能保证那些行为对他们自身是必不可少的或者是有益的那部分人的生存和生产力的延续。”第二个规律：权力将决定几乎所有的由社会所拥有的剩余产品的分配。从源贺、源怀、魏兰根、李崇、元渊的奏疏来看，北镇生产者生产出的生存资源可能大部分被用来进行权力分配，而作为生产者本身，陷入了生存危机。这就违反了伦斯基劳动产品分配的第一个规律。恰在此时，柔然的南下大掠，将这些本来处于生存边缘的镇民推向绝境，加之沃野镇将于景守仓不赈，引起了沃野城民斩杀镇将的反乱，最终，这次叛乱蔓延到整个北方六镇。北魏花费了很大力气才将此次六镇之乱平息。史载：

及李崇徵还，渊专总戎政。跋陵避蠕蠕，南移渡河。先是，别将李叔仁以跋陵来逼，请求迎援。渊赴之，前后降附二十万人。渊与行台元纂表求恒州北别立郡县，安置降户，随宜赈赉，息其乱心。不从，诏遣黄门郎杨昱分散之于冀、定、瀛三州就食。渊谓纂曰：“此辈复为乞活矣，祸乱当由此作。”②

① 薛海波：《北魏末年镇民暴动新探——以六镇豪强酋帅为中心》，《文史哲》2011年第2期。

② （北齐）魏收：《魏书》（卷十八），中华书局1974年版，第431页。

在安置二十万人的问题上，元渊主张在恒州北别立郡县进行安置，其实质是实现镇民的州郡编户化。然而北魏朝廷仍然按照类似于崔浩当年将代北饥民移至青州就食的办法，将降附的二十万人分散于“冀、定、瀛三州就食”，又恰逢灾荒，非但没有解决就食问题，如元渊所言降附的二十万“复为乞活矣”，引起了更大的动乱。北魏在这次动乱中灭亡，也应了元渊那句话：“祸乱当由此作。”

小结：北魏要想完全解决六镇问题，首先要处理好两个问题：其一，在爵本位向官本位转化过程中北镇兵将的地位问题，其实质是他们的资源分配问题；其二，北魏兵民生计问题。这两者的解决恰是北魏同农业社会对接的基本问题。北魏在同农业社会全面对接的过程中，因“旧典难革”，将北镇基本排除在同农业社会对接的进程之外，发生变乱只是迟早的事情。因此，有史家将北魏的倾覆归因于“汉化”过快，或“汉化”过慢，或完全“汉化”，真正的原因在于边镇体制有悖于农业社会原理构造，造成北魏与农业社会对接过程中出现了地区不同步，最终瓦解了北魏的政权结构。

第四章　北朝后期之权力嬗代

第一节　强力与北朝后期演进

陈寅恪先生说：六镇兵经过三次转手。第一次由破六韩拔陵转到葛荣手上，葛荣赖之以继续与洛阳统治者做斗争。第二次从葛荣转到葛荣的镇压者尔朱荣手上，尔朱荣欲倚之以壮大自己的势力。第三次从尔朱氏手上转到高欢手上，高氏赖之以建立东魏与北齐。由原六镇镇兵构成的军事共同体促动北方政局，北方再次陷入东西对抗的战争乱局。这些在北魏没有"消化"掉的北族势力在万俟丑奴作乱关右、孝庄帝遣尔朱天光及贺拔岳等征讨后，从总体上来说，镇兵势力分布在了北方的东部和西部。西部"镇兵"在尔朱天光东进后，掌握在了贺拔岳手中，贺拔岳被秦州刺史侯莫陈悦谋害之后，追随贺拔岳西讨的宇文泰成为西部"镇兵"统帅。高欢杀尔朱荣、铲除尔朱氏势力并立元脩为帝时，"镇兵"势力从东西分布态势而变为东西分立局面。高欢在洛阳立元脩为帝，而自己拥兵于晋阳。此时，北方已经转化为元脩、高欢、宇文泰三者分立的局面。元脩在正统地位上占有优势，并有北魏的旧势力支持；高欢统领了大部分"镇兵"；宇文泰统有少部分"镇兵"。在这三者的势力当中，元脩势力最弱，宇文泰次之，而高欢最为强盛。高欢、宇文泰虽都臣于元脩，但实际上处于貌合神离的状态。在这三方势力的较量中，最终以元脩奔长安宇文泰而形成了东西对峙。公元534年，高欢立元善见为帝，建立东魏。公元535年，宇文泰杀元脩，立元宝炬为帝，建立西魏。公元550年，高欢的儿子高洋废元善见自立，史称北齐。公元556年，宇文泰之侄宇文护逼元廓禅位于宇文泰之子于文觉，史称北周。从东、西魏至北齐、北周，北方东西二政权展开了多次战争。公元557年，北周皇帝宇文邕灭北齐，北方再次统一。

以北部拓跋鲜卑、匈奴、敕勒等部族民为核心的军事共同体，虽然主导着北方政局，但从公元534年东魏建立至公元581年北周灭亡的47年中，先后出现东魏、西魏、北齐、北周四个政权，这同十六国时期的政权数量和更迭有一比。然而同十六国时期的“诸胡”军事共同体不同的是：其一，十六国时期，在以某一“胡族”势力为核心的军事共同体建立的政权，必定是以本部族首领为君王；北魏末年自河阴之变，胡太后被沉河之后，“胡族”军事共同体并未直接称王称帝，而是仍以拓跋皇室后人为帝。其二，十六国时期诸政权内部权力争夺，多会引起内乱，造成大量的部族民耗减而衰弱，最终被乘势崛起的其他北方“胡族”取代；北齐代东魏、北周代西魏，结束的是拓跋鲜卑皇室的名义统治，代之以高氏和宇文氏的帝位统治，其改朝换代及帝位争夺多以宫廷政变的形式发生，并没有引起大的震荡和混战。东魏、北齐，西魏、北周的帝位变换、国号更迭，在农业生产上，仍然沿袭了北魏太和改制后形成农耕世界的运作方式，而不是十六国、北魏前期的大量畜牧化。

东魏仍然沿袭北魏的田制，但情况已同六镇动乱以前大有不同。史载：

> 魏自永安之后，政道陵夷，寇乱实繁，农商失业。官有征伐，皆权调于人，犹不足以相资奉，乃令所在迭相纠发，百姓愁怨，无复聊生。寻而六镇扰乱，相率内徙，寓食于齐、晋之郊。①

战乱频仍，征调频繁，农民已经接近破产边缘，部分农民已经离开土地，形成流民。高欢迁都于邺，立元善见为帝，新的朝廷开始运作，但生存资源、生产问题仍然困扰着东魏。史载：

> 元象、兴和之中，频岁大穰，谷斛至九钱。是时法网宽弛，百姓多离旧居，阙于徭赋。神武乃命孙腾、高隆之分括无籍之户，得六十

① （唐）魏征、令狐德棻：《隋书》（卷二十四），中华书局1973年版，第675页。

余万。于是侨居者各勒还本属，是后租调之入有加焉。[①]

这次是东魏采取的一次较大的调整，其目的是要恢复北魏末年内乱以前的社会生产状况，产生了一定的效果。高欢之子高洋自立北齐后，农耕社会问题更为严重，出现“豪党兼并，户口益多隐漏”、“户口租调，十亡六七”[②]。东魏、北齐主要依靠煮盐专卖、屯田等方式补充赋税的不足，支撑南北防务及朝廷开支。公元564年，北齐下诏恢复三长制和均田制：

至河清三年定令，乃命人居十家为比邻，五十家为闾里，百家为族党。男子十八以上，六十五以下为丁；十六以上，十七以下为中；六十六以上为老；十五以下为小。率以十八受田，输租调，二十充兵，六十免力役，六十六退田，免租调。[③]

东魏、北齐共存在43年，基本上仍然延续北魏的田制，而清河三年的“定令”努力恢复太和改制时的农业生产、分配状态。西魏、北周同样继承北魏的均田制，史载：

后周太祖作相，创制六官。载师掌任土之法，辨夫家田里之数，会六畜车乘之稽，审赋役敛弛之节，制畿疆修广之域，颁施惠之要，审牧产之政。司均掌田里之政令。凡人口十以上，宅五亩；口九以上，宅四亩；口五以下，宅三亩。有室者，田百四十亩，丁者田百亩。司赋掌功赋之政令。凡人自十八以至六十有四，与轻癃者，皆赋之。其赋之法，有室者，岁不过绢一匹，绵八两，粟五斛；丁者半之。其非桑土，有室者，布一匹，麻十斤；丁者又半之。丰年则全赋，中年半之，下年一之，皆以时征焉。若艰凶札，则不征其赋。[④]

---

① （唐）魏征、令狐德棻：《隋书》（卷二十四），中华书局1973年版，第676页。

② 同上。

③ 同上书，第677页。

④ 同上书，第679页。

韩国磐《北朝经济试探》认为，宇文泰“‘初行周礼，建立六官’，‘为太师大冢宰’系在公元五五六年（恭帝三年）。故均田令当即颁布于此年”①。同北齐清河三年的均田令一样，西魏也是在田制因战乱等诸因素被扰乱后，调整恢复至北魏内乱前的生产、租调秩序。从调整田制时间来看，西魏、北周调整田制要比东魏、北齐早 8 年之久。原因除西魏、北周迫切需要恢复原有资源生产与分配体制这一现实因素外，东魏、北齐的国力要强于西魏、北周，也是重要因素之一。

自北魏末年内乱后，以“镇兵”为核心的军事共同体分别掌握在高氏家族和宇文氏家族手中，成为东魏、北齐，西魏、北周的事实权力支配者。最初，高氏、宇文氏都尊拓跋皇室为正统，拥立拓跋皇室为帝，但高氏、宇文氏因掌握军队的统帅权而居于真正北方东西政权的主导者和决策者的地位。因此，军事共同体的强力是东魏、北齐、西魏、北周权力的主要基础。这是北魏末年以强力退据后台而以职位、财产为基础的权力的反动。北魏末年的内乱，造成了“其他技术失败时才重新使用”的强力再次控制了北方的皇权。高欢、宇文泰及其后继者，多具有“卡里斯玛”式品质，从某种角度来说，“五胡”“卡里斯玛”式权力再次成为北朝后期皇权的主要特征。同十六国不同的是，“卡里斯玛”式权力的继承已经演进到农耕世界最高共同体之中，并受到这个共同体的诸多制约，不至于落到因内斗而败亡的境地。农耕社会资源的生产以及因对农耕生产的资源进行分配而建立起来的诸级政权结构的正常运转，决定着诸政权的命运。因此，东魏、北齐，西魏、北周都不约而同继承了北魏的田制。

第二节　兵农合——共容利益的构建

如上所述，北镇的兵分别掌握在东部高欢、西部宇文泰的手中。从掌握“镇兵”的数量来看，高欢占绝对优势，而宇文泰却处于劣势。如果将镇兵二十万做一个划分的话，高欢至少掌握了十五万，而宇文泰也只统有

① 韩国磐：《北朝经济试探》，上海人民出版社 1958 年版，第 120 页。

五万之众。所以史书说："齐神武因之，以成大业。"[①] 这些北魏没有"消化"掉的北镇之兵从内部打乱了北魏政权，仍然深刻地影响着北朝后期的政治局势。历史有时并不以数量的优势来决定胜负与成败。这些镇兵是历史的产物，也带有明显的历史烙印，因此，高欢拥有它，从数量和势力上来讲，具有了绝对优势，而宇文泰统率了少数镇兵，虽在数量上占有劣势，但也意味着受镇兵天生缺陷的影响也就更少，这就是历史的辩证法。

史书载：

> 欢每号令军士，常令丞相属代郡张华宣旨，其语鲜卑则曰："汉民是汝奴，夫为汝耕，妇为汝织，输汝粟帛，令汝温饱，汝何为陵之?"其语华人则曰："鲜卑是汝作客，得汝一斛粟，一匹绢，为汝击贼，令汝安宁，汝何为疾之?"
>
> 时鲜卑共轻华人，唯惮高敖曹。欢号令将士，常鲜卑语，敖曹在列，则为华语。[②]

东魏、北齐兵制的形式仍然是"胡人当兵，汉人种地"，这同北魏并无二致。如果仅从功能结构来说，"胡人当兵，汉人种地"，实现各自分工并没有理论上的不妥。如前所述，按照农耕世界原理，农耕社会一切活动必须围绕土地这一基本的生存资源的属性而展开，但其有机结构并非只是机械功能分化那样简单，这从东西政权的战争中可以窥视一二。

大统十二年之前，东西魏之间发生了"小关之战"、"沙苑之战"、"河桥之战"、"邙山之战"。其中"小关之战"发生于东魏天平四年（公元537年）初，东魏窦泰率军"至小关，为周文帝所袭，众尽没，泰自杀"[③]。此战《周书》记述为"窦泰卒闻军至，惶惧，依山为阵，未及成列，太祖纵兵击破之，尽俘其众万余人。斩泰，传首长安"[④]。从《北齐书》、《周书》

---

① （唐）魏征、令狐德棻：《隋书》（卷二十四），中华书局1973年版，第675页。

② （宋）司马光：《资治通鉴》（卷一百五十七），中华书局1956年版，第4882页。

③ （唐）李百药：《北齐书》（卷十五），中华书局1972年版，第193—194页。

④ （唐）令狐德棻：《周书》（卷二），中华书局1971年版，第22页。

对此战的记述来看，西魏阻挡住了东魏的进攻。“沙苑之战”是在“小关之战”后东西魏又一次较量。公元537年10月，东魏高欢再次西讨，“自蒲津济，众二十万。周文军于沙苑。神武以地厄少却，西人鼓噪而进，军大乱，弃器甲十有八万，神武跨橐驼，候船以归”[①]。此次争战，西魏宇文泰再次获胜，《周书》载：“齐神武至，望太祖军少，竞驰而进，不为行列，总萃于左军。兵将交，太祖鸣鼓，士皆奋起。于谨等六军与之合战，李弼等率铁骑横击之，绝其军为二队，大破之，斩六千余级，临阵降者二万余人。齐神武夜遁，追至河上，复大克获。前后虏其卒七万。留其甲士二万，余悉纵归。”[②]“沙苑之战”，西魏再次以少胜多，采取突然袭击的方式制胜。但从双方势力来看，东魏仍然占据明显优势。公元538年，“东魏围洛阳，峰与季海守金墉。太祖至，围解，即与东魏战于河桥。时峰为左军，不利，与李远先还，太祖因此班师”[③]。“河桥之战”，西魏失去洛阳，宇文泰几乎丧命。公元543年，“邙山之战”东魏再次获胜。史载：“神武大败之于邙山，擒西魏督将已下四百余人，俘斩六万计。”[④]西魏邙山之败，损失惨重，“于是广募关陇豪右，以增军旅”[⑤]。东、西魏这四次规模较大的战争，前两次东魏失利，后两次东魏获胜。苏小华《西魏北周军队构成的变化及其对北朝军事的影响》通过梳理西魏在四次野战中的参战将领认为：“通过对比，不难发现，在每一次野战之中，六镇将领都是占半数以上，可以推断，如果没有六镇军人，仅靠关陇本地势力是不能抵挡高欢入侵的。”[⑥]东魏投入的兵将情况又是怎样的呢？《隋书·食货志》说：

> 天平元年，迁都于邺，出粟一百三十万石，以赈贫人。是时六坊之众，从武帝而西者，不能万人，余皆北徙，并给常廪，春秋二时赐帛，以供衣服之费。……及文宣受禅，多所创革。六坊之内徙者，更

---

① （唐）李百药：《北齐书》（卷二），中华书局1972年版，第20页。

② 同上书，第24页。

③ （唐）令狐德棻：《周书》（卷十七），中华书局1971年版，第283页。

④ （唐）李百药：《北齐书》（卷二），中华书局1972年版，第21页。

⑤ 同上书，第28页。

⑥ 苏小华：《西魏北周军队构成的变化及其对北朝军事的影响》，《云南民族大学学报》2008年第2期。

加简练，每一人必当百人，任其临阵必死，然后取之，谓之百保鲜卑。又简华人之勇力绝伦者，谓之勇士，以备边要。①

从史料来看，元脩西迁时，六坊之内主要是鲜卑等北方民族，除不到万人随孝武帝西迁外，其余都北迁至邺城。至高洋自立北齐后，仍然从六坊之内“简练”勇士，称为“百保鲜卑”。也就是说，至北齐时，北魏的主要依靠力量仍然是六镇之兵。虽然“简华人之勇力绝伦者，谓之勇士”，但也只是“以备边要”。北齐至清河三年才开始大量从民户中征兵，如上所引，北齐河清三年“定令”，男子“十八受田，输租调，二十充兵”。从东魏建立至清河三年已经近三十年，北齐所依靠的北镇之兵即便不算战争损耗，也都处于疲老状态了。这同十六国时期前赵情况非常相似。前赵刘曜率军西征羌氐及东与石勒交战时，中军半夜大惊，刘曜曾叹“中军老矣！”刘曜所统之兵，是以匈奴为核心的军事共同体，经过刘汉至前赵时期，已经过了二十多年征战，军队老化已经严重。北齐的六镇之兵也存在着相同的情状。从兵员年龄结构来看，北齐胡兵质量正走向衰弱，曾经助高欢成大业的北镇兵的优势已经转变为北齐的软肋。

西魏在四次战役中，前两次获胜，而后两次却以失败告终，这对于西魏来说，已经面临严重危机。从纵向历时来看，战争并不以胜数作为取胜衡量的标准，而是以最后战局的高下来定胜负。邙山之战，西魏损失六万将士，几乎将宇文泰所统的“镇兵”损失殆尽，此时已将宇文泰逼入绝境。然而历史的辩证法是西魏“镇兵”的战殁，连同他们所带有的缺憾一齐尘封于地下。因此，史书说宇文泰“于是广募关陇豪右，以增军旅”，成为其新生的出发点，至此，一种新的兵制诞生，是西魏不被东魏攻灭、北周灭北齐统一北方，乃至隋统一南北的主导原因——这就是府兵。如此肯定府兵的历史作用，并不是颂扬府兵制的创制者们的高超智慧，也不是府兵制本身多么构造绝伦，而是它同农耕世界生产与分配组织结构紧密地结合在了一起，从而有源源不断的人力和物力能量注入其中，延续了其自诞生至唐二百多年不朽的作用。当然，府兵制在唐中后期瓦解那就另当别论了。

---

① （唐）魏征、令狐德棻：《隋书》（卷二十四），中华书局 1973 年版，第 675—676 页。

府兵制是一个影响时代的决定性因素，也是魏晋南北朝诸历史问题中的大问题，所以史家对此研究成果可谓精深。以陈寅恪为代表的诸多大师论述之精湛，剖理之透析，令治史者有高山仰止、难望其项背之感。即便企图稍有己论，也是慎之又慎。陈氏说：

> 府兵制之前期为鲜卑兵制，为大体兵农分离制，为部酋分属制，为特殊贵族制；其后期为华夏兵制，为大体兵农合一制，为君主直辖制，为比较平民制。其前后两期分划之界限，则在隋代。周文帝、苏绰则府兵制创建之人，周武帝、隋文帝其变革之人，唐玄宗、张说其废止之人，而唐之高祖、太宗在此制创建、变革、废止之三阶段中，恐俱无特殊地位者也。[①]

继陈寅恪之后，岑仲勉承袭陈寅恪之说，著有《府兵制度研究》。[②] 唐长孺认为，南北朝军制对府兵制度有影响，但亦非完全是南北朝军制之沿袭，认为“这个组织系统正如陈寅恪所指出的乃是军事单位之部落化”[③]。谷霁光认为，“封建兵制应该是府兵制的主要渊源和内容，鲜卑部落兵制只是某些遗留因素和影响，二者结合形成具有新的特点的府兵制”[④]。何兹全《读〈府兵制度考释〉》[⑤] 同意谷霁光的意见，但就府兵和府兵制等问题提出了自己的意见。台湾学者毛汉光《西魏府兵史论》认为：“宇文泰以广阔的胸怀将先后入关之北镇军士、魏帝禁旅等编入府兵之上层；大统后半期除继续吸收汉人豪族宗人、部曲以外，复招募渭北羌人豪强及收编陇岐氐人豪右，加入府兵这中下层，又与其统治区内之政治社会条件配合，所以府兵制度初期之设计甚具匠心，亦因此发挥出其高的功效。”[⑥] 此外还

① 陈寅恪：《隋唐制度渊源论稿·唐代政治史述论稿》，生活·读书·新知三联书店 2001 年版，第 155 页。

② 岑仲勉：《府兵制度研究》，上海人民出版社 1957 年版。

③ 唐长孺：《魏晋南北朝史论丛》，商务印书馆 2010 年版，第 254 页。

④ 谷霁光：《府兵制度考释》，上海人民出版社 1962 年版，第 94 页。

⑤ 何兹全：《读史集》，上海人民出版社 1982 年版。

⑥ 毛汉光：《中国中古政治史论》，上海书店出版社 2002 年版，第 299 页。

有日本学者谷川道雄（《隋唐帝国形成史论》[1]）等学者的研究著作和论文，此处不再赘述。府兵制的研究同北魏均田制等研究一样，其实施年代也是诸史家产生分歧的一个重要方面。如陈寅恪所述，其发展经历了不同阶段，并不是一蹴而就，因此，对时间的争论，也就是从不同阶段对府兵制研究的深入。但仅就这个制度形成，来一个静态的划定，肯定是不符合事物的发展规律的。本书从大统九年邙山之战谈起，也主要是想以此关键节点，学史窥斑，浅薄学舌。

府兵制的研究，绕不开府兵制的创制年代。从目前史家所论来看，由于史料记述简单，还存在较大争论，即使上引陈寅恪所论，也只是一个大概的时间。府兵创制之年代之争，并不是一个简单的时间之争，因为东魏与西魏战争连年，能否在战争中制胜，是关乎两魏一方生死存亡的大事。在《周书》、《北齐书》、《隋书》等朝代史中，并没有一个清楚的记述，而《玉海·兵制》引《邺侯家传》有载：

> 初置府兵于西魏大统中，周文帝与度支尚书苏绰之谋也。……初置府不满百，每府有郎将主之，而分属二十四军，每军以开府一人将焉。每二开府属一大将军，二大将军属一柱国大将军，仍加号持节大都督以统之。时皇家太祖景皇帝为少师陇右行台仆射陇西公，与臣五代祖弼、太保大司徒赵郡公及大宗伯赵贵、大司马独孤信、大司寇于谨、大司空侯莫陈崇等六家主之，是为六柱国，共有众不满五万。初置府兵，而东魏霸相高欢大举来伐，周太祖时为大丞相总百揆、太师冢宰，奉魏帝扫境内以敌之。除守御之师，共有众三万战于沙苑。……初置府兵，皆于六户中等以上家有三丁者，选才力一人免其身租庸调，郡守农隙教试阅，兵仗衣驮牛驴及糗粮旨蓄六家共备，抚养训导，有如子弟，故能以寡克众。隋受周禅，九年而灭陈，天下一统，皆府兵之力也。[2]

① ［日］谷川道雄：《隋唐帝国形成史论》，李济沧译，上海古籍出版社2004年版。

② （宋）王应麟：《玉海》（卷一百三八），江苏古籍出版社（光绪九年浙江书局版）1987年印，第2569—2570页。

《玉海·兵制·府兵》又载：

《后魏书》西魏大统八年，宇文泰仿周典置六军，合为百府（注：每府一郎将统之，分属二十四军，开府各领一军，大将军凡十二人，每一大将军统二府，一柱国统二大将军，凡柱国六员，复加持节都督以统之）。十六年，籍民之有才力者为府兵。①

《资治通鉴》载：

初魏敬宗以尔朱荣为柱国大将军，位在丞相上；荣败，此官遂废。大统三年，文帝复以丞相泰为之。其后，功参佐命，望实俱重者，亦居此官，凡八人，曰：安定公宇文泰，广陵王欣，赵郡公李弼，陇西公李虎，河内公独孤信，南阳公赵贵，常山公于谨，彭城公侯莫陈崇，谓之八柱国。泰始籍民之才力者为府兵，身租庸调，一切蠲之，以农隙讲阅战阵，马畜粮备，六家供之；合为百府，每府一郎将主之，分属二十四军。泰任总百揆，督中外诸军；欣以宗室宿望，从容禁闼而已。余六人各督二大将军，凡十二大将军，每大将军各统开府二人，开府各领一军。是后功臣位至柱国大将军、开府仪同三司、仪同三司者甚众，率为散官，无所统御，虽有继掌其事者，闻望皆出诸公之下云。②

《北史》载：

初，魏孝庄帝以尔朱荣有翊戴之功，拜荣柱国大将军，位在丞相上。荣败后，此官遂废。大统三年，魏文帝复以周文帝建中兴之业，始命为之。其后功参佐命，望实俱重者亦居此职。自大统十六年以前，任者凡有八人。周文帝位总百揆，都督中外军事。魏广陵王欣，

① （宋）王应麟：《玉海》（卷一百三十七），江苏古籍出版社（光绪九年浙江书局）1987年印，第2559页。

② （宋）司马光：《资治通鉴》（卷一百六十三），中华书局1956年版，第5058—5059页。

元氏懿戚，从容禁闼而已。此外六人，各督二大将军，分掌禁旅，当爪牙御侮之寄。当时荣盛，莫与为比。故今之称门阀者，咸推八柱国家。今并十二大将军录之于左……是为十二大将军。每大将军督二开府，凡为二十四员，分团统领，是二十四军。每一团，仪同二人。自相督率，不编户贯。都十二大将军。十五日上，则门栏陛戟，警昼巡夜。十五日下，则教旗习战。无他赋役。每兵唯办弓刀一具，月简阅之。甲槊戈弩，并资官给。

自大统十六年以前，十二大将军外，念贤及王思政亦拜大将军。然贤作牧陇右，思政出镇河南，并不在领兵之限。此后功臣位至柱国及大将军者众矣，不限此秩，无所统御。六柱国、十二大将军之后，有以位次嗣掌其事者，而德望素在诸公之下，并不得预于此例。①

诸史家对以上诸材料的解读不同，才会有府兵制创制于大统三年、大统八年、大统十六年之争。从《玉海》两则材料来看，一则是说在大统三年沙苑之战前置府兵，另一则是说在大统八年“置六军，合为百府”。如果将两则材料合起来看，大统三年“初置府不满百”，大统八年则“置六军，合为百府”，是说大统八年将“不满百”之府扩充为“百府”。《北史》、《资治通鉴》则认为大统十六年，府兵制成体制。那么到底如何来解释以上府兵制创制时间呢？何兹全说：“招募豪右、接纳乡兵参加六柱国系统，是府兵制形成时期的情况，这两种兵士来源是六柱国领兵初期的重要兵源，但府兵制之成为府兵制，应在于设府取兵。二者是有密切关系的，又是有区别的。没有设府取兵，只有广招豪右，接纳乡兵，就只能产生军府，而不能产生府兵制。”② 如此看来，府兵制形成一种制度是一个发展的过程，至大统十六年，府兵制成为固定下来从民户中征兵的制度。也就是说，自大统元年至大统十六年，西魏的兵源结构由原六镇之兵占绝对多数的比例在下降，而补充的汉兵数量的比例趋于上升。这样最为明显的上升时期就是“河桥之战”和“邙山之战”，尤其以“邙山之战”的损失

① （唐）李延寿：《北史》（卷六十），中华书局1974年版，第2153—2155页。

② 何兹全：《读史集》，上海人民出版社1982年版，第363页。

最大，补充兵员的需求也就最为急切。如上所引：大统三年“六柱国，共有众不满五万”，大统九年“邙山之战”西魏损失兵力超过六万，因此，战前西魏兵力肯定在十万左右，这些多出的兵员估计来自汉人、胡人，但其比例并不知晓。邙山之战后，为了补充士兵，宇文泰开始“广募关陇豪右，以增军旅”，这就是汉人逐渐成为西魏兵的主要组成部分，当然，主要将帅当以胡人为主。以上所引的诸材料中，关于征民户之兵的租调豁免及供给为官给还是私给也是众家所争论的问题。对此，谷霁光先生《西魏北周统一与割据势力消长的辩证关系——四论西魏北周和隋唐的府兵》[①]一文认为是多种渠道筹措，还没有出现隋唐那样，资装自备，建立在完全意义上的均田制基础之上。西魏“广募关陇豪右”到底是一种什么样的状况呢?《周书》、《隋书》有十几处提到乡兵，现举二例：

> 元颢入洛，（宇文）贵率乡兵从尔朱荣焚河桥，力战有功。[②]
>
> 裴侠，字嵩和，河东解人也……赐爵清河县伯，除丞相府士曹参军。大统三年，领乡兵从战沙苑，先锋陷阵。[③]

从以上所举二例来看，北魏末年就已经有乡兵存在。关于乡兵，谷川道雄《隋唐帝国形成史论》中“北朝后期的乡兵集团”有非常深入系统的研究。那么这些乡兵的形成又是出现于何时呢？乡兵一定是和乡土联系在一起，一定会和土地、基层组织相联系。北魏孝文帝太和改制中的均田制、三长制就是从土地入手，重构基层组织，瓦解宗主都护等地方豪强势力。那么出现在北魏末年的乡兵，难道说太和改制并没有将他们瓦解吗?太和改制时，北魏朝廷还是很强大的，其执行力与权威足能推行其改制措施。因此，乡兵和宗主都护的武装是有区别的，其形成一定和北魏末年的动乱有直接关系。十六国时期，北方动荡，以坞堡、垒壁为佑护，规模不等的生产基层组织在北方林立，并且形成大大小小的堡、垒武装组织，甚

① 谷霁光：《西魏北周统一与割据势力消长的辩证关系——四论西魏北周和隋唐的府兵》，《江西大学家学报》1981年第2期。

② （唐）令狐德棻：《周书》（卷十九），中华书局1971年版，第311页。

③ （唐）令狐德棻：《周书》（卷三十五），中华书局1971年版，第618页。

至有大的宗主拥有大量的部曲。北魏末年的动乱，很可能是这些原有的地方基层保护组织的复活或者重现。地方农户为保命、维持基本生产，主动或被动组织起来，以乡豪、豪右为首领实行自保是完全可能的。这些乡兵的形成，其运行结构及生活给养是何种状况，史书并没有详细记述。但从农耕社会的形成原理来推测，估计这种自保组织，除了少部分专门从事看护、防守等职事，大部分可能是有事则武装起来，无事则从耕，农隙则操练。在北魏末年的动乱中，乡民除依靠宗主、豪右的保护外，自身仍然需要具有足够的抵抗能力。史载，十六国时期凉州妇女能掌弓射箭以抵匪。大统三年，汉人裴侠就已经率领乡兵参加了东西魏沙苑之战。两魏邙山之战后，西魏原来的“镇兵”可能伤耗超过一半以上，柱国大将军治军体制中，军（团）以下的基层兵已经减员严重。宇文泰“广募关陇豪右，以增军旅”，柱国大将军治军体制就自然与原有乡兵势力进行重构组合了。这一组合的重大意义就在于打破了“胡人当兵，汉人耕地”的原有兵制体制及兵员结构。谷川道雄认为，大统九年之后，宇文泰多次到各地巡视，就是督检训练乡兵的情况。

自大统九年邙山之战后，大统十二年，东西魏又在玉壁交战，有史家将之名为第二次玉壁之战。大统十二年，玉壁之战由汉将韦孝宽坐镇坚守：

> 十二年，齐神武倾山东之众，志图西入，以玉壁冲要，先命攻之。连营数十里，至于城下。乃于城南起土山，欲乘之以入。当其山处，城上先有两高楼。孝宽更缚木接之，命极高峻，多积战具以御之。齐神武使谓城中曰：“纵尔缚楼至天，我会穿城取尔。”遂于城南凿地道。又于城北起土山，攻具，昼夜不息。孝宽复掘长堑，要其地道，仍饬战士屯堑。城外每穿至堑，战士即擒杀之。又于堑外积柴贮火，敌人有伏地道内者，便下柴火，以皮鞴吹之。火气一冲，咸即灼烂。城外又造攻车，车之所及，莫不摧毁。虽有排楯，莫之能抗。孝宽乃缝布为缦，随其所向则张设之。布既悬于空中，其车竟不能坏。城外又缚松麻于竿，灌油加火，规以烧布，并欲焚楼。孝宽复长作铁钩，利其锋刃，火竿来，以钩遥割之，松麻俱落。外又于城四面穿

> 地，作二十一道，分为四路，于其中各施梁柱，作讫，以油灌柱，放火烧之，柱折，城并崩坏。孝宽又随崩处竖木栅以捍之，敌不得入。城外尽其攻击之术，孝宽咸拒破之。
>
> 神武无如之何，乃遣仓曹参军祖孝征谓曰："未闻救兵，何不降也？"孝宽报云："我城池严固，兵食有余，攻者自劳，守者常逸。岂有旬朔之间，已须救援。适忧尔众有不反之危。孝宽关西男子，必不为降将军也。"俄而孝征复谓城中人曰："韦城主受彼荣禄，或复可尔，自外军士，何事相随入汤火中耶。"乃射募格于城中云："能斩城主降者，拜太尉，封开国郡公，邑万户，赏帛万匹。"孝宽手题书背，反射城外云："若有斩高欢者，一依此赏。"孝宽弟子迁，先在山东，又锁至城下，临以白刃，云若不早降，便行大戮。孝宽慷慨激扬，略无顾意。士卒莫不感励，人有死难之心。
>
> 神武苦战六旬，伤及病死者十四五，智力俱困，因而发疾。其夜遁去。后因此愤恚，遂殂。①

第二次玉壁之战《北齐书》亦有载：

> （武定四年）九月，神武围玉壁以挑西师，不敢应。西魏晋州刺史韦孝宽守玉壁，城中出铁面，神武使元盗射之，每中其目。用李业兴孤虚术，萃其北。北，天险也。乃起土山，凿十道，又于东面凿二十一道以攻之。城中无水，汲于汾。神武使移汾，一夜而毕。孝宽夺据土山，顿军五旬，城不拔，死者七万人，聚为一冢。②

西魏玉壁之战的胜利，使东魏折损兵士七万人，自此东魏的优势不复存在。此次战役将领韦孝宽为汉人，但其率守军是否为乡兵，史无记载，但从守城、作战样式来看，很像是训练有素、善于守战的农耕民。大统十二年，玉壁之战是西魏处于守势的典型战役。玉壁之战，西魏六十日都无

① （唐）令狐德棻：《周书》（卷三十一），中华书局1971年版，第536—538页。

② （唐）李百药：《北齐书》（卷二），中华书局1972年版，第23页。

援军，恐怕就是这种处于守势的无奈之举。玉壁之战的胜利，也预示着大统九年“广募关陇豪右，以增军旅”的效果初步绽现。玉壁之战后，东强西弱的局面被打破，并且西魏、北周的军事将领中，汉族将领所占比重呈上升趋势。据苏小华《西魏北周军队构成的变化及其对北朝军事的影响》研究认为：“在北朝的军事实践中，步兵的作用渐渐地得到重视，步兵克制骑兵的战术也在不断完善，这种战术因为西魏北周的特殊国情而被最先采用，并被隋唐所继承。”[①] 从事农耕的汉兵的使用，给西魏、北周注入了新鲜血液，其为何能发挥如此大的能量呢？《吕氏春秋·上农》有深论：

三曰：古先圣王之所以导其民者，先务于农。民农非徒为地利也，贵其志也。民农则朴，朴则易用，易用则边境安，主位尊。民农则重，重则少私义，少私义则公法立，力专一。民农则其产复，其产复则重徙，重徙则死处而无二虑。民舍本而事末则不令，不令则不可以守，不可以战。民舍本而事末则其产约，其产约则轻迁徙，轻迁徙则国家有患皆有远志，无有居心。民舍本而事末则好智，好智则多诈，多诈则巧法令，以是为非，以非为是。[②]

正因为民农以土地为根本，“非徒为地利”之因，为保卫自己赖以生存的资财，才会“死处而无二虑”，善守战，这同游牧部族的部族兵利则战、不利则走的战略战术思想有着截然相反的逻辑取向。因此，西魏玉壁之战的胜利，是善于守城的农耕之兵战胜骑兵为主力的胜利，也是乡兵已经成为西魏重要军事力量的有力证据之一。

从上面文献来看，柱国军事体制从上而下为：六柱国—十二大将军—二十四开府仪同三司—四十八仪同三司—九十六大都督。那么这些以农耕民为主的乡兵是如何组织到西魏、北周的军事体制中的呢？我们还是来梳理文献：

① 苏小华：《西魏北周军队构成的变化及其对北朝军事的影响》，《云南民族大学学报》2008年第2期。

② 许维通：《吕氏春秋集释》，中华书局2009年版，第682—684页。

韦瑱，字世珍，京兆杜陵人也。世为三辅著姓。……大统八年，齐神武侵汾、绛，瑱从太祖御之。军还，令瑱以本官镇蒲津关，带中潬城主。寻除蒲州总管府长史。顷之，征拜鸿胪卿。以望族，兼领乡兵，加帅都督。迁大都督、通直散骑常侍，行京兆郡事，进车骑大将军、仪同三司、散骑常侍。魏恭帝二年，赐姓宇文氏。①

柳敏，字白泽，河东解县人。晋太常纯之七世孙也。父懿，魏车骑大将军、仪同三司、汾州刺史。……与苏绰等修撰新制，为朝廷政典。迁礼部郎中，封武城县子，加帅都督，领本乡兵。俄进大都督。……益州平，进骠骑大将军、开府仪同三司，加侍中，迁尚书，赐姓宇文氏。六官建，拜礼部中大夫。②

郭彦，太原阳曲人也。其先从官关右，遂居冯翊。父胤，郡功曹、灵武令……大统十二年，初选当州首望，统领乡兵，除帅都督、持节、平东将军。以居郎官著称，封龙门县子，邑三百户。进大都督，迁车骑大将军、仪同三司、司农卿。是时，岷州羌酋傍乞铁匆与郑五丑等寇扰西服。彦从大将军宇文贵讨平之。魏恭帝元年，除兵部尚书。仍以本兵从柱国于谨南伐江陵。进骠骑大将军、开府仪同三司，增邑五百户，晋爵为伯。六官建，拜民部中大夫。③

从以上三例来看，韦瑱、柳敏、郭彦都是当地“望族”、“首望”、“兼领”、“领”，“统领”（本）乡兵。这样看来，乡兵的统领一定是本地区的望族。这种地区望族同乡民之间的结合，又基于利益的一致性。乡民散乱的个体并不能有效保护自己的生存资源，同样，乡望在当地又有着相当的财产和利益。乡望组织或者收编更小规模的乡兵，从而形成较为有序的组织，从而增强自保的能力。因此，在对付外来势力侵掠、保护地区安定上，乡民与乡望有着高度的一致性，同时有高度的相互依赖性。同时，乡望出于自身利益考虑，也会在诸如人力、物力上，有投入的积极性。当然史书中也会有非乡望统领乡兵的例子：

① （唐）令狐德棻：《周书》（卷三十九），中华书局1971年版，第693—694页。
② （唐）令狐德棻：《周书》（卷三十二），中华书局1971年版，第560—561页。
③ （唐）令狐德棻：《周书》（卷三十七），中华书局1971年版，第666—667页。

> （苏）椿当官强济，特为太祖所知。十四年，置当州乡帅，自非乡望允当众心，不得预焉。乃令驿追椿领乡兵。①

苏椿因非当州乡望而不能统帅乡兵，而是靠官家指令而领乡兵。这更加说明了乡望统领乡兵的事实。从表面上来看，乡民也会因地缘上的乡情，会依赖、自愿接受乡望的统领，但实际上，乡民的选择乡望，是基于乡望的利益比他们大得多，他们依附于大利益者要比依附于他们相同地位的乡民的可靠性会更高一些。这种自愿依附的规律即便是遭遇集体无意识，仍然会起作用。这同农耕社会从聚落发展至更大共同体的最初模式有着相同的原理。换句话说，当农耕社会所形成的共同体的结构被破坏之后，功能也就弱化，新的共同体总会按照农耕社会组织原理，从底层再次"生根"、"发芽"，假如没有一个更为强大的外力来支配它，假以时日的话，一个更大的共同体就会逐渐像滚雪球一样再次发展壮大。西魏社会中出现的乡兵显然正处于共同体的初期，一个个乡兵散落在不同的分割地域中。同时，西魏虽然有邙山之败，但其力量相对于这些条块分割的乡兵来说，还是具有相当的优势。因此，在东魏的压力下，西魏统治者就必须考虑这些乡兵如何为己所用。因此，改变"胡人当兵，汉人种地"的结构形式，正是在西魏"胡兵"遭受损失而又难以征召更多"胡人"补充兵力，又被东魏吞并风险的逼迫下而逐渐改变的。西魏宇文泰在没有改变原有柱国军事体制的情况下，通过承认乡望对乡兵的统领权，并加封这些领兵的乡望为帅都督、大都督、大将军、仪同三司、开府仪同三司等职衔，将乡兵纳入柱国军事体制，从而将柱国军事体制延伸，其从上至下的链条为：六柱国—十二大将军—二十四开府仪同三司—四十八仪同三司—九十六大都督—帅都督。帅都督以下，按照古川道雄研究，还会有别将、军主等更为基层的微观组织。② 西魏将乡兵编入柱国军事体制之内，还将宇文氏、贺兰氏等"胡人"贵姓赐予许多领兵的乡望，从而使这些汉族领兵之将，更符合胡族军事共同体构造形式。朴汉济认为："凡受赐姓者，就意味着

① （唐）令狐德棻：《周书》（卷二十三），中华书局1971年版，第395—396页。

② ［日］谷川道雄：《隋唐帝国形成史论》，李济沧译，上海古籍出版社2004年版，第184页。

成为‘官族’，同时也意味着将随赐姓而得到车骑大将军以上的官职，并且还意味着获得开府权……并将他们原统的乡兵转变为军府的兵士”，“同时，这些接受赐姓的人便成为特定姓族的新的中兴始祖，并将其籍贯定在关中地区”。[①] 如果从农耕国家共同体的原理来看，西魏在中国北方西部，通过军事强力具有了政权共同体的体系职能，从而维持西部外部、内部边界。这种对内维持边界的功能就是承认乡望统兵的正当性，乡望又将这些乡兵带入西魏政权体制内，供其调遣、御外作为回报。正是有了这样的环节，才会有大同十六年，“籍民之有才力者为府兵”的征兵体系的府兵制建立起来。至北周武帝宇文邕建德二年，“改军士为侍官，募百姓充之，除其县籍。是后夏人半为兵矣”[②]。“夏人半为兵”，意味着禁军和府兵大部分都来自农耕民，其数目已经达到了农耕民的一半。

那么东魏、北齐又是怎样的情况呢？我们看北齐的五兵尚书的职责：

> 五兵统左中兵（掌诸郡督告身、诸宿卫官等事）、右中兵（掌畿内丁帐、事力、蕃兵等事）、左外兵（掌河南及潼关以东诸州丁帐，及发召征兵等事）、右外兵（掌河北及潼关已西诸州，所典与左外同）、都兵（掌鼓吹、太乐、杂户等事）五曹。[③]

陈寅恪根据五兵尚书的职责，结合如上所引《隋书》“河清三年定令……男子十八以上六十五以下为丁……二十充兵”的征兵法认为：“掌畿内及诸州丁帐、发召征兵等事来看，就知这是一种新法。在河清三年以前，军镇与州县、当兵与种田、胡人与汉人是分离的。河清三年十八受田、二十充兵的法令，把军镇与州县、当兵与种田结合起来了，即兵由州县受田农民充当，兵民、兵农不再各成一个系统。胡人当兵、汉人耕织的时代，军镇与州分治的时代过去了，这是北朝兵制上的一个很大的变化。”[④]

---

① 朴汉济：《西魏北周的赐姓与乡兵的府兵化》，《历史研究》1993 年第 4 期。

② （唐）魏征、令狐德棻：《隋书》（卷二十四），中华书局 1973 年版，第 680 页。

③ （唐）魏征、令狐德棻：《隋书》（卷二十七），中华书局 1973 年版，第 753 页。

④ 陈寅恪：《魏晋南北朝史讲演录理》，黄山书社 1987 年版，第 287—288 页。

如果将西魏府兵制的确立时间定为大统十六年（公元550年），北齐河清三年（公元564年）征兵令颁布，两魏改革以“镇兵”为主体的军事共同体相差14年之久。西魏同东魏军事共同体结构起初都以“镇兵”为主体，并没有大的差别，但在军事势力上来讲，东魏拥有更大的势力。西魏邙山之败，将“镇兵”势力几乎损失殆尽，不得不依赖乡兵来补充其军事势力，而东魏北齐则直到公元564年，因“镇兵”“疲老”等因素，不得不开始从农耕世界进行征兵。如前所述，东西魏以北魏没有“消化”掉的“镇兵”为基础，虽然组建了新的政权，这是其可利用的一面；同时，东西魏也将“镇兵”的缺陷、弊端统统继承了下来。西魏在邙山之败时，“镇兵”损失殆尽，在力量上趋于劣势，但也将其缺陷、弊端基本上革除。东魏北齐革除“镇兵”的缺陷、弊端则要等到“镇兵”的自然衰老后才进行。虽然史家认为北周灭北齐的因素很多，西魏早北齐14年革除“镇兵”弊端也应是重要原因之一。

公元581年，北周杨坚建隋代周，开皇十年对府兵制进行了改革：

> 十年春……五月乙未，诏曰：“魏末丧乱，宇县瓜分，役车岁动，未遑休息。兵士军人，权置坊府，南征北伐，居处无定。家无完堵，地罕包桑，恒为流寓之人，竟无乡里之号。朕甚愍之。凡是军人，可悉属州县，垦田籍帐，一与民同。军府统领，宜依旧式。罢山东河南及北方缘边之地新置军府。”六月辛酉，制人年五十，免役收庸。①

开皇十年以诏令“凡是军人，可悉属州县，垦田籍帐，一与民同”，有史家认为隋兵才真正与农耕世界联系起来。从以上府兵结构发展来看，西魏北周将乡兵纳入自己的军事共同体中，就已经与农耕世界发生了必然的联系，无论如何赐姓、改制，都无法改变府兵与土地的直接关系。如上《玉海》引《邺家传》说西魏“郡守农隙教试阅”、《资治通鉴》说西魏“农隙讲阅战”，一些史家认为这不太可能。理由是东、西魏战争频繁，没有时间从事农耕。这是静止片面地看待西魏、北周的军事部署。其一，

① （唐）魏征、令狐德棻：《隋书》（卷二），中华书局1973年版，第34—35页。

东、西魏并不是如十六国时期的冉魏那样，“月月为战”；其二，东、西魏都不可能将所有兵力都部署在两政权交界之地。因此，除部分重要战略要地有军事常驻外，大部分军事力量仍分驻于政权的内地。柱国军事体制同乡兵的结合，使“郡守农隙教试阅”、“农隙讲阅战”成为可能。从经济的角度来看，亦兵亦农的形式不但可以节省军府开支，还能兼顾农业，类似于帕累托优化中所说，“假定固有的一群人和可分配的资源，从一种分配状态到另一种状态的变化中，在没有使任何人境况变坏的前提下，使得至少一个人变得更好”。一千五百年前的西魏人并不知道这一优化原则，但谁又能否定这种规律不在起作用呢？因此，《玉海》、《资治通鉴》之说还是有其道理的，而不能一概否定。北齐征兵诏已经说得很明白：“二十充兵。”所以，开皇十年的诏令就是这种自西魏北周、北齐以来兵农合一体制的肯定和全面推行。正是兵农合一体制形式出现，具有巨大的历史推动力，《玉海》引《邺家传》说“隋受周禅，九年而灭陈，天下一统，皆府兵之力也”，此言不虚也！

如上所述，府兵制最终以兵农合一的形式确定下来，并且成为影响中国近二百多年的重要的国家制度。那么兵农合一到底又蕴含着怎样的潜在原理，能使其发挥如此的作用呢？深入追究其内在机理，诸学者中以陈寅恪为代表的史学大家们的结论可谓鞭辟入里，精妙绝伦。但也同时看到，正是有前人富有成果的研究，能使我们站在巨人的肩上，深入瞭望历史。美国著名学者曼瑟·奥尔森《权力与繁荣》“将政治学中的权力与经济学的繁荣两个议题结合起来”[①]，构建了他的政治经济学。在奥尔森的理论中，提出了“国家起源于匪帮模型”[②]。奥尔森理论研究者认为“以匪帮解释专制国家的起源，这作为普遍的历史过程难以成立，但作为逻辑过程却值得探讨”[③]。因此，本书以奥尔森所建立的“匪帮模型”的逻辑过程来探讨北朝后期起支配作用的原理与机制。那么到底“匪帮模型”是怎样的呢？奥尔森认为，流窜的匪帮同有固定活动范围的匪帮有着很大的不同。

① ［美］曼瑟·奥尔森：《权力与繁荣》，苏长和译，上海人民出版社2005年版，第7页。

② 高春芽：《理性的人与非理性的社会：奥尔森集体行动理论研究》，中国社会科学出版社2009年版，第332页。

③ 同上书，第333页。

当不同的流窜匪帮竞相劫掠居民财产时，匪帮与居民之间并不存在强制维护财产安全和社会秩序的政府。流窜匪帮之间存在竞争关系，任一匪帮都会尽其可能地掠走全部居民财产。流窜匪帮盛行的世界是典型的无政府状态，它同时也必定是极度贫穷和匮乏的状态，因为人们除了满足生存需求之外，不会有任何稳定的生产活动和远期投资。这意味着，一旦能够重建社会秩序，无论是匪帮还是曾经遭受抢掠的居民都能从生产性活动中受益。当最富有强力的匪帮击败其他流窜匪帮，并对一块地盘行使稳定控制权以后，就转变为拥有稳定领地的长驻匪帮。长驻匪帮对所占领地拥有垄断的盗窃权，他们的提取量在居民的总产出中占有较大比例，所以长驻匪帮的利益同社会利益之间是共损共荣的关系。长驻匪帮获得的收益并不是垄断其他匪帮先前攫取的收益，而是控制了这块地盘上的共容利益。为了实现共容利益，他们将适当地缩小攫取份额，提供公共物品，保护人们的生产贸易活动，并期待用抽税的方式实现长期收益最大化。由于征服者和社会之间存在共容利益，统治者主观上的自利行为将在客观后果上表现为社会利益的实现。因此，共容利益的原意则为：共容利益集团从推动经济增长中获得较大的收益份额，并从造成经济衰退中承受较大的损失份额，那么利益集团与社会之间存在共容利益。当社会中出现共容利益时，权力的破坏性使用将过渡到建设性使用。控制某一地区犯罪集团事实上成了独立王国，权力逻辑的隐喻已经暗示专制国家起源的机制。①

从以上奥尔森的研究启发，我们可以来思考北朝后期府兵制的兵农合一形式所构建的共容利益以及共容关系。如上所述，本书一再强调西魏在邙山之战中，将原来“镇兵”几乎损失殆尽，虽然在力量上削弱了西魏的势力，但却将“镇兵”的“缺陷”、“弊端”几乎涤荡殆尽。“镇兵”是北魏时期的遗留产物。如前一章中，我们论述了自源贺、源怀、魏兰根、李崇、元渊等人提出了对北镇进行州郡化的改造，北魏朝廷囿于“旧典难革”，迟迟无决，待祸起六镇，匆忙宣布改镇为州，但六镇皆叛，为时已晚。李崇上表改镇为州，其实质上要“罢削旧贯”。那么六镇兵的“旧贯”

① 高春芽：《理性的人与非理性的社会：奥尔森集体行动理论研究》，中国社会科学出版社2009年版，第331—333页。

是什么呢？众所周知，自晋末内乱以来，北方游牧部族进入中原，先后建立起众多政权。史家多认为，这些政权的运作方式是“胡汉分治”。但问题的实质在于“胡人当兵，汉人种地”。如果从生产和分配两者来区分，从事农耕的民户是生产者，是社会财富的创造者，而“胡人”则是利用强力进行分配的食利集团。十六国、北朝的“胡兵”集团为了保证兵源，将“胡兵”列入军户。军户是固定的，不能随意脱军籍，并且这些军户是随着军队迁移，并无固定乡籍。由于军户的生产能力并不能完全供养一个庞大“胡兵”集团的，因此，“胡族”政权的绝大部分开支来自农耕世界。如前所述，起初“胡族”政权依靠掠夺农业社会的人力和财力支持政权的正常运转。当一个“胡族”政权完全控制一个地域后，将一定区域纳入自己的边界之内，以掠夺的形式维持生计的运作模式就会改变为抽税模式。这如奥尔森所说，由无政府走向了政府统治，并且会形成“胡族”政权同农耕世界的共容关系，共容利益便会由此产生。“胡族”政权是一支依靠强力为基础对农耕社会进行统治的共同体。这个共同体在人数上并不占优。北魏神瑞二年，因“秋谷不登”，北魏曾经有过迁都于邺来化解饥荒，崔浩对迁都之说有这样的忧虑：“今居北方，假令山东有变，轻骑南出，耀威桑梓之中，谁知多少。百姓见之，望尘震服。”①“轻骑南出”、“谁知多少”就是对鲜卑在人数上并不占优的忧虑，如果南下，就会暴露这一短板，使百姓“望尘震服”的作用大打折扣。因此，十六国、北朝诸政权的上层主要以“胡人”为主的分利集团，“胡兵”则是这个分利集团的重要组成部分。北魏控制了整个北方，也就意味着控制了北方的共容利益。北魏太和改制就是为了实现自己更大的共容利益进行的社会改良措施，其实质是适当地缩小攫取份额，提供公共物品，保护人们的生产活动，并期待用抽税的方式实现长期收益最大化。由于北魏统治者和社会之间存在共容利益，统治者主观上的自利行为，在客观后果上表现为社会利益的实现。因此，无论是均田制、三长制还是镇改州，都是向着北魏的共容利益方向推进的具体措施。北魏囿于“旧典难革”，在北镇保留原有胡兵集团，也就是保留原有的利益分配机制。北镇军镇其实就是一个如奥尔森所说的

① （北齐）魏收：《魏书》（卷三十五），中华书局1974年版，第808页。

“狭隘利益”集团体制的保护，从而使他们内部形成一个以军将、僚佐为主体的分利集团。分利集团的无序盘剥，从而使北镇所控制的军户、边民处于一个极度贫穷和匮乏的状态。因此，北魏北方六镇体制难以实现体制内的共容利益，当有柔然南下侵夺沃野镇民畜财等外因诱发时，处于崩溃边缘的局势一触即发。破六韩拔陵发起动乱的直接原因是镇将于景不同意开仓放粮，就足以说明，镇民的第一需求是生存危机。如果沃野镇民暴动只是一个偶然事件，但紧接下来北方诸镇皆反，就不能孤立地来看这样的一个问题了。在六镇叛乱平息后，元渊建议朝廷在代北就地设郡安置六镇降户，其核心思想仍然是军镇的州郡化，打破原有的难以实现共容利益的军镇体制。北魏朝廷却错误地将二十万降户安置于“冀、定、瀛三州就食”。北魏将二十万降户安置华北，仍然保留了原来的军户体制。在天灾、人祸的共同作用之下，六镇降户同当地农耕民发生严重资源争夺，最终酿成了涉及华北的大动乱，北魏也在诸“胡兵”集团的打击下覆灭了。北朝后期再次陷入了以“镇兵”为主体的动乱之中，无政府的局面再次出现，最终北方统一再次被撕裂，形成了东西割据之势。东西魏的建立，政府统治局面再次出现，新的共容利益再次形成。如上所述，东西魏仍然以“镇兵”为军事共同体的主要力量，其政权统治模式仍然是“胡人当兵，农耕民种地”的形态。这些胡兵集团既是两魏依赖的强力力量，又是一个完全依赖分享农耕世界利益的共同体。邙山之战后，西魏“镇兵”几乎损失殆尽，东魏却意外地帮助西魏消灭了这个分利集团，从而为乡兵成为西魏军事主力铺平了道路。西魏府兵制的建立，将乡兵纳入军事共同体之中，实现了西魏朝廷与农耕世界的全面对接。这种经济因素之外的因素，打破了“胡人当兵，农耕民种地”的模式，将兵士同土地直接联系在了一起，扩大了西魏同农耕世界的共容利益，成为西魏在玉壁之战后国力超过东魏的主因之一。我们说，社会规律并不会因不被时人所系统认识而不起作用，代东魏的北齐，在河清三年因“镇兵”衰老而失去支配作用后，从农耕世界征兵就是社会规律支配作用的再次显现。北周统一北方，隋朝继承两魏兵农合一的府兵制，实现了隋朝同农耕世界的更大的共容利益，这是“隋受周禅，九年而灭陈，天下一统，皆府兵之力也”的根本所在。

第三节　资源依赖与大一统国家的形成

陈芳芝在《清代边制述略》中有这样一段论述：

> 内地与边区，相依而不可分，如脏腑之与肢体。自秦以还，吾国政治历史常循环于大一统、小一统、偏安三种局面之轨道，其递嬗几完全以边陲与内地之关系为决定因素。中国盛，威力足以统驭边徼，边区领土入隶中国版图，则局面即为大一统，从而国家鼎盛，社会安泰，疆埸宁谧。汉、唐、元、清之全盛时代，即为大一统之局面也。其次，中国势力不足以控制边区领土，退而防守内地外围以御边区民族之内侵，此时之局面则为小一统。西晋、北宋及明代即其适例。在小一统局面之下，边患频繁，从而国家多事，社会贫乏。一旦边区民族崛起，复乘中国之敝，大举入寇，如中国不能抵御，势须放弃黄河流域，退守长江以避之，因成偏安之局，国势阽危，终且流于灭亡。若五胡之乱晋，辽夏金元之逼宋，满洲之灭明是也。循环轨道，伊古以来，未之能易。故曰：中国安危，系于边陲统驭之得失。而中国之绥服边陲部落，亦实为国家争取生存保护封疆不得已之自卫，非穷兵黩武，好大喜功，专以务远略臣异域为快者也。①

陈芳芝认为，历史上的中国是处于大一统、小一统还是偏安局面完全在于中原王朝的“统驭边徼”的能力和“得失”，同时这种能力大小又来自于王朝的盛衰。小一统的局面最终会导致偏安直至灭亡。陈氏对内地与边区大一统、小一统、偏安的划分方法，可谓别有新意。从陈氏内地与边陲关系的整体来看，是对历史现象的一种总结，其实质内容是表达边防的重要性，及历史上诸王朝“绥服边陲部落”实为“国家争取生存保护封疆不得已之自卫”的必要性。虽然本书研究志趣并不在此，但陈氏所提到的

① 陈芳芝：《清代边制述略》，载存萃学社编《近代中国史料丛刊续编第 64 辑 · 清史论丛》（第 1 册），（台湾）文海出版社 1979 年版，第 141 页。

大一统、小一统、偏安来划分中国不同时期的历史格局，仍然对本研究具有启发作用。从本书的研究志趣来讲，就是探讨推动大一统国家形成的内在动力。

秦汉王朝是农耕世界自身运动发展而最终缔造的大帝国。这个帝国的立国之本是依赖于黄河流域的农耕资源，并将获取农耕资源的领域扩展至长江流域。因此，亚洲东部的黄河、长江流域的农耕地域，成为秦汉大一统帝国的内部地界。同秦汉帝国地域相连的亚洲中部地区则是游牧部族生活的地域。这一地域生活的人群，主要依赖于广阔草原的牧草资源而生存。广阔的草原，因其单位面积的牧草产量低，决定了游牧部族的个体生存就必须依赖更为广大的草地来弥补单位面积生产资源的不足。北方游牧部族越是在部族人丁兴旺之时，其资源相对匮乏的局面也就如影随形。同时，游牧部族所生活的亚洲中部草原，是一个受自然因素影响更为明显的地域。低温或者少雨抑或二者因素的叠加，都会使得牧草植物生长所必需的温度和水分条件变得恶劣，造成大面积的牧业减产甚至是饥荒等灾难性后果发生。因此，草原提供资源先天性的缺陷，造成游牧部族总是以移动的方式来寻找新的生存地界。游牧部族在生产活动中，能否占据、控制亚洲中部草原水草丰美的地域就成为部族兴衰的关键因素。随着人口的增多，控制优势草原资源的部族便在资源使用和分配中占据主导地位。当其他部族难以摆脱势力强盛的部族对资源的控制时，服从的权力关系便会因之产生。因此，一支游牧人群的兴旺，除了自身部族强大外，就是控制诸多其他部族而组成强大的超部落、部族联合体。游牧人群的强大，其依靠的生存资源的匮乏也就如期而至。总之，亚洲中部的游牧人群无论是因人群扩展出现的资源匮乏，还是因自然因素的驱赶，如海浪般，一波一波的，前赴后继，从亚洲中部草原向南扩展至农耕社会的边界——黄河流域的北部。东周时期有山戎、戎狄、林胡、东胡等诸多游牧人群对中原诸国的侵夺。秦、西汉时期，戎、胡在资源争夺和控制中，逐渐形成几个大的民族集团，如东北的东胡，西北的月氏，北方的匈奴等，其中以匈奴最为强大。匈奴逐步统一了亚洲中部的蒙古草原，形成了一个强大的游牧政权。东汉时期，西部羌人繁盛。从整体来看，从东周的山戎至秦汉时期的匈奴、羌，都不同程度从中原农耕世界获取资源来补充其生存资源的不足。从获取资源的方式来看，主要有：越过农牧边界对中原边民的直接抢掠；通过和亲、进贡方式获得中原王朝的厚赏；正常的边贸交换；再有就是中原王朝通过让渡特定的农牧边境地带，允许游牧部族从事牧业。这些游牧部族从农业社会的资源获取上，在不同时期又表现为以上诸方式的单一使用或者诸方式交替组合使用。从北方游牧人群自中原农耕世界获取资源方式来看，是在中原王朝能够维持北部边界的境况下发生的。此时的游牧部族同中原王朝的对抗，只是单纯地获取农耕世界的资源，对农耕世界以内的生产和政权既不胜任，也不十分感兴趣。东汉末年，天下大乱，三国分立，至西晋再次统一中国，也就是陈芳芝所说的小一统格局。此一时期，大量的北方游牧人群内迁，突破了北方的农牧交错带，但其生存方式仍然以畜牧业为主。西晋“八王之乱”后，王朝分崩离析，内迁“五胡”乘势而起，先后建立了诸多政权，史称“五胡十六国”。“诸胡”政权获取资源的形式起初仍以抢掠农耕民的资财、人丁为主要方式。当“诸胡”政权控制中国北方一部分或者大部分地域后，就会组织农业生产，通过抽税的方式来获取农业社会的资源。这一时期，“胡族”对农业社会资源由秦汉时期的间接获取而转变为直接控制与分配。十六国诸政权内部更迭频繁，相互间不断的征伐兼并，形成了一个以“胡族”为主体的中央分利集团。“胡族”政权能够正常运转，依靠的是“胡人当兵，汉人种地”这种模式。也就是说，农耕民是资源的生产者，而“胡人”则是农业产品的分配者。“胡族”政权之所以能够维持，是因为“胡兵”集团同农耕民有着共容利益。按照伦斯基分配规律，生产出的资财必须保证生产者最低生存需求和继续生产所需要的物质投入，农业生产剩余物品才会按照权力进行分配。执行权力分配的主体正是这些“胡兵”集团，因此，“胡兵”集团是典型的分利集团。从前面的研究结论来看，“胡族”政权的严重抽税（分利）行为并不能使“胡族”政权同农耕世界形成优化的共容利益。同时，“胡族”政权内部权力频繁更迭以及“胡族”间的兼并不时地打断、破坏着与农耕世界地共容关系，使得任何一个“胡族”政权都没有一个系统的、较为充裕的时间同农耕世界充分对接。因此，“胡族”政权与农业社会间只是一个嫁接式不稳定关系。这种不稳定关系也就难以从农耕世界持续地获取资源，这对“胡族”和农耕民都存在不同程度的内耗和损害。

前秦淝水之战后，北方再次陷入分裂混乱局面。这种局面终于在公元439年，被代北崛起的拓跋部族所改变，北方再次统一。拓跋魏在统一北方前，同“五胡十六国”在资源获取方式上，并没有什么两样。拓跋魏自统一北方至太和改制前，其不同于“五胡十六国”最有成效的是：能够将以拓跋部族为核心的共同体，在权力继替上趋于平稳而有序，同农耕世界保持较低水平的共容利益，在统治时间上更为持久。太和改制，是一次主观上由拓跋魏增加自身资源量的利己行为而进行的改革，但在客观上，推动了北魏朝廷同农耕世界全面对接，形成了北魏朝廷同农耕世界更大的共容利益。在共容利益关系的推动下，北魏诸军镇改州，实现统兵与领民的分离。但在北方六镇却仍然以军镇形式存在，其利害关系已如上所述。东魏、北齐、西魏、北周在“镇兵”这一严重分利集团势力弱化后，兵农合一的府兵出现后，建立了比北魏太和改制后更为优化的共容利益关系，北方再次统一的条件也就水到渠成。

隋代周灭陈，统一中国，陈寅恪认为是北方势力完全超过了南方，是历史的必然。那么大一统国家形成与资源依赖又呈现怎样的关系呢？

“五胡十六国”时期，出现过后赵、前秦统一北方的短暂局面。从地缘关系来看，后赵北有拓跋鲜卑，东北有鲜卑段部、慕容部和宇文部，南有东晋。后赵控制中国北方，仍然不能避免汉族王朝曾面对过的同样问题——北方游牧部族的威胁。同西晋相比，后赵还要受到来自南方东晋的北伐。慕容鲜卑同东晋的臣属关系使得后赵总是芒刺在背。同样，前秦也不得不防备来自北部鲜卑和南方东晋的威胁。北方诸政权割据时，在地缘上又面临着多边威胁。统一北方前的前秦与前燕，除相互间互为威胁外，还要共同面临南北威胁，后秦与后燕也是同样的境况。北魏统一北方后，漠北有柔然、敕勒，南朝先后有宋、齐、梁朝，都形成了对北魏南北夹击的局面。因此，在中原的“胡族”政权常常构建南北两个或者三个以上的防线，同时要避免两线开战。先前进入中原建立政权的游牧部族刚刚在中原安顿下来，其他游牧部族以获取农耕世界生存资源的同样原因，从北方草原跟进，因此，中国北方自刘汉至北魏总是处于南北两端势力的挤压之中。随着“胡族”政权的统治范围扩大，对资源获取量又与日俱增，于是由黄河流域向长江流域扩展，获取更多的资源成为不可避免，十六国时期以前秦最为典型，南北朝以北魏最为典型，隋朝更是如此。如孝文帝酝酿迁洛阳，其迁都理由：

> 国家兴自北土，徙居平城，虽富有四海，文轨未一，此间用武之地，非可文治，移风易俗，信为甚难。崤函帝宅，河洛王里，因兹大举，光宅中原。①

孝文帝与李冲、成淹的君臣之议史有详载：

> 高祖自邺还京，泛舟洪池，乃从容谓冲曰："朕欲从此通渠于洛，南伐之日，何容不从此入洛，从洛入河，从河入汴，从汴入清，以至于淮？下船而战，犹开户而斗，此乃军国之大计。今沟渠若须二万人以下、六十日有成者，宜以渐修之。"冲对曰："若尔，便是士无远涉之劳，战有兼人之力。"②
>
> 高祖幸徐州，敕淹与闾龙驹等主舟楫，将泛泗入河，溯流还洛。军次碻磝，淹以黄河浚急，虑有倾危，乃上疏陈谏。高祖敕淹曰："朕以恒代无运漕之路，故京邑民贫。今移都伊洛，欲通运四方，而黄河急浚，人皆难涉。我因有此行，必须乘流，所以开百姓之心。"③

从上可以看出，孝文帝看中洛阳可以通漕运，而漕运的主要功能是运输粮食。如东晋在屡次北伐中，水路运粮遇到困难，以致北伐功败垂成。如果考虑到此前献文帝时期因代北饥荒，北魏朝臣曾动议迁都于邺而解决粮食问题，就可肯定，孝文帝迁都主要是方便获取黄河以南农耕区的粮食。因此，迁都洛阳主因并非"文治"。从地缘战略上来看，仅占据中原地区并不是长久之计。从中国地理环境来看，长江流域及以南地区，东、南有大海作为天然屏障，西南有高山阻隔，能够威胁东晋、南朝的只有北方一面。中原地区则会有可能受到北方、西方和南方三面威胁，因此，一

① （北齐）魏收：《魏书》（卷十九中），中华书局1974年版，第464页。
② （北齐）魏收：《魏书》（卷五十三），中华书局1974年版，第1185页。
③ （北齐）魏收：《魏书》（卷七十九），中华书局1974年版，第1754页。

直处于二面或三面被攻击的潜在危险。尤其是在中原建立的“胡族”政权，北方伙伴会用他们对付汉族王朝同样的方式来对付他们，成为扰动北方政权的主要因素。南方的王朝也会趁北方政权出现的各种不稳定局势时趁机北伐。因此，北方诸“胡族”政权，不但需要黄河流域的农业资源，同时，黄河以南的地域资源仍然是他们不可或缺的来源。要想长久得到黄河、长江流域的资源，同时又能避免两面或者多面受敌的命运，只有统一中国南北一途。统一中国南北后，只有北方一处敌患，战略上有了纵深、依托，又能得到资源和战备的充足来源保障，三重之利，又有哪个王朝不趋之若鹜呢？这些有利因素，即便是不被当政者系统认识，但这种趋势是不以人的意志为转移的。

结论：综上所述，黄河、长江流域的农业资源是汉族（华夏族）等从事农业的民族依赖的生存资源，同时，这些资源也是亚洲中部游牧部族所依赖的重要资源之一。亚洲腹部在地域上的连通性，为北方游牧民族获取黄河、长江流域资源提供了客观上的可能性。为获取生存资源，在6世纪前的几百年时间里，一波一波的中国北方游牧人群前赴后继，向南拥进，经过无数次反复、曲折的争夺，胡、汉民族都付出了血与火的巨大代价。最终，胡、汉民族以共同从事农业生产、有序资源分配的方式而共容于农耕世界；王朝按照农耕世界原理，兼容了游牧社会部分元素而重新构建。因此，正是胡、汉民族对黄河、长江流域农业资源的共同依赖，在获取这些生存资源的惨痛互动中，将中国南北再次联为一个命运共同体，缔造了新的大一统国家。

参考文献

一 古籍、史料

1. （汉）司马迁：《史记》，中华书局 1982 年版。
2. （汉）班固：《汉书》，中华书局 1962 年版。
3. （宋）范晔：《后汉书》，中华书局 1965 年版。
4. （晋）陈寿：《三国志》，中华书局 1982 年版。
5. （唐）房玄龄：《晋书》，中华书局 1974 年版。
6. （北齐）魏收：《魏书》，中华书局 1974 年版。
7. （唐）令狐德棻：《周书》，中华书局 1971 年版。
8. （唐）李百药：《北齐书》，中华书局 1972 年版。
9. （唐）李延寿：《北史》，中华书局 1974 年版。
10. （唐）魏征、令狐德棻：《隋书》，中华书局 1973 年版。
11. （梁）萧子显：《南齐书》，中华书局 1972 年版。
12. （宋）司马光：《资治通鉴》，中华书局 1956 年版。
13. （东汉）刘珍：《东观汉记校注》，吴树平校注，中华书局 2008 年版。
14. （唐）杜佑：《通典》，王文锦等点校，中华书局 1988 年版。
15. （北魏）郦道元：《水经注》，王云五主编，商务印书馆 1935 年版。
16. （北魏）杨衒之：《洛阳伽蓝记校释》，周祖谟校释，中华书局 2010 年版。
17. （宋）李昉：《太平御览》，河北教育出版社 1994 年版。
18. （宋）王应麟：《玉海》，江苏古籍出版社（光绪九年浙江书局版）1987 年印。
19. 许维遹：《吕氏春秋集释》，中华书局 2009 年版。

二 专著

20. 陈寅恪:《魏晋南北朝史讲演录》，黄山书社 1987 年版。

21. 陈寅恪:《隋唐制度渊源论稿·唐代政治史述论稿》，生活·读书·新知三联书店 2001 年版。

22. 吕思勉:《中国民族史》，东方出版社 1996 年版。

23. 吕思勉:《两晋南北朝史》，上海古籍出版社 2005 年版。

24. 周一良:《魏晋南北朝札记》，中华书局 1985 年版。

25. 周一良:《魏晋南北朝史论集》，中华书局 1963 年版。

26. 田余庆:《拓跋史探》，生活·读书·新知三联书店 2003 年版。

27. 唐长孺:《魏晋南北朝史论丛》，商务印书馆 2010 年版。

28. 岑仲勉:《府兵制度研究》，上海人民出版社 1957 年版。

29. 杨联陞:《中国史探微》，新星出版社 2005 年版。

30. 黄烈:《中国古代民族史研究》，人民出版社 1987 年版。

31. 李剑农:《中国古代经济史稿·魏晋南北朝隋唐》，武汉大学出版社 1990 年版。

32. 何兹全:《读史集》，上海人民出版社 1982 年版。

33. 王仲荦:《魏晋南北朝史》，中华书局 2007 年版。

34. 谭其骧:《长水粹编》，河北教育出版社 2000 年版。

35. 史念海:《河山集》(三集)，人民出版社 1988 年版。

36. 白寿彝主编:《中国通史：中古时代·三国两晋南北朝时期》，上海人民出版社 1995 年版。

37. 马长寿:《北狄与匈奴》，生活·读书·新知三联书店 1962 年版。

38. 马长寿:《乌桓与鲜卑》，上海人民出版社 1962 年版。

39. 马长寿:《氐与羌》，上海人民出版社 1980 年版。

40. 林干:《匈奴史》，内蒙古人民出版社 1977 年版。

41. 谷霁光:《府兵制度考释》，上海人民出版社 1962 年版。

42. 陈玉屏:《魏晋南北朝兵户制度研究》，巴蜀书社 1988 年版。

43. 王家范:《中国历史通论》，华东师范大学出版社 2000 年版。

44. 梁方仲:《中国历代户口、田地、田赋统计》，中华书局 2008 年版。

45. 王育民：《中国人口史》，江苏人民出版社 1995 年版。
46. 朱大渭：《六朝史论》，中华书局 1998 年版。
47. 唐启宇：《中国农史稿》，农业出版社 1985 年版。
48. 周伟洲：《汉赵国史》，广西师范大学出版社 2006 年版。
49. 张金龙：《北魏政权制度史》，甘肃教育出版社 2008 年版。
50. 韦庆远主编：《中国政治制度史》，中国人民大学出版社 1989 年版。
51. 王天顺：《河套史》，人民出版社 2006 年版。
52. 《中国军事史》（第三卷），解放军出版社 1987 年版。
53. 《中国军事通史第八卷·两晋南北朝军事史》，军事科学出版社 1998 年版。
54. 刘静夫：《中国魏晋南北朝经济史》，人民出版社 1994 年版。
55. 高敏：《魏晋南北朝经济史》，上海人民出版社 1996 年版。
56. 李志农：《中国养羊学》，农业出版社 1993 年版。
57. 袁祖亮：《中国古代边疆民族人口研究》，中州古籍出版社 1999 年版。
58. 葛剑雄：《中国人口史·第一卷　导论、先秦至南北朝时期》，复旦大学出版社 2002 年版。
59. 王明珂：《游牧者的抉择：面对汉帝国的北亚游牧部族》，广西师范大学出版社 2008 年版。
60. 《许倬云观世变》，广西师范大学出版社 2008 年版。
61. 刘昭民：《中国历史上气候之变迁》，台湾商务出版社 1994 年版。
62. 郑钦仁：《北魏官僚机构研究》，台湾稻禾出版社 1975 年版。
63. 毛汉光：《中国中古政治史论》，上海书店出版社 2002 年版。
64. 高春芽：《理性的人与非理性的社会：奥尔森集体行动理论研究》，中国社会科学出版社 2009 年版。
65. 杨善华、谢立中：《西文社会学理论》，北京大学出版社 2005 年版。
66. ［德］马克斯·韦伯：《经济与历史：支配的类型》，康乐等译，广西师范大学出版社 2004 年版。
67. ［美］拉铁摩尔：《中国的亚洲内陆边疆》，唐晓峰译，江苏人民出版社 2005 年版。
68. ［美］巴菲尔德：《危险的边疆：游牧帝国与中国》，袁剑译，江苏人民出版社 2011 年版。

69. ［英］罗德里克·马丁：《权力社会学》，丰子义等译，生活·读书·新知三联书店 1992 年版。

70. ［美］斯塔夫里阿诺斯：《全球通史——1500 年以前的世界》，吴象婴等译，上海社会科学出版社 1999 年版。

71. ［美］格尔哈斯·伦斯基：《权力与特权：社会分层的理论》，关信平等译，浙江人民出版社 1988 年版。

72. ［日］谷川道雄：《隋唐帝国形成史论》，李济沧译，上海古籍出版社 2004 年版。

73. ［日］白鸟库吉：《东胡民族考》，方状猷译，商务印书馆民国 23 年版。

74. ［美］曼瑟·奥尔森：《权力与繁荣》，苏长和译，上海人民出版社 2005 年版。

三 论文

75. 陈芳芝：《清代边制述略》，载存萃学社编《近代中国史料丛刊续编第 64 辑·清史论丛》（第 1 册），（台湾）文海出版社 1979 年版。

76. 何兹全：《十六国时期的兵制》，载《燕国论学集》，北京大学出版社 1984 年版。

77. 唐长孺：《均田制度的产生及其破坏》，《历史研究》1956 年第 2 期。

78. 史念海：《十六国时期各割据霸主的迁徙人口》（上篇），《中国历史地理论丛》1992 年第 3 期。

79. 史念海：《十六国时期各割据霸主的人口迁徙》（下篇），《中国历史地理论丛》1992 年第 4 期。

80. 王可宾：《从匈奴单于的继承看父死子继与兄终弟及》，《社会科学战线》1984 年第 1 期。

81. 陈连开：《鲜卑山考》，《社会科学战线》1982 年第 3 期。

82. 曹文柱：《20 世纪魏晋南北朝史研究》，《历史研究》2002 年第 5 期。

83. 曹永年：《早期拓跋鲜卑的社会状况和国家的建立》，《内蒙古社会科学》1987 年第 4 期。

84. 周伟洲：《魏晋十六国时期鲜卑向西北地区的迁徙及其分布》，《民族研究》1983 年第 5 期。

85. 王育民：《十六国北朝人口考索》，《历史研究》1987 年第 2 期。
86. 王育民：《十六国北朝人口再探——答袁祖亮同志》，《社会科学战线》1993 年第 5 期。
87. 袁祖亮：《十六国北朝人口蠡测——与王育民同志商榷》，《历史研究》1991 年第 2 期。
88. 袁祖亮：《再论十六国北朝时期人口的有关问题——与王育民同志商榷》，《郑州大学学报》1996 年第 3 期。
89. 旷天伟：《十六国时期胡族军队的给养》，《江西大学学报》1990 年第 4 期。
90. 旷天伟：《十六国时期士家兵户说考辨》，《青海社会科学》1991 年第 1 期。
91. 旷天伟：《论十六国时期少数部族政权的兵役》，《历史研究》1991 年第 6 期。
92. 李凭：《北魏离散诸部问题考实》，《历史研究》1990 年第 2 期。
93. 朴汉济：《西魏北周的赐姓与乡兵的府兵化》，《历史研究》1993 年第 4 期。
94. 王利华：《中古时期北方地区畜牧业的变动》，《历史研究》2001 年第 4 期。
95. 胡鸿：《北魏初期的爵本位社会及其历史书写——以〈魏书・官氏志〉为中心》，《历史研究》2012 年第 4 期。
96. 高敏：《北魏三长制与均田制的实行年代问题辨析》，《史学月刊》1992 年第 5 期。
97. 高敏：《十六国时期的军镇制度》，《史学月刊》1998 年第 1 期。
98. 薛海波：《北魏末年镇民暴动新探——以六镇豪强酋帅为中心》，《文史哲》2011 年第 2 期。
99. 古贺昭岑：《论北魏部族的解散》，刘世哲译，《民族译丛》1991 年第 5 期。
100. 胡焕庸：《中国人口之分布》，《地理学报》1935 年第 2 期。
101. 竺可桢：《中国近五千年来气候变迁的初步研究》，载《竺可桢文集》，科学出版社 1979 年版。
102. 陆庆夫：《十六国时期五凉地区的人口迁徙》，《兰州大学学报》1992 年第 4 期。
103. 李向军：《略论十六国时期的少数民族人口——兼与王育民先生商榷》，《民族研究》1990 年第 6 期。
104. 贵州大学中文系：《十六国时期中原夷汉人口比例》，《历史教学》

1995 年第 7 期。
105. 李爱琴：《十六国时期的户籍制度》，《中山大学学报》2007 年第 2 期。
106. 马建春：《西晋十六国时期氐人的迁徙与分布》，《西北民族大学学报》2006 年第 2 期。
107. 胡铁球：《扩张与萎缩——我国古代北方游牧民族农业生产的特点》（下），《宁夏大学学报》2005 年第 4 期。
108. 马旭东：《十六国时期各霸主掠迁人口原因分析》，《井冈山学院学报》2009 年第 5 期。
109. 栾贵川：《十六国北朝时期黄淮海地区户口与劳动力考述》，《中国社会科学院研究生院学报》2000 年第 4 期。
110. 杨龙：《试论十六国时期前燕的人口管理》，《东北史地》2008 年第 4 期。
111. 冯君实：《十六国官制初探》，《东北师范大学学报》1984 年第 4 期。
112. 李培栋：《北魏太和改制前胡汉形势论》，《上海师范大学学报》1994 年第 2 期。
113. 李海叶：《前燕中原时期胡汉分治制度考》，《内蒙古社会科学》2011 年第 2 期。
114. 陈友冰：《十六国北魏时期的“夷夏之辨”》，《史林》2000 年第 4 期。
115. 邱久荣：《十六国时期的胡汉分治》，《中央民族学院学报》1987 年第 3 期。
116. 蒋福亚：《魏晋南北朝时期内徙少数民族对社会经济的影响》，《首都师范大学学报》2004 年第 2 期。
117. 方萌：《〈五胡史论〉述评》，《烟台大学学报》2002 年第 4 期。
118. 马欣：《十六国军制初探》，《天津师范大学学报》1990 年第 1 期。
119. 陈琳国：《十六国时期的“军封”、营户与依附关系》，《华侨大学学报》2008 年第 1 期。
120. 张小虎：《论北魏专制皇权的形成》，《西北师范大学学报》2002 年第 3 期。
121. 杨恩玉：《北魏离散部落与社会转型——就离散的时间、内涵及目的与唐长孺、周一良、田余庆诸名家商榷》，《文史哲》2006 年第 6 期。
122. 杨际平：《论北魏太和八年的班禄酬廉》，《厦门大学学报》1994 年第

1 期。

123. 魏明孔：《北魏立三长、行均田孰先孰后》，《西北师范大学学报》1991 年第 2 期。

124. 谷霁光：《西魏北周统一与割据势力消长的辩证关系——四论西魏北周和隋唐的府兵》，《江西大学学报》1981 年第 2 期。

125. 张敏：《论北魏长城——军镇防御体系的建立》，《中国边疆史地研究》2003 年第 2 期。

126. 艾冲：《北朝诸国长城再探索——兼与朱大渭先生商榷》，《烟台大学学报》2007 年第 4 期。

127. 鲍桐：《北魏北疆几个历史地理问题的探索》，《中国历史地理论丛》1999 年第 3 期。

128. 胡玉春：《北魏六镇起义的原因和启示》，《内蒙古社会科学》2011 年第 3 期。

129. 张庆捷、郭春梅：《北魏文成帝（南巡碑）所见拓跋职官初探》，《中国史研究》1999 年第 2 期。

130. 苏小华：《西魏北周军队构成的变化及其对北朝军事的影响》，《云南民族大学学报》2008 年第 2 期。

后记

大学毕业后，我在校从事行政工作近十年。从2003年攻读硕士研究生算起，我迈入史学研究领域已经整整十年了。在我参加工作近二十年的时间里，人生的转捩，犹如史学大师黄仁宇之言："学书未成先习剑，用剑无功再读书。"能够再次读书，并且能读到博士学位，既靠勤奋，更要靠缘分。首先，我能到宁夏大学这所高等学府工作的缘分；其次，我能跟随业师王银春先生，在一个经常与高层次学术人才接触的环境中工作的缘分；最后，我能遇到那么多良师诤友的缘分。正是这些无比珍贵的缘分，使我生活、工作在一个学术氛围浓厚的环境中，熏陶着我，激励着我，帮助着我，我才会有拳拳向学之心，有毅力继续读书。

本书是在我的博士学位论文的基础上，经过进一步的思考，吸收了博士论文答辩时导师组提出的部分修改意见最终完成。文稿能有幸出版，与导师的培育、学伴的交流、家人付出、宁夏大学及中国社会科学出版社的大力支持分不开的。

首先感谢我的博士生导师王银春先生，在数年的求学生涯中，是他的精心指导、教诲、帮助，让我在学业上有了一个较快的进步和成长。先生长于历史理论研究，我的博士论文从选题、框架设计、修改，都得益于先生的理论指导，凝结着老师的心血。没有王先生的悉心指导，我是不可能完成这篇论文的。在本书出版之际，王先生欣然赐序，饱含着先生对我的关爱和期望！对于先生这些年来在生活和学业上的关心和指导，我会终生铭记在心！

其次感谢导师陈育宁先生。陈先生是著名的民族史专家，也是本研究方向的主要授业老师之一。先生经常教导我们：读万卷书，行万里路。在教学授业的过程中，他经常带领我们师兄弟参加鄂尔多斯学学术会议、研究课题，到少数民族生活的草原，真切感受他们的生产、生活与文化，有益于我们从现实和历史两个方面寻找研究的灵感。陈先生的厚爱令我难以忘怀。感谢汤晓芳老师，在多个讨论会的现场，您富有启发性的意见和建议，让我从中受益！

还要感谢霍维洮教授。霍先生对历史问题的独到意见和见解，对本研究多有裨益。感谢杜建录教授。杜先生多次组织我们参加学术会议，在我的博士学位论文开题中，提出诸多启发性意见，使我在学位论文书写过程中少走弯路。感谢孙振玉教授在专业外文、深入挖掘史料方面的指导与启发。感谢我的硕士生导师刘志虎先生在传统文化方面的授课和指导。刘先生开阔的学术视野、深厚的传统文化功力使我受益匪浅。彭向前老师、郭红艳老师、刘艳辉老师都曾给我们授课，在此一并真诚致谢。

感谢在本研究方面做出突出成果的先哲、大师、学者，没有你们的研究积累和启发，我可能还会花更多的时间在黑暗中摸索，甚至一事无成。感谢理论大师们辛勤而又崇高的科研劳动，正是你们富有创见的理论，引导我探寻一个可能通向成功的研究理路。

感谢王正儒、陈红梅、韩永静、谢海涛、王朝海、李世荣、张治宁等师兄、师姐们在生活和学习中的帮助，以及对本文研究提出有启发的意见和建议。

感谢我仙逝的母亲！妈妈在我即将完成学业的前一年，突然去世。忙于学业，对母亲的照顾会有所疏忽，“儿欲养而亲不待”之疚痛常常蹿入心扉！如果本研究能有一些创见，我将献给我无私的母亲，以为纪念！

感谢我的家人。在数年的学业中，妻子王燕承担了所有的家务劳动。她任劳任怨地付出，特别是将大部分精力投入对女儿成长的教育、老人的赡养诸方面，使我没有后顾之忧，能够全身心地投入学业、论文撰写工作中！忙于学业，给予女儿裕如的父爱定会受到影响，在此表示歉意！

本书的出版还要感谢宁夏大学人文学院郎伟院长、鲁晋书记及其他领导给予的支持，感谢宁夏大学科技处李建设处长、史小娟老师以及宁夏大学优秀学术著作出版评审组的各位专家、学者的支持。中国社会科学出版社郭晓鸿编辑及校对的各位老师，为本书的出版付出了辛勤的劳动，在此深表感谢！

杨学跃

2015 年 6 月